张石山 ⊙ 著

被误读的《论语》
—《论语》片解九十九篇

山西出版传媒集团
山西人民出版社

图书在版编目（CIP）数据

被误读的《论语》：《论语》片解九十九篇／张石山著.
—太原：山西人民出版社，2012.10
ISBN 978-7-203-07897-5

Ⅰ. ①被… Ⅱ. ①张… Ⅲ. ①儒家②《论语》–研究 Ⅳ. ① B 222.25

中国版本图书馆 CIP 数据核字（2012）第 220278 号

被误读的《论语》：《论语》片解九十九篇

著　　者：	张石山
图书策划：	赵学文　续小强
责任编辑：	续小强
装帧设计：	张永文
出 版 者：	山西出版传媒集团·山西人民出版社
地　　址：	太原市建设南路 21 号
邮　　编：	030012
发行营销：	0351-4922220　4955996　4956039
	0351-4922127（传真）　4956038（邮购）
E-mail：	sxskcb@163.com　发行部
	sxskcb@126.com　总编室
网　　址：	www.sxskcb.com
经 销 者：	山西出版传媒集团·山西人民出版社
承 印 者：	山西出版传媒集团·山西新华印业有限公司
开　　本：	720mm×1000mm　1/16
印　　张：	18.5
字　　数：	263 千字
印　　数：	1-10 000 册
版　　次：	2012 年 10 月第 1 版
印　　次：	2012 年 10 月第 1 次印刷
书　　号：	ISBN 978-7-203-07897-5
定　　价：	38.00 元

如有印装质量问题请与本社联系调换

有关《论语》的著述可谓汗牛充栋。张石山先生这本《被误读的〈论语〉》，只眼独具，陈言务去，和而不同，弥足珍贵。

百年以来，对《论语》原典、对圣人孔子的误读尤多。《被误读的〈论语〉》，不迷信权威的注释，不盲从惯常的解析，质疑百年误读，睿智而深刻，通俗而犀利，说理透辟，廓清蒙尘，力图还原孔子的思想真谛。

所谓「片解」者，本书针对当代诸多译注本对《论语》有所误读的片断，展开深度解读。「片解」所持，不妨说是与土君子接近的当代知识分子个性化立场。

「片解」坚持平等交流的对话姿态，竭力纠正无心的误读，质疑高推圣境的善意捧杀；它的批判锋芒，更指向恶意的诋毁，指向存心的曲解。

作者正心诚意，兼具颖锐的批判认知能力，故而能够穿透自身，引领读者抵达会心的彼岸。

鉴于史料缺失，阅读《论语》原典成为后人认识真实孔子的最佳门径。《被误读的〈论语〉》启示我们：《论语》原来可以有这样一种读法。用属于自己的头颅思考，杜绝人云亦云，这样的阅读或将对诸多读者带来某种有益的启迪。

序一

黄永厚

前不久美国有人闹过一阵抵制孔子学院的事,还没等我私下里作出反应它倒平复了。估计八成是发现孔子书里塞不进什么意识形态。其实意识形态的生长对土壤特挑剔,这都是常识了;美国佬这次有了觉悟便志气陡长,不再害怕十三亿中国纳税人慷慨解囊给他们上门送识字教育了。

北京也闹过孔子,比美国早了好几个月。在天安门广场的博物馆大门口曾经立过一尊特大号的铜像,没过多久却莫名奇妙地给谁弄走了,走了好,不走,哪天与他对门的老先生撞个满怀,能一笑泯恩仇?总是麻烦。

孔子死去两千年了,拿他说事的从来没人肯歇嘴。皇上把它做幌子;革命拿它做靶子;学问家一起劲就跟他玩"问孔",追究他历史和文化上的责任,简直成了秋后算账,年复年啊,谁受得了?

张石山先生只说孔子是个好老师,这个评分不多也不少,还打算帮他补办一个教师证。这个意思张石山没说,是我从前面两章里读出来的,我觉得张先生很诚恳,活脱夫子现身,决定把他这本"论语片解"读下去,成绩如何,我还是不预报为妙。

序二

韩 羽

"切阑尾，没切净，尚有可为；肠子五脏统统切掉，要不得。烤饼子，不太熟，加火可也；烤焦了，变成炭，何以堪。"寥寥数语，不亦"过犹不及"之别解？可补前人诠释之阙。

《论语》，只言片语之录，"言词简略，词义含混"。拘泥章句，难免死于句下。断章取义，无异削足适履。张石山先生"论语片解"，量影以测竿，彼此而互证，以生活之常理，寻摸古人之本真。譬之游山，横则成岭，侧则成峰。横看之复侧看之，更复回环而看之。于峰中见岭，于岭中见峰，浑然一体之势，岭峰互变之妙，为人未见之壮之雄，巍然毕现矣，此谓之善游。李卓吾云：盖道理有正言之不解、反言之而解者，有详言之不解、略言之而解者。此谓之善读。善游善读，本同一理，要之，唯在会心。会心处，解语何妨片解时。

目录

"学而时习之",凭什么"不亦说乎"———— 001
"有朋自远方来",乐乎?说乎?———— 005
"人不知而不愠",是不知,还是不智?———— 007
有子立论的致命偏颇 ———— 010
曾参苹然也"三乎" ———— 014
"贤贤易色",究竟何义? ———— 017
"慎终追远",民德如何归厚 ———— 020
"礼之用",何为贵? ———— 023
可与言诗夸子贡 ———— 026
"为政以德"居其所 ———— 029
被百年诟病的孝道 ———— 032
远离宗教的祭祀 ———— 036
诗礼文明的自信 ———— 039
君臣关系的规范 ———— 042
超时代的批判 ———— 045
天下己任何尝择居处 ———— 048

与世俗追求的决裂	051
仁者如何能恶人？	054
"礼让为国"可行否	057
岂止"忠恕"而已	060
"你是个东西"的幽默	063
一桩睡午觉的公案	067
一壶醋的辩证法	070
"乘桴浮于海"的困惑	073
夫子志向切忌曲解	076
颜渊：求道派的典范	079
闵子骞：不合作的前驱	082
冉雍：卑贱者的榜样	084
君子跳井之辩	087
"子见南子"可对天	091
痴人说梦见周公	094
收受束修又如何	097
夫子何尝想称王	100
倡导普通话的圣哲	102
天命所归乃从容	104
轴心期的无神论	106

同姓不婚的天才禁忌 —————————————— 108
耳提面命上位者 ———————————————— 111
曾子为什么战战兢兢 —————————————— 114
孔子并不曾搞愚民政策 ————————————— 117
孔子"无道则隐"乎 —————————————— 120
"子罕言利"辩 ———————————————— 122
执鞭赶车乐融融 ———————————————— 124
才艺者鄙事而已 ———————————————— 126
"逝者如斯"的紧迫感 ————————————— 129
死不违礼仍从容 ———————————————— 132
"苗而不秀"待后生 —————————————— 135
"食不厌精,脍不厌细"辩 ——————————— 138
"翔而后集"的深意 —————————————— 140
先进的野人 —————————————————— 142
夫子为颜渊有椁 ———————————————— 145
子路问难子不语 ———————————————— 148
"鸣鼓而攻"的震怒 —————————————— 151
"善人之道"探讨 ——————————————— 154
"克己复礼"说 ———————————————— 157
问政子贡明白否 ———————————————— 160

片言折狱是片面断案吗? —— 163
有子到底是不是帮凶 —— 165
"成人之美"的现身说法 —— 169
樊迟学稼的易位思考 —— 171
"三年有成"的构想 —— 174
父子相隐,大哉人伦 —— 177
小人素描一幅 —— 180
君子如何可有不仁 —— 183
"危行言孙"何以称勇 —— 186
夫子的寂寞 —— 188
"以直报怨"归来兮 —— 190
击磬于卫末之难 —— 192
"三年不言"可信否 —— 195
"一以贯之"者何也 —— 197
"有马借人"说 —— 199
谋道、忧道思虑深 —— 201
"仁也甚于水火"析 —— 205
不忧不惧何来三畏 —— 209
"生而知之"有之乎 —— 212
"其斯之谓"说景公 —— 215

"问一得三"何足喜 —— 217
子如不言，小子何述 —— 220
上智下愚不移 —— 222
"割鸡焉用牛刀"之戏 —— 225
子欲往何必之之 —— 228
守孝三年的错位讨论 —— 232
女子小人谁难养 —— 236
凤不与鸟兽同群 —— 239
"遇丈人"的批评与反批评 —— 243
"无可无不可"的夫子 —— 246
三仁三黜孔子行 —— 248
文武之道，未坠于地 —— 250

《被误读的〈论语〉》撷拾补遗

"诸"解 —— 254
"攻乎异端"，止于"也已" —— 256
"不足征也"，何能言之 —— 259
禘之不知指其掌 —— 261
"不知所以裁之"的无头案 —— 263
人之生存靠正直乎 —— 266

"人而不仁",不可疾之耶？ —————— 268
"空空如也"知乎哉 —————————— 270
"恶夫佞者"佞者谁 —————————— 272
原宪问耻耻为何 ———————————— 274
为有为亡何所之 ———————————— 276

后记

文武之道，未坠于地 ——————————— 279

"学而时习之",凭什么"不亦说乎"

【原文】

子曰:"学而时习之,不亦说乎?有朋自远方来,不亦乐乎?人不知,而不愠,不亦君子乎?"

——学而篇·第一章

子曰:"志于道,据于德,依于仁,游于艺。"

——述而篇·第六章

子以四教:文,行,忠,信。

——述而篇·第二十五章

《论语》二十篇,在第一篇第一章的位置上,是国人耳熟能详的"学而"章。这一章文字,接连"三乎",三句话,三个疑问句。

顺理成章,笔者的《被误读的〈论语〉》,也是首先对"三乎"做一点自己的阐释,捧出属于个人的一点心得。

学而时习之,不亦说乎?这句话,原本就明白如话。常见的注释是这样的:"学了,然后按时实习,不也是很高兴的吗?"说了等于没说。同义反复罢了。当然,通常意义上的翻译注释也只能是这样。

正因为明白如话,耳熟能详,读者往往就人云亦云起来。随口一念、随意一听,不再深究。如果就在这一句打住,静下心来想想,我们或者会生出一点疑问:学而时习之,凭什么一定就是喜悦快乐的?孔夫子这句话,究竟能不能成立?对此,有所深究,应该是必要的,也是可能的。

首先,我的理解,孔子的这句话,如同他的许多语录一样,尽管具有格言的性质,但并不具有"放之四海而皆准"的普遍真理性。这句话,应该有具体的语境，并且多半是针对了特定的对象。孔夫子开风气之先，兴办私学，有教无类，功高千古。那么，上面的话，非常可能是在孔子兴办的私家学院，是夫子寻常对门下学子们讲的一句话。

其次，我们都知道，儿童多有厌学的倾向。即便孔子招收的学生，是自愿前来求学的成人，我们还是要发问：成人对于枯燥的学习，就会那么喜欢吗？所以接下来，我们需要做一点探讨：在孔府学院，学子们具体学习一些什么功课？作为师长的孔子又是采取什么样的教学方法？这样，我们才能找到大家"快乐学习"的原因。

《论语·述而》篇第二十五章：**子以四教**：文，行，忠，信。我们由此得知，孔夫子用以上四种内容，或曰从四个方面来教育学生。但这说的还不是具体功课。那么，在老先生创办的学校里，弟子们到底具体学习一些什么功课？整部《论语》，对此却是语焉不详。

爬梳整部《论语》，根据字里行间透露的信息，后人通常认为：孔子兴办的私家学校，如同官办学府，他的门下，除了读《尚书》、讲《诗经》之外，至少还开设了六门功课，即古来所谓六艺：礼、乐、射、御、书、数。

射箭，是一种作战技能。当然，其中更看重的是礼仪训练。

驾驭车辆包括战车，也是必不可少的教程。

《论语·子罕》篇第六章，孔子说：吾少也贱，**故多能鄙事**。从生活艰难中生成的孔子，学到了底层人物才有的许多本领。当达巷党人议论孔子没有以某种专长成名，夫子还幽默了一把：

我来驾车呢？还是射箭呢？我就专门驾车好啦！

除了射、御，以下是书、数。

书，该是书法。无论是写简还是刻简。夫子"述而不作"，记述、叙述，都是需要书刻技能的。

数，至少是数学。而最有可能是八卦易学的筹策推演。

而排在六艺前列的重要课程，则是礼乐。

《论语·宪问》篇第三十九章记载：**子击磬于卫**。《论语·先进》篇第二十六章，即著名的"子路、曾皙、冉有、公西华侍坐"章，记录了曾参的父亲曾点擅长鼓瑟。其演奏水平应该相当不错，极具章法。孔门弟子，除了学习演奏各种乐器的技能之外，大家应该还有合奏演练。特别是对各种乐曲乐舞的礼法功能，更其要知晓。

礼与乐，互为表里。弦歌、舞乐，正是学礼必不可少的途径之一。

由此，我们可以知道，孔子门下的学子，其学习的具体课程，丰富多彩。课程科目，具有竞技性、游艺性、多样性和娱乐性，大家并不是整天死读书、读死书。

除了课程本身的丰富多彩，作为伟大的教育家，孔子的教学方法也是极为高明的。孔子得天独厚，肩担传承上古文明的重任。孔子的学问，是要经世致用。通过诗书和六艺的教学，孔子培养的是文武全才、治国人才。尤其是要培养造就完善的君子人格。为了这一宏伟目标，孔子倡导实施的，是一种快乐教育。他天才地懂得寓教于乐。通读整部《论语》，我们可以客观地得出下面的结论：孔子对学生的教育，最重言传身教；循循善诱，诲人不倦；注意运用启发式教学，与学生们如切如磋、如琢如磨，达到教学相长的良好效果。

如果我们翻看到《论语·述而》篇第六章，应该能够发现这儿透露出的宝贵信息。子曰："志于道，据于德，依于仁，游于艺。"孔子所言四端，杨伯峻先生的白话翻译简单明了："目标在道，根据在德，依靠在仁，而游憩于礼、乐、射、御、书、数六艺之中。"

对于六门技艺，为什么孔子特别要强调"游憩"，要大家游于艺呢？杨伯峻先生另外添加了注释，引用《礼记·学记》来解游于艺，解得好："不兴其艺，不能乐学。"安排六种课程、学习六种技艺，不仅学到这些具体本领是必要的，其学习的过程首先是快乐的。学而乐、乐而学，无此无彼、亦此亦彼。

对于学生而言，追随夫子，投身孔子门下，这儿的课程丰富多彩而有趣，学习的过程生动活泼而快乐。然后，君子之人格渐渐确立，大家的学习逐步走上自觉，而始终能够乐在其中。

在孔子学院，大家求仁得仁。学子们人人明白，大家游于艺而志于道，将要肩负传承文明的大任。

学而时习之,不亦说乎? 其必曰:君子者,无往而不说也。况学而时习之乎?

学而时习之,不亦说乎? ——学习的时候,经常游憩于礼、乐、射、御、书、数六艺之中,不也是很快乐的吗?

"有朋自远方来",乐乎?说乎?

【原文】

子曰:"学而时习之,不亦说乎?有朋自远方来,不亦乐乎?人不知,而不愠,不亦君子乎?"

——学而篇·第一章

中国汉字,同音字特别多。

如果是阅读文章,一看便得明白。阅读到"阅读",自然清楚二字的含义。如果是听说话,听到"阅读",也多半能会意。但假设原话是说某人"月读"十本书,单单是耳闻其音,则可能与"阅读"混淆。书面认读,这个"月读"才不会生出歧义。

中国汉字,同音字而外,多音字也不在少数。

比如"乐"字,就是一个典型的多音字。快乐之"乐",读如"le";音乐之"乐",读如"yue"。方言,更读为"luo、lao、yao、ye"等等。因其多音,而生多义;或者,为了表述不同的词义,而有了不同的读音。对于多音字,即便是书面认读,也会出现读得正确与否的问题。

有朋自远方来,不亦乐乎?是《论语》开篇三乎的第二乎。

这儿的乐字,正是上面所说的多音字。关于这句话中的这个字,我们稍加思索,仍然能够提出几个"为什么"。

首先,这个多音字"乐",其词义一般注释都当"快乐"来讲。约定俗成的读音,也是快乐之"乐":"le"。面对约定俗成,我们仍然可以发出一点疑问:这个字在这儿的读音,就一定是"le"而不可能是"yue"吗?这个字在此的字义,就仅仅是"快乐"吗?

其次，按孔子这句话的原意，如果"乐"字读如"yue"，弟子们记录成"有朋自远方来，不亦说乎"，也完全可以达意。那么，弟子们为什么偏偏要用这个易生歧义的多音字、一定要记录为不亦乐乎呢？或曰，孔子当初把这个字就是读如"le"，弟子们循音求义，准确记录下了孔子的话语。那么，孔子讲这句话，为什么要说"不亦乐乎"而非"不亦说乎"呢？这中间有什么深意呢？

原本，形容愉悦快乐，有了"悦"字；使用通假，有了"说"字；怎么又有了一个几乎同义的"乐"字呢？也许我们可以这样推断：音乐带给人的愉悦毕竟是相对独特的。于是，形容这种独特的愉悦，要使用"乐"这个独特字眼。那么，可以猜想，最早这个字眼的读音非常可能还是音乐之"乐"。读音的区别分离，"乐"字读如快乐之"乐"，究竟在什么时代，或有学者考证，未之见也。

《论语》是弟子们记录下来的孔子说过的话。有朋自远方来，不亦乐乎？无论孔子把这儿的"乐"字读如"le"、还是读如"yue"，事实上，弟子们的文字记录都是"乐"、而不是"说"。于是，我们能够推导出另一种结论。即便孔子当初把"乐"读如"悦"之"yue"，但学生们非常清楚，夫子在这儿讲的愉悦，恰恰是音乐带给听者的愉悦，而不是其他。

孔子所处的时代，已然礼崩乐坏；相对而言，鲁国是一个礼乐之邦，比较完整地保存了西周的文化传统。而孔子自幼受到礼乐文化的熏陶，成年之后又以好礼、知礼闻名天下。孔夫子开坛讲学，重点课程就是礼乐。有朋友远道而来，干什么来了？其中定然不乏前来参研礼乐、学习礼乐的志同道合者。作为当时最负盛名的私家学院，志在传道，将会向来宾演示富含礼仪内容的音乐歌舞。如此设想，应非异想天开。

那么，有朋自远方来，不亦乐乎？这儿的"乐"字，即使是当作快乐来讲，这种快乐也一定与音乐有关、与礼乐有关。

——在教授传习六艺的孔子学院，在快乐教学的地方，当有志同道合的朋友远道而来，主人自然非常高兴；接着给朋友们演示学子们学到的歌舞礼仪，进行音乐演奏，"与人乐乐"，宾主都非常愉悦快乐。

"人不知而不愠",是不知,还是不智?

【原文】

子曰:"学而时习之,不亦说乎?有朋自远方来,不亦乐乎?人不知,而不愠,不亦君子乎?"

——学而篇·第一章

子曰:"不患人之不己知,患不知人也。"

——学而篇·第十六章

子曰:"君子病无能焉,不病人之不己知也。"

——卫灵公篇·第十九章

《论语·学而》开篇第一章,接连"三乎",都是疑问句、反问句。

第三乎,是这样一句:人不知,而不愠,不亦君子乎?

这儿的"知",又是一个通假字,可以当"智"来使用。

习惯的一贯的注释,"知"都是按本义作非通假的理解:别人不知道、不了解自己,自己并不生气怨恨,不也是君子吗?

这样讲,当然也解释得通。但在意味上,觉得比较淡薄。别人不了解自己,自己并没有生气,这算得上是君子的人格条件吗?值得放置在《论语》开宗明义的开篇"三乎"中来大声疾呼吗?

《论语·学而》篇第十六章,孔子这样说:不患人之不己知,患不知人也。《论语·卫灵公》篇第十九章,子曰:"君子病无能焉,不病人之不己知也。"孔子这两段语录,说得极其明白。作为君子,只会惭愧自己能力不够,从来不害怕、也不会怨恨别人不知道自己。"人不知",君子原本就应该"不愠",何足道哉!

而且，上述两例，说到"别人不知道自己"，都是倒装句法"不己知"。如果按照通常的解释，把"人不知"解为"别人不知道自己"，那么，《论语·学而》篇原文第三乎就应该是这样的：人不己知，而不愠，不亦君子乎？

于是，我认为人不知，而不愠，"知"在这儿极其可能是通假用法。这句话中的"不知"，就是不智。"人不智"，说的当然不是自己，倒恰恰说的是别人。

《论语·述而》篇第三十八章，弟子们对老夫子的一致评价曰：子温而厉，威而不猛，恭而安。孔子温和而严厉，有威仪而不凶猛，庄重而安详。

《论语·子罕》篇第十一章，在颜渊眼中：夫子循循然善诱人，博我以文，约我以礼，欲罢不能。老师善于有步骤地引导我，用各种文献来丰富我的知识，又用相应的礼节来约束我的行为，使我想停止学习都不可能。

孔夫子自己归纳出的教学方法，在《论语·述而》篇第八章中这样表述：不愤不启、不悱不发。教导学生，不到他想求明白而不得的时候，不去开导他；不到他想说出来却说不出的时候，不去启发他。

猜想孔子当年讲学讲话的口气，应该不是疾言厉色，不是居高临下，不是质问的口气。不是我们的御用批评家惯用的，"难道不是这样的吗"的霸道句式。而是温文尔雅的、启迪心智的、循循善诱的态度和口气。老人家开创的是启发式教学的万古先河。

所以，《论语·学而》篇第一章的第三乎，也完全可以这样解读：

前来求学的人不够聪明、学问不足，我们不急不躁、不愠不怒，这不正是君子应该具备的风范吗？

如前所述，《论语》二十篇，是一个有机整体。那么，《论语·学而》篇第一章，就更应该看作一个整体。三句话，三乎，三个疑问句，内在精神是统一的，意思也是连贯的。人不知，而不愠，这儿的"知"，通假而用，当"智"来讲，第三乎就有了上述另外的解释；而唯其如此，三句话的连贯性方更加显豁。

在"学而时习之"的孔子学府，众多学子游憩于六艺，学习过程其乐融融。

有朋自远方来，大家共同参悟学问、研习礼乐的氛围和谐而愉悦。学生中，包括访客中，有人不知，也就是不智，知识不够、学问不深，是再正常不过的事情了。这个时候，因为别人有所不足，值得愠怒吗？课程稍稍深一点，研习濒临失传的古典礼乐，多数人对此不甚了了，又何足为奇。即便有些学生，有些远客，属于下愚，水平相当差，夫子也总是要循循善诱。学而不厌、诲人不倦，那不就是我们夫子一贯奉行的吗？面对不智，不愠不怒，不正是君子应该具备的风范吗？

有子立论的致命偏颇

【原文】

有子曰:"其为人也孝弟,而好犯上者,鲜矣;不好犯上,而好作乱者,未之有也。君子务本,本立而道生。孝弟也者,其为仁之本与!"

——学而篇·第二章

子曰:"巧言令色,鲜矣仁!"

——学而篇·第三章

子路问事君。子曰:"勿欺也,而犯之。"

——宪问篇·第二十二章

孔子述而不作。好在有弟子和再传弟子们,记录下来老先生的许多精彩言论和行状,而有伟乎其大的《论语》传世。但在《论语》中,主要记录孔子的言行之外,还夹杂记录了若干弟子们的言行。于是,在编辑体例上,就给人某种"摊破"的感觉。

《论语》第一篇"学而篇",共十六章。第一章,是著名的"子曰:学而时习之,不亦说乎"等三乎。第二章,高居如此显要的位置,便是孔子弟子有若的一条语录。

自古以来的《论语》传本,述及孔子的弟子一般都称字;只有对有若和曾参二人尊称为"子",称作"有子"和"曾子"。而且,书中记录两人言行的条目也相对是最多的。据此,后人判断,《论语》一书,主要是有若和曾参二人门下的弟子纂述辑录而成的。此说,应该有道理。

《史记·仲尼弟子列传》记载:"孔子既没,弟子思慕,有若状似孔子,弟子相与共立为师，师之如夫子时也。"有若其人，长相接近孔子。当孔子逝世后，弟子们非常思念夫子，一度时期把有若当作老师，就像尊敬孔子一样尊敬有若。有若在《论语》中被尊称为"有子"，肯定还有上述这一相对特殊的缘由。

这位有子，在整部《论语》的第一篇第二章，在这样显要的位置，说了点什么呢？

有子曰："其为人也孝弟，而好犯上者，鲜矣；不好犯上，而好作乱者，未之有也。君子务本，本立而道生。孝弟也者，其为仁之本与！"

这段文字，明白如话。杨伯峻先生的译文，就更加通俗易懂。

有子说："他的为人，孝顺爹娘、敬爱兄长，却喜欢触犯上级，这种人是很少的；不喜欢触犯上级，却喜欢造反，这种人从来没有过。君子专心致力于基础工作，基础建立了，'道'就会产生。孝顺爹娘、敬爱兄长，这就是'仁'的基础吧！"

阅读原文、参看译文，有子的这段言论，看上去层次分明、说理严谨。但是，如果我们稍加思考，就会发现其立论的致命偏颇。

有子倡导孝悌，推之为仁的根本。这或者也无不可。但有子的逻辑推论，分明是说：孝悌是仁的根本基础；做到孝悌、建立了这样的基础之后，"道"就产生了。这样的人，很少犯上；不好犯上，因而也就不会作乱。他的立论，其显然的指向，是将孝悌这种人的道德养成，变成了人的枷锁；以便"本立而道生"之后，大家不要犯上、更不要作乱。

设问：有子的逻辑推理，其立论的显然指向是孔子的思想吗？

孔子的仁学，可谓博大精深。究竟什么是仁，何为仁之本？孔子从来没有过一个断然而简易的概念说法。我们可以肯定的是：第一，孔子提倡孝悌，但从来没有作过"孝悌为仁之本"这样的结论；第二，孔子倡导仁学，弘扬仁道，但孔子的仁学从来没有过"不要犯上作乱"这样的精神导向。

固然，个人修养，完善人格，追求仁、进而逐步达于仁，无疑是孔子仁学的重大内容。但事情到这儿并没有结束。这绝不是仁学的全部。学而为仁，成长建造为理想的君子人格之后，大家要干什么？学以致用，这才是关键中的关键。儒生们，君子们，要以天下为己任。大家要改变世界，要为建立他们理想中的世界秩序而奋斗。

孔子，生逢礼崩乐坏的春秋时代。老先生不仅智慧权变，尤其刚猛精进。他毕生鼓吹的儒学，充满反抗暴虐、抗击不义的精神。而且，孔子以身作则，对权臣、暴君等居上位者，屡屡抨击不义、指斥非仁，从来都不惮于"犯上"。儒学推崇奉行的仁道，天然地成为暴君暴政的死敌。

《论语·宪问》篇第二十二章，**子路问事君。子曰："勿欺也，而犯之。"** 子路问怎样服事人君，孔子回答，不要阳奉阴违欺骗他，而应该犯颜直谏、当面触犯他。对于子路这样一位刚猛暴烈易冲动的弟子，其他情况下，孔子多是给予约束和羁勒；恰恰是在面对君上这一命题，孔子教导子路不惮于犯上。

通读整部《论语》，我们不难看出：孔子固然没有鼓动过无端作乱，却从不反对犯上，倒是在积极履践犯上、倡导犯上。

回到《论语·学而》篇第二章，有子要人们一味孝悌，无条件地杜绝"犯上作乱"，不幸远远背离了孔子的思想。简直是适得其反，无异于南辕北辙。

或者能为有子一辩。春秋时代，礼崩乐坏，乱臣贼子纷纷犯上作乱。有子的上述言论，莫不是针对这种现实、针对乱臣贼子的？这种辩解，可惜并不能成立。规劝暴君恶魔向善，简直是与虎谋皮。尔等纷纷弑父戮兄，对他们还能奢谈什么孝悌！可以这样说，有子倡导孝悌的立论指向，有子的循循善诱，恰恰只会让善良的人们、包括书生气十足的儒生，只知孝悌、一味孝悌；结果是自戴枷锁、自囚牢笼，彻底放弃对暴君暴政的抨击批判和正义反抗。

有若其人仅仅在长相上貌似孔子，毕竟不是"本立而道生"。孔子的众多弟子们，以及再传弟子们，一定看出了有子的真正学术水准。对于尊其如师，后来或者有一个理性的纠偏。《论语》的编辑、成书，包括留传，有一个时间的检验沙汰过程。毕竟不是有子门下的学子们可以独揽大权，独擅其事。所以，在《论语》的纂述辑录的整个过程中，透露出了若许消息。

　　有子的言论，高标《论语·学而》篇的第二章，且看紧随其后的第三章。子曰："**巧言令色，鲜矣仁！**"花言巧语，伪善的面貌，这种人，仁德不会多。这样的编辑理念，是偶然的吗？是全然无心的吗？这样的编辑，含而不露，意在言外。有子状似孔子、言似孔子，对孔子的仁学理解却走上了偏离的道路。这是断然不能允许的。我觉得，**巧言令色，鲜矣仁**，简直就是针对有子的直接描述。

　　认识一个人，孔子倡导"听其言而观其行"。关于有子，在《论语·颜渊》篇的第九章，还有哀公问有若的著名故事。哀公用度不足，向有若求教；有若竟然出谋划策，奉劝哀公向民众横征暴敛。那儿，有若背叛土君子的立场，不惟不敢犯上、抑且为虎作伥的面目，可谓暴露无遗。

　　听其言而观其行，有若果然是**巧言令色，鲜矣仁**！

曾参莘然也"三乎"

【原文】

曾子曰:"吾日三省吾身——为人谋而不忠乎?与朋友交而不信乎?传不习乎?"

——学而篇·第四章

子曰:"道千乘之国,敬事而信,节用而爱人,使民以时。"

——学而篇·第五章

子曰:"弟子,入则孝,出则悌,谨而信,泛爱众,而亲仁。行有余力,则以学文。"

——学而篇·第六章

子曰:"君子不重,则不威;学则不固。主忠信。无友不如己者。过,则勿惮改。"

——学而篇·第八章

作为孔子的入室弟子,曾参在孔子辞世后,上承孔学道统、下开思孟学派。后世尊称曾子。到元朝,曾子更被尊奉为"宗圣"。

然而最早,如同有若被尊称"有子",曾参在《论语》中也已经被尊称为"曾子"。

曾参的父亲曾皙,同样是孔夫子的入室弟子,而且颇受孔子喜欢。《论语·先进》篇第二十六章,即著名的"子路、曾皙、冉有、公西华侍坐"章,当最后听到曾皙讲述自己的志向时,**夫子喟然叹曰:"吾与点也!"**表示了高度的赞同与首肯。

同在《论语·先进》篇的第十八章,孔子则有过**参也鲁**这样的评价。

曾参比较迟钝,《论语》如实载录了孔子对早期曾参的评价。但曾参毕竟亲炙过夫子的教诲,又有家学传承,更加上个人不懈的努力追求,曾经相对迟钝的曾参,终于成长为承继孔学的荦然大家。

《论语》第一篇第二章,极其显要的位置上,率先刊载了有子的言论。往下第四章,同样是极其显要的位置,赫然是曾子的言论。曾子在孔门后学心目中的学术地位毋庸置疑。

如果我们认可常说,《论语》主要是有子、曾子的弟子们编辑而成的,那么,弟子们会最先推出老师的核心理论。

《论语》第一篇第四章,全文如下。曾子曰:"吾日三省吾身——为人谋而不忠乎?与朋友交而不信乎?传不习乎?"曾子说:"我每天要多次自我反省:替别人谋划事情是否尽心竭力了呢?与朋友交往是否诚实信用呢?老师传授的学业是否认真复习了呢?"

荦然"三乎",与开篇第一章孔夫子著名的"三乎"遥相呼应,隐隐然有比附之意。

曾子对如此三乎,应该是颇为自得的;或曰,是寻常挂在口头,用以教导弟子的。他名下的弟子们也是非常服膺曾子的如此三乎,乃至引以为豪的。

程颢兄弟从《礼记》中萃取出《大学》,朱熹刊定四书。《三字经》扼要介绍道:作大学,乃曾子;自修齐,至平治。

修身齐家,尔后才能治国平天下。修身的重要性,当先而首要。

为了修身而天天反省自我,为人谋而忠,与人交而信,复习老师传授的学业,三省而做到这样三条,有何不可、有何不好呢?

但我们至少能提出几点疑问来:修齐治平,究竟是对谁的要求?是对普通学子读书人的要求吗?一般学子儒生,即便修身再好、齐家出色,就可以治国平天下吗?

读书后学在这儿陷入了巨大的误会,并且误会了上千年。

质言之,修齐治平,是自命为帝王师的大儒们,首先对君王、对为政者提出的要求。耳提面命,谆谆教诲。

孺子可教,则择主而事;鸟能择木,木岂能择鸟乎?

天下有道则见,无道则隐。合则留,不合则去。

当然,儒生士君子,要做帝王师,自己必须有极高的修养。修身齐家,做出榜样。先行其言,而后从之。

在这样的意义上,君子自我修身,是必须的。

然而,这会带来某种可能的危险。学子们斤斤于每日三省吾身,极有可能变成谨小慎微的庸人,所谓的庸儒。

所以,在紧接下来的《论语·学而》篇第五章,《论语》的无名编辑们即刻摆上了孔夫子的言论。子曰:"道千乘之国,敬事而信,节用而爱人,使民以时。"

夫子教导说,我们读书修身、建造自我之后要干什么?至少要志在引导治理一个千辆兵车的国家。如何引导治理?也是三条。严肃而有信用;节约用度爱民;使役民众不违农时。

至此,《论语》编辑们的良苦用心,已是显而易见。

既尊重了有子曾子,满足了二子门下的强烈呼声;又坚持了孔子所有言论凸显出的本意,提前设防,尽量防止那些可能出现的对夫子学问精神的曲解和误导。

《论语·学而》篇第六章,子曰:"弟子,入则孝,出则弟,谨而信,泛爱众,而亲仁。行有余力,则以学文。"

我们可以看出、至少可以这样理解:这一章节推出的夫子的言论,不仅是针对曾子的,同时还是针对有子的。有子讲"孝悌",曾子讲"忠信",其实呢,"孝悌忠信",我们的夫子早就说过啦!

正如弟子颜渊所言,孔子"仰之弥高,钻之弥坚";生前死后,都是弟子们永远的先生夫子。

"贤贤易色",究竟何义?

【原文】

子夏曰:"贤贤易色;事父母,能竭其力;事君,能致其身;与朋友交,言而有信。虽曰未学,吾必谓之学矣。"

——学而篇·第七章

《论语·学而》篇共分十六章。第二章是有子的语录,第四章是曾子的语录。到第七章,推出了子夏的语录。

子夏尽管不曾被尊称为"子",但仅从《论语》文本的编辑上,也可以看出子夏在孔门弟子中的地位。事实上,子夏位居所谓孔门十哲之中,属于文学科,是孔夫子最得意最欣赏的弟子之一。孔子辞世后,子夏成为继孔子后系统传授经典的主要人物。后世誉之为传经之鼻祖。

《论语·学而》篇第七章,全文如下。子夏曰:"贤贤易色;事父母,能竭其力;事君,能致其身;与朋友交,言而有信。虽曰未学,吾必谓之学矣。"

子夏这段语录,劈头是"贤贤易色"四个字。关于这四个字,后世解说纷纭,令人莫衷一是。举其数端,或可知其大概。

解说之一,把"贤贤易色"四字,分作两段来解。贤贤,尊重贤良之辈。易色,看轻容色外貌。贤贤两字连用,第二字做名词用,第一字做动词用。

解说之二,"贤贤易色"四字作整体解释。用尊重贤良优秀品德之心,来交换(置换、变易、取易)爱好美色的心。

解说之三,把"贤贤易色"四字和下文作连贯解释。我本的是中华书局出版的杨伯峻先生的《论语译注》本。杨先生参照了若干古人的解说之后认为：下文三句既然分说"事父母、事君、交朋友"，各指一定的人事关系，那么"贤贤易色"也应该是指某一种人事关系而言。夫妻关系是"人伦之始"和"王化之基"，那么子夏这儿谈到的就应该是夫妻关系。于是，对"贤贤易色"杨先生就作了这样的注释：对妻子，重品德，不重容貌。

对杨先生的上述注释，我虽尽力反复体会，终究难以苟同。

第一，对于原意不明的文句，连贯前后文意加以索解，概无不可。甚或就是解经的法门之一。但面对子夏这段语录，只因后文分说几种人事关系，由此推定前文也定然是说人事关系，毕竟相当牵强。

第二，"仁者二人"，夫妻关系牵扯到两个异性家族乃至两个部族，自然关乎人伦之始和王化之基。但整部《论语》中，所有孔夫子的言论，恰恰没有涉及夫妻关系这一话题。即便是子夏，在他的言论中也再没有涉及这一话题。

所以，认定"贤贤易色"四字说的就是夫妻关系，没有说服力。显得武断而粗率。子夏的原意并不是这个，杨伯峻先生的注释属于一种强解，甚或就是一种臆测。充其量，只可以算做是一家之言。

"贤贤易色"四字，当然和子夏的整段语录有所关联。不妨认为，这四个字确有某种提纲挈领的作用。那么，这四个字，我们可以作以下解释：尊重敬仰那些贤者贤良吧，如同人性之好色一样追求道德吧！

那么，我们在"事父母、事君、交朋友"等诸多方面，就会做得很好。虽曰未学，吾必谓之学矣。

退一步讲，即便我们同意杨伯峻先生的分析，认为"贤贤易色"说的是一种人事关系，它说的也不是夫妻关系。与"事父母、事君、交朋友"这三种人事关系相并列，它说的也是人们与贤者、贤哲的关系。"贤贤易色"：追慕效法贤者，要改容易色。

——在通读《论语》的过程中，特别是在阅读《论语·学而》篇的过程中，笔者有这样一种强烈的感受：《论语》的编纂色彩，充满意在言外的意味；《论语》的无名编辑，有着极高的编辑智慧。

《论语·学而》篇第四章，曾子倡言**吾日三省吾身**，强调个人修养。为预防学子专意修身而忘却肩负的天下大任，编辑紧接着摆上的第五章，就给予了及时纠偏。

同样，子夏在第七章倡言"贤贤易色"，也是强调学子的自我约束，以适应诸多人际关系的。这也有可能造成人格的拘谨，乃至丢失自我。而且，子夏在这段语录的最后，竟然说"虽曰未学，吾必谓之学矣"，这也可能造成"只重实践、轻忽学习"的偏差。所以，紧接其下的第八章，子曰："君子不重，则不威；学则不固。主忠信。无友不如己者。过，则勿惮改。"编辑们紧接着摆上这一章，也有纠偏辅正的意味。

是啊，"贤贤易色"固然好，但君子应该庄重而威严，不可矮化自身、丧失自我。要不断地学习，不然，学到的也不会巩固。比方"事君"，可以不选择对象，一味"能致其身"豁出性命效忠吗？就说交朋友，仅仅是自己单方面"言而有信"就可以了吗？当然不可以。鸟能择木、木岂能择鸟？君子者，应该择主而事。即便是交朋友，择友也应该在交友之先。择友而交，选择比自己强的人为朋友，才是你说的"贤贤"呐！

对于亲传以及再传弟子们来说，夫子虽然身已逝，而夫子生前的教诲，言犹在耳、文犹在目。无论是曾子，还是子夏，言论有偏颇、有不足、有过失，都要"过则勿惮改"。

如果我们相信，《论语》是孔门众多后学弟子编纂而成，那么我们应该看到其中高超的编辑智慧，应该高度赞扬这样的集体智慧。

——我个人认定：《论语》的编纂，确实存在不着痕迹的编辑智慧。

但愿这并不全然属于臆测，希望这至少应该算是一家之言。

"慎终追远",民德如何归厚

【原文】

曾子曰:"慎终,追远,民德归厚矣。"

——学而篇·第九章

子曰:"父在,观其志;父没,观其行;三年无改于父之道,可谓孝矣。"

——学而篇·第十一章

季康子问:"使民敬、忠以劝,如之何?"子曰:"临之以庄,则敬;孝慈,则忠;举善而教不能,则劝。"

——为政篇·第二十章

《论语·学而》篇第九章,是曾子的又一条语录。

曾子曰:"慎终,追远,民德归厚矣。"

这条语录不长。尽管历代注释有些歧义,单就字面理解,并不特别繁复。一般的白话注释如下:谨慎地对待父母的死亡,追念远代祖先,自然会导致老百姓归于忠厚老实了。

历代译注产生歧义,主要在"慎终追远"四个字上。

比如在《论语别裁》中,作者南怀瑾先生就不同意古来译注。南先生认为:终,是终了结果的意思;远,有远因远由的意思。做人行事,欲慎其终,莫如先追其远。他还引用了佛学的概念进一步界说,"菩萨畏因,凡夫畏果"。用通俗点的话来说,想要求得最终好的结果,应该从最初的动因着手。这样,大家行事做人,注意慎终追远,整个社会风气也就归于厚道之德行了。

南先生一时之大家,并不因循前人,而能别开生面。但这样的译注,同时带来了一个问题：语焉不详的古语，或者无有定解的古语，后人随意给予解释，极其可能突破译介的传统规范。比方这儿的"慎终追远"四字，可能变成随意装入物事的口袋。

而且，按照南先生的解释，文理逻辑不易摆顺。做人行事，慎其终而追其远，注重个人之修为、处世之慎重，如何可以联系到"民德"社会风气方面？这样解释，恐怕难免失之牵强了。

那么，"慎终追远"，究竟应该怎样解释？

对此，我觉着还是遵从惯常的解释较为合理。"慎终追远"，说的就是"慎对父母丧事、追怀远祖功德"。我认为：惯常的解释，有合理的支撑。有着什么样的合理支撑？答案就在《论语》中。

《论语》的各章文字，虽然各自独立成章，但上下承接的章节，往往多有内在的联系。《论语·学而》篇第十一章，子曰："父在，观其志；父没，观其行；三年无改于父之道，可谓孝矣。"编辑者在这儿放置孔子谈论孝道的语录，不啻是在呼应曾子的"慎终追远"。

慎对父母死亡、追怀远代先祖，关乎孝道。"慎终追远"，说的就是孝道。孝道，是孔子仁学的核心构成之一；孝道，确实又关乎民德，关乎到整个社会风气。这样解释，相对比较顺理成章。

当然，曾子的这条语录惜乎太简，有言简意赅的优点，却也容易让人产生疑问。按惯常解释，"慎终追远"四字是"慎对父母之死、追念先祖"的意思；那么，读者首先就会发问：这样做了，如何就能导向民德归厚？其间有什么必然性？

社会道德、社会风气，当然应该注重。关于这个问题，人们常常会陷入一种过于理想化的思维模式：经由宣传部门的倡导，每个人都争做好人，尊奉仁义道德，那么，整个社会不就变成一个君子国了吗？

但在事实上，事情远没有那样简单。社会道德状况，总是处于一种不均衡的状态。对此，我们至少可以发问：社会道德风气的主导因素在哪儿？民德归厚的根子在何处？

且看《论语·学而》篇中紧接下来的第十章。子禽问于子贡,先是一个肯定句式,**夫子至于是邦也,必闻其政**。我们的老师到了某一邦国,必定先要知道该国该地的行政状况。无论在任何邦国,统治者的为政状况、其言行道德,往往决定着整个社会的道德风尚。夫子每到一国,必闻其政,关注的正是这个重心。

对于这一重心,孔夫子曾经多次言及,对居上位者提出了严格的要求。《论语·为政》篇第二十章,孔子告诫季康子应如何临民:**临之以庄则敬;孝慈,则忠;举善而教不能,则劝**。如果说,整个社会风气之良化,在于民德归厚;那么,期望民德归厚,居上位的当政者必须以身作则。当政者庄重,民众就会敬顺;当政者孝顺、慈爱,民众就会忠诚;举拔好人、教育能力不足者,民众就会勤勉。

假如居上位者在弑父戮兄、八佾舞于庭,乃至横征暴敛,仅仅指靠普通民众的慎终追远,怎么能匡救整个社会的道德风尚?

孝道,是仁的重要内容。在整部《论语》中,孔子曾多次言及。但孔子提倡孝道,从来也没有忘记强调:孝道,不是为政者仅仅针对民众提出的要求,它首先应该是为政者必须恪守的起码道德。

所以,曾子提出的"慎终追远",固然没错,却惜乎过简。他没有指出这一行为的主体。"慎终追远",首先应该是对为政者的要求。当为政者、居上位者做到了,才可能行为世范,影响推行于整个社会,民德才可能归厚。唯此而已,岂有他哉!

"礼之用"，何为贵？

【原文】

有子曰："礼之用，和为贵。先王之道，斯为美；小大由之。有所不行，知和而和，不以礼节之，亦不可行也。"

——学而篇·第十二章

《论语·学而》篇第十二章，是有子的第二条语录。在整部论语中，率先谈到了礼。

有子曰："礼之用，和为贵。先王之道，斯为美；小大由之。有所不行，知和而和，不以礼节之，亦不可行也。"

有子的话，杨伯峻先生的翻译全文如下："礼的作用，以遇事都做得恰当为可贵。过去圣明君王的治理国家，可宝贵的地方就在这里；他们小事大事都做得恰当。但是，如有行不通的地方，便为恰当而求恰当，不用一定的规矩制度来加以节制，也是不可行的。"

杨先生的白话翻译，做到了通俗。但笔者虽尽力反复理解，在文义上却难以通达。愈读，反而愈不明白。

我们先来谈第一句。礼之用，和为贵。杨伯峻先生翻译道："礼的作用，以遇事都做得恰当为可贵。"关于"和"字，杨先生在注释中举出了《礼记·中庸》、《论语疏证》以及《说文》来解释，定为"中节、适合、恰当"的意思。对于单独的"和"字，古典的解释当然不能说错。但在这儿，杨先生借用这样的解释，立即会让人提出疑问。

《论语·颜渊》篇第一章，子曰："克己复礼为仁。一日克己复礼，天下归仁焉。"

礼，是那样重要。它本身便是规范，不违中和。所谓礼节，礼原本就是中节的。礼本身便是规矩，就是使人遇事做到恰当的。换言之，合于礼，就是和。"礼的作用，以遇事都做得恰当为可贵"，按照杨先生的解释，我们依循礼来行事，还不算"和"，还不能遇事做到恰当。为了遇事做到恰当，依礼行事还不够，还可能达不到"和"，还必须有一个另外的规范、另外的更高观念来加以调节制约吗？

把"和"字作上述解释，接着造成了下面译注的巨大困难。

知和而和，不以礼节之，亦不可行也。杨伯峻译为"为恰当而求恰当，不用一定的规矩制度来加以节制，也是不可行的"，相当费解。既然"礼之用，和为贵"，遇事做到恰当为可贵；后面又说，为恰当而求恰当，是不可行的。这不是自相矛盾是什么？礼与和，难道是这样扞格冲突吗？

"不用一定的规矩制度来加以节制"，那么前面的求恰当，是依循什么规矩制度来求取到的呢？是想当然随意胡来的吗？不以礼节之，何来恰当呢？既然已经以礼求取到了恰当，为什么还要以礼来进行节制？

我认为：这样的自相矛盾，这样的扞格冲突，不是有子的原话有问题，而是杨伯峻的理解造成的。杨先生的翻译，把"和"字做"中节、适当、恰当"来解，在这儿是不合适的。

好在，"和"字尚有其他多重解释。《说文》讲："龢，调也。乐调谓之龢。盉，调味也。味调谓之盉。事之调适者谓之和，其义一也。"

我认为：所谓礼乐，礼而节、乐而和。本章的礼之用，和为贵，"和"字在此应该讲的是音乐的调和作用。礼的实用、使用、运用，辅之以音乐调和，才是最好的。

行礼执礼的时候，有音乐调和，于是，先王之道，斯为美。

这样解说，我们前面谈到的种种不解，自相矛盾之处，才可能豁然开朗。

礼的作用，如果有乐来调和，是为可贵。先王之道，以这个为美。但所谓礼乐，有着表里关系。乐为其表，礼为其里。因为知道音乐调和是美的，不按礼的规矩来节制，小大由之，那也是不可行的。

《论语·八佾》篇第一章，孔子严厉抨击季氏：八佾舞于庭，是可忍也，孰不可忍也？第二章，仲孙、叔孙、季孙三家，僭用天子礼，唱着天子祭祀的诗篇《雍》来撤除祭品，遭到了夫子的强烈非议。

季氏三家，正是知和而和。他们在行礼执礼当中，知道音乐歌舞斯为美，但他们首先违背了礼制，绝不可以。僭礼、越礼，辅之以音乐伴奏、载歌载舞，这是违反礼制的重大事件。

礼之用，和为贵，本身道理丝毫不错。庄严的乐舞，悦耳的音乐以及美妙的歌舞，用来调和礼仪，这叫"知和而和"；而一但脱离违背了礼的规范制约，这是破坏礼制，当然不可行。

礼之用，何为贵？当然是和为贵。但"和"字，在此应该作音乐调和来解。片解乎？正解乎？愿就教于方家。

可与言诗夸子贡

【原文】

子禽问于子贡曰:"夫子至于是邦也,必闻其政,求之与?抑与之与?"子贡曰:"夫子温、良、恭、俭、让以得之。夫子之求之也,其诸异乎人之求之与?"

——学而篇·第1章

子贡曰:"贫而无谄,富而无骄,何如?"子曰:"可也;未若贫而乐,富而好礼者也。"

子贡曰:"《诗》云:'如切如磋!如琢如磨',其斯之谓与?"子曰:"赐也,始可与言《诗》已矣,告诸往而知来者。"

——学而篇·第十五章

子曰:"诵《诗》三百,授之以政,不达;使于四方,不能专对;虽多,亦奚以为?"

——子路篇·第五章

除了有子和曾子之外,在整部《论语》中率先出场的孔门高第,第一人是子夏,第二人是子贡。

子贡,即端木赐,是孔子得意弟子之一。在《论语·先进》篇第三章中,列入所谓"四科十哲"之间,与宰我两人归在"言语"科。

据说,孔门弟子三千,贤者七十二人。能够在贤者中居于前列,成为榜上有名的十哲之一,子贡的学业成就可想而知。当然,子贡被列在言语科,并不是说他只擅言语,而是强调其言语方面的突出特长。孔门的贤弟子,个个德才兼备、通晓六艺,应该说都是通才。

子贡，这样一位孔门高第，在《论语·学而》第一篇中出现就不是偶然的了。

《论语·学而》篇第十章，子禽问于子贡曰："夫子至于是邦也，必闻其政，求之与？抑与之与？"子贡曰："夫子温、良、恭、俭、让以得之。夫子之求之也，其诸异乎人之求之与？"

子禽问子贡说："老人家到了哪个邦国，必定会听到那里的政事状况；那是求来的呢？抑或是别人主动告知的呢？"子贡道："他老人家是靠温和、善良、严肃、节俭、谦逊来取得的。老人家获得的方法，和别人获得的方法，不相同吧？"

这是整部《论语》中第一次对孔子的侧面描述。这次描述，是率先由子贡来完成的。子贡用五个字温良恭俭让，简捷准确地归纳出了孔夫子的人格风范和精神风貌。

《论语·学而》篇第十五章，则记录了子贡与尊师孔子研讨学问、达到举一反三效果的一段对话。

子贡曰："贫而无谄，富而无骄，何如？"子曰："可也；未若贫而乐，富而好礼者也。"

子贡曰：《诗》云：'如切如磋，如琢如磨'，其斯之谓与？"子曰："赐也，始可与言《诗》已矣，告诸往而知来者。"

这是一段精彩的对话。聪明好学的子贡，受到夫子的慷慨奖掖。这段对话，可以说集中体现出了孔子教学的诸多特色。这是一场师生之间的平等交流。自由切磋、轻松活泼；思维跳跃、脉络清晰。甚至，会话者当时的语气、情绪，跃然纸上。

首先，作为一名优秀学生，当领会到了"贫穷而不巴结奉承，有钱却不骄傲自大"的做人道理，子贡请示夫子说"何如"，这样做怎么样啊？子贡当时讲话的语气中，几分显见的得意溢于言表。孔子对子贡的学有所得给予肯定，但又给学生指出了进一步提高的方向。"你说的还可以吧。但是还不如'虽贫穷却乐于道，纵有钱却谦虚好礼'那个样子的呐。"

接下来，子贡受教。自己对人生追求的做人道理有所初步体悟，夫子却有着更高的境界。如切如磋，如琢如磨，师徒之间，这样探讨学问，不就是一种切磋吗？夫子教导弟子，不也正像良工巨匠琢磨璞玉吗？这是多好的学习教授过程啊！但子贡回头描述这种过程，没有直说，而是思维跳荡，机敏地借用《诗经》中的成语来加以表述。

夫子对学生的跳跃性思维、对其活用经典的良好表现，即刻有一种理解的默契。于是慨然夸奖道：赐呀，现在可以同你讨论《诗经》了，告诉你一点，你能够有所发挥、举一反三了呀！

这段文字，可以看做是孔子启发式教学的范例，也是孔子奉行"快乐教学"的明证。师徒之间这样的教学相长，不啻正是学而时习之，不亦说乎的真切写照。

——诚然，在学习诗书的过程中，敏捷颖悟，活学活用，只是第一步。孔子倡导的、更为看重的，是学以致用。

请看《论语·子路》篇第五章。子曰："诵《诗》三百，授之以政，不达；使于四方，不能专对；虽多，亦奚以为？"熟读《诗经》三百篇，交给他从政的任务，却办不通；令他出使四方，又不能独立地谈判酬酢；纵然读书再多，有什么用？

读书而不能致用，读书再多，也不过是一匹驮经的驴子罢了。

而子贡正是学而不厌，做到了学以致用。事实证明，子贡大有为政能力，抑且是外交方面的能手，具有专对之能力。

《史记·孔子世家》叙述：孔子一行厄于陈蔡之际，情况极其危急。正是派出子贡突围使楚，楚昭王被说动，兴师迎孔子，夫子一行方才得免脱困。子贡的外交游说能力，莫可怀疑。子贡位居"十哲"之中，列在言语科，应该说当之无愧。

"为政以德"居其所

【原文】

子曰:"为政以德,譬如北辰居其所而众星共之。"

——为政篇·第一章

子曰:"道之以政,齐之以刑,民免而无耻;道之以德,齐之以礼,有耻且格。"

——为政篇·第三章

《论语》第二篇,篇名"为政"。论语各篇的篇名,一般只是选取本篇第一章开端几个字以名之。比如第三篇名为"八佾",只是这一篇的第一章讲到八佾,并非整篇都说八佾。——但为政篇,恰巧是通篇来讲为政的。

《论语·为政》篇第一章,子曰:"为政以德,譬如北辰居其所而众星共之。"

尽管是古文,这样的句子其实是明白如话。杨伯峻先生的《论语译注》简体字版,为方便今人读古典,对整部《论语》又都做了尽可能通俗的白话翻译。他的译文是这样的:

孔子说:"用道德来治理国家,自己便会像北极星一样,在一定的位置上,别的星辰都环绕着它。"

"居其所"三字,杨先生译作"在一定的位置上"。我觉得,翻译得不很好。作为商榷,我觉得应该这样译:"处在它本来应该在的位置",才更加准确、扣题。邦国领导者、决策人,为政以德,才是其正确所在,才能"譬如北辰",居其正位而得众星之环绕。

为政篇,当先隆重推出了孔夫子为政以德的思想。

为政以德，主张德政德治，建立道德社会，是孔子终身为之奋斗的最高理想。如何才能为政以德？孔子面对不同情况，针对不同对象，有过若干具体教导。

《论语·为政》篇第三章，子曰："道之以政，齐之以刑，民免而无耻；道之以德，齐之以礼，有耻且格。"用政法来诱导，用刑罚来整顿，人民只是暂时免于罪过，却没有廉耻之心。如果用道德来引导，用礼教来整顿，人民不但有廉耻之心，而且人心归服。

引导一个国家，立国的大政方针，究竟是依赖政法刑罚、还是倡导德治德政礼教？在孔子看来，这是根本原则问题，无可规避。孔夫子率先提出的，儒学后进士子千百年来倡导的，始终是德治德政。严刑峻法的统治，或能得逞一时，虽然老百姓因为恐惧而不得不服从，社会道德风气却败坏无耻。专制统治，刑罚恐慑，以势压人，为孔子不取。

唯有德政礼教，才能人心归服。《论语·为政》篇第十九章，哀公问曰："何为则民服？"孔子对曰："举直错诸枉，则民服；举枉错诸直，则民不服。"把正直的人提拔起来，错（措置）在邪曲的人之上，民众就会心服。否则，民众决不会心服。这儿，面对鲁哀公问政，孔夫子身体力行做了一回帝王师。

《论语·为政》篇第二十章，季康子问："使民敬、忠以劝，如之何？"子曰："临之以庄，则敬；孝慈，则忠；举善而教不能，则劝。"季康子，是鲁哀公时代的正卿，属于有权势、居上位的执政者。他希望人民恭敬、忠诚并且勤勉，向孔子请教应该怎么办。孔子说："当政者对待百姓庄重，百姓就会敬顺；对待父母孝顺，百姓就会忠诚；提拔好人，教导能力不足之人，百姓就会勤勉。"孔夫子给他的回答，分门别类，但原则为一：政治道德、庙堂道德，是整个社会道德的主导。统治者只有身为表率，为政以德，民众才会服从。

为政以德的思想，究竟是一种什么样的思想？这样的思想对于当代中国、当代世界，还有没有现实意义？这一点，值得我们认真思考。

和诋毁汉字汉语同步，批孔家们激烈批孔，已有百年。他们批判孔夫子的要点之一,说孔子以及儒学是替统治者出谋划策的,甚至就是统治者的帮凶。

事情到底是不是这样?我们可以不读《论语》,就追随批孔家的论调人云亦云吗?反复读过《论语》,我的结论正好相反。有《论语》白纸黑字在,以孔子为首的天下己任的士子,坚持道统,他们自称帝王师,恰恰是对帝王提出了最严格的要求。为政以德,正是孔子对统治者提出的要求之一。就算是出谋划策,孔子出具的谋策堂堂正正,有何不可?莫非,让孔子劝导统治者抛弃德政、施行暴政、残酷镇压民众,批孔家们才会承认孔子不是帮凶的吗?莫非,孔子必须服膺"造反有理"的所谓革命思想,号召人民揭竿而起,武装夺取政权,才能让批孔家们满意吗?

我相信,为政以德,这样的道理,历代暴君听不进去,批孔家也听不进去。为政以德,只是孔子的理想。对于批孔家、马屁家,孔子和我们都在浪费笔墨、白费口舌。

毋庸讳言,历史上的暴政连绵不绝。秦始皇们只相信暴力暴政,劝其向善,属于与虎谋皮。

或曰,正因为暴君暴政的真实存在,孔子倡言的为政以德才更加具备了恒久的普遍意义。

在孔子的时代,他不可能提出"民主政治"的当代理念。但孔子倡导的士子精神,与当代知识分子尊奉的"社会良心"并无过分扞格。孔子提出的为政以德的理念,其精神指向并不过时;孔子所希望建立的道德社会,并不排斥当代民主制度。

在这样的意义上,孔子的思想超越了时代。犹如北辰,亘古照耀。

被百年诟病的孝道

【原文】

孟懿子问孝。子曰:"无违。"

樊迟御,子告之曰:"孟孙问孝于我,我对曰,无违。"樊迟曰:"何谓也?"子曰:"生,事之以礼;死,葬之以礼,祭之以礼。"

——为政篇·第五章

孟武伯问孝。子曰:"父母唯其疾之忧。"

——为政篇·第六章

子游问孝。子曰:"今之孝者,是谓能养。至于犬马,皆能有养;不敬,何以别乎?"

——为政篇·第七章

子夏问孝。子曰:"色难。有事,弟子服其劳;有酒食,先生馔,曾是以为孝乎?"

——为政篇·第八章

或谓孔子曰:"子奚不为政?"子曰:"《书》云:'孝乎惟孝,友于兄弟,施于有政。'是亦为政,奚其为为政。"

——为政篇·第二十一章

《论语·为政》篇,不少章节专讲孝道。

什么是孝?何为孝道?古往今来的概念定义解释界说很多。最普通的老百姓的理解,孝,就是敬养父母。再扩充一点,还应该敬奉追念祖先。如此而已。孝,基于人的血缘传承,发乎人的道德本能。古代圣哲提倡孝道,把人的天性本能提高到了伦理的和文化的高度。在整个社会,倡导什么,养成怎样的社会风气，无疑是为政的重大内容。

在该篇中，有几人分别向孔子问孝，孔子一一给予回答。这些问答，可以想见多半不是同时发生的，是《论语》的编辑将其集束摆放在这儿。从第五章到第八章，有孟懿子、孟武伯父子问孝，有子游、子夏两个学生问孝。尽管几人都是问孝，但针对不同对象，孔子的回答也各不相同。可以说，孔子这些不同的回答，从多层次、多侧面，引领人们能够更理性地理解孝道。

对此，我有一点个人的阅读体会。如果我们将阅读次序变化一下，这将是关于孝道的一个由浅及深的理解过程。

先看第七章，孔子的学生子游问孝。子曰："今之孝者，是谓能养。至于犬马，皆能有养；不敬，何以别乎？"犬马能养，古来解说纷纭。一说，犬马也能养活人；一说，犬马也能养活它们的父母。那么，人仅仅做到养活父母，等同于犬马而已。这两种解说，都不如惯常的解释通达。按惯常解说，人连犬马都能饲养，养活父母而不能存心敬顺，那和饲养动物有什么区别呢？

这儿，孔子措辞严厉，提出孝不能缺少敬顺的道理。

第八章，另一名学生子夏问孝。子曰："色难。有事，弟子服其劳；有酒食，先生馔，曾是以为孝乎？"这里，孔子提出了"色难"的概念。侍奉父母，保持愉悦而发乎由衷的容色，确实是件难事。有事情，弟子效劳，有酒食，先请长辈吃喝，应该算是有敬顺之意了，但还称不得恪行孝道。孝，应该做到发乎内心，成为衷心愉悦之事。

这儿，孔子对孝的界定，又推进了一步。

回到第六章，孟武伯问孝。子曰："父母唯其疾之忧。"对孔子的这句话，解释也是向来不一。

一种解释说：孝子各方面敬顺，只是最担心父母生病。这样解释，在文理和语法上，都不通，相当勉强。

一种解释说：父母只担心孩子生病——孝子如果已经在各方面都做得

很好，无须令父母担心，这当然就是孝了。这样解释，在语法上不错，但破折号后面的意思，属于一种强解。

当然，我们还可以有别样的解释："唯其疾之忧"，是人发自本心的情感。想想父母在我们疾病时揪心担忧的样子，想想我们做了父母，自己在孩子疾病时的拳拳之心，自己该如何回报父母呢？

离开当初的具体语境，古圣贤的经典话语有时确实难以尽解。但人心是相通的，我们能够体察到孔子原话的意味，这就够了。孟懿子、孟武伯，父子二人都曾先后是鲁国大夫。身为地位尊荣的高官，孟武伯对父母，不存在养活与否的问题。作为世家子弟，敬顺父母的教养也是有的。那么，孔子在这里，事实上对孟武伯提出的是更高的要求。你应该在各方面、特别是在为政方面要做得很好；做到令你的父母什么都不担心，只挂念你的身体。做到这个，是你应该奉行的孝道吧！

最后，我们再看该篇第五章。

孟懿子问孝。子曰："无违。"

樊迟御，子告之曰："孟孙问孝于我，我对曰，无违。"樊迟曰："何谓也？"子曰："生，事之以礼；死，葬之以礼，祭之以礼。"

这段话的关键词是"无违"。这两个字，孔子给学生樊迟作了详解。对于孟懿子，他应该做到"孝不违礼"。父母活着，依规定的礼节侍奉；父母死了，依规定的礼节埋葬、祭祀。

孟懿子贵为大夫，他不懂得孝吗？所以，夫子对其所问不必啰嗦，针对他的身份地位，回答只有两个字无违，极为简捷。作为问孝的孟懿子，应该也是已然明白。所以，他也没有进一步询问。

有趣的是，夫子不厌其烦，却给赶车的学生樊迟细说了一番。这首先是孔子诲人不倦，在对弟子进行随时随地的教导。当然，其中还有要把自己和孟懿子的问答公诸于世的意思。以孟懿子的地位，在孝道方面应该给社会、给民众做出什么榜样？他会不会违礼僭礼越礼？这儿，孔子面对居上位者，把孝道提到了礼制的高度。上有所好，下必效之。奉行孝道而不违礼,无违,关乎礼法,关乎社会风气,正是为政的一个重要方面。

第二十一章,或谓孔子曰:"子奚不为政?"子曰:"《书》云:'孝乎惟孝,友于兄弟,施于有政。'是亦为政,奚其为为政?"

有人问孔子,你为什么不参与政治?孔子引用《尚书》上的话说:孝顺父母,友爱兄弟,使这种风气影响到政治上去。这也就是参与政治。何必定要做官才算参政呢?孔子的回答,可以看做是对前面谈及的为政之道和孝道的呼应。遵行孝悌之道,进而努力去影响社会风气,孔子将之提高到"庶民参政"的高度来认识。

一百年来,批孔家竭力批孔,传统孝道也遭到株连,被疯狂攻击诟病。前几十年,批孔家中以鲁迅最为激烈。他举出二十四孝中的"郭巨埋儿"和"老莱娱亲"大张挞伐。古人提倡孝道,举例或有极端倾向。上述两例,自有可诟病处。但因之从根本上否定孝道,摧毁人的发乎内心的美好情感,进而泯灭人性,这个就太过分了。

后几十年,批孔风气越来越盛猖。数不清的政治运动,摧毁着人的道德本能。运动之来,打倒某人,某人的妻子必须划清界限赶快离婚、某人的子女只有起而揭发其父,才算靠拢组织,才算忠于领袖,才能免于株连而自保。

当猖獗批孔终于成为过去,我们欣慰地看到,是千家万户的老百姓,人自为战,艰苦卓绝地捍卫坚守了我们的传统道德底线。

孔子提倡的孝道,合乎天道人伦;孝道光复,顺应天心民意。

这是孔子的胜利,这是民意人心的胜利。

远离宗教的祭祀

【原文】

子曰:"非其鬼而祭之,谄也。见义不为,无勇也。"

——为政篇·第二十四章

祭如在,祭神如神在。子曰:"吾不与祭,如不祭。"

——八佾篇·第十二章

季路问事鬼神。子曰:"未能事人,焉能事鬼?"曰:"敢问死。"曰:"未知生,焉知死?"

——先进篇·第十二章

《论语·为政》篇结末的第二十四章。子曰:"非其鬼而祭之,谄也。见义不为,无勇也。"

这里,出现了"鬼"字。关于鬼,杨伯峻先生在译文之外加了注释:古代人死后都叫"鬼",一般称已死的祖先而言。

《论语·八佾》篇第十二章,则出现了"神"字。

祭如在,祭神如神在。子曰:"吾不与祭,如不祭。"

这一章,杨伯峻先生的译文如下:孔子祭祀祖先的时候,便好像祖先真在那里;祭神的时候,便好像神真在那里。孔子又说:"我若是不能亲自参加祭祀,是不请别人代理的。"

我认为:杨先生的译文,不够准确严谨。让读者相当费解。

我们先看第一句。祭如在,祭神如神在,这句话本身没有主语。它仿佛是孔子所处时代的成语俗语，通行语、流行语。杨伯峻先生的注释，不仅添加了主语，认定其为孔子，而且进一步认定孔子是在祭祀祖先。这样认定，不知杨先生有何依据。在习惯上，在人们的心理上，神与鬼，一般是有些区别的。祭神，只是祭拜天地山川草木之神。祭鬼，才是祭祀先祖和死去的人。所以，如果原话说的是两重意思，既有祭祖、也有祭神，原话就应该是：祭鬼如鬼在，祭神如神在。

原话只是祭如在，祭神如神在，没有主语。所以，我认为这句话说的并不是孔子的个体行为状态，而是一种普遍行为状态。祭祀是庄严的，如同祭祀的对象在场一样。祭神，如同神真在那儿一样。

我们再来看第二句。孔子说的吾不与祭，如不祭。杨先生的译文是这样的："我若是不能亲自参加祭祀，是不请别人代理的。"这一句的翻译，问题更大些。在感觉上，非常不通。勉强，牵强。原文如不祭，字面翻译只能是如同不祭、有如不祭，即便是意译，如何能有"不请别人代理"的意思呢？

孔子这句话，历来也有不同解释。吾不与祭，如不祭，是一般惯常的句读。"与"字，在这儿是参与、参加的意思。朱熹的注释就是按此句读的。孔子有事，不能参加祭祀，或就请别人代祭；但别人代祭，总不如自己在场那样虔诚。杨伯峻先生的所谓意译，或者就是从此而来。

别样的解释，则是采用了别样句读：吾不与，祭如不祭。这儿的"与"字，当赞同来解。那么，采用别样句读，其译文就是："我不同意的祭礼，祭了同没祭一样。"

但按照这样句读而来的解释，在义理上也有所不通。非其鬼而祭之，谄也。孔子不同意的祭礼，孔子是不会违心参加的。如果只是孔子没有违心参与祭祀，那么，也不好否认别人所参与的祭祀就是等于不祭。

两种解释，都不能通达。问题到底在哪儿呢？其实，整个第十二章，意思是贯通的。说的都是"祭如在"的问题。祭祀祖先神灵，祭祀者的心理是否虔诚？是否在状态？是否感觉鬼神就如同在场享受祭祀一般？如果没有把自己摆进去，心理缺乏虔诚，那样的状态就不能叫做祭如在。缺乏虔诚、不在状态，即便形式上参加了祭祀，实际上属于**吾不与祭**，那么祭祀了也等于没有祭祀。

——联想到一点题外的话。

就本章文字来看，孔子并不反对祭祀鬼神。而且，认为祭祀应该是虔诚的。但在别的章节，孔子却又表达了别样的思想。《论语·雍也》篇第二十二章，孔子说过**敬鬼神而远之**的话。《论语·先进》篇第十二章，季路问事鬼神。子曰："未能事人，焉能事鬼？"曰："敢问死。"曰："未知生，焉知死？"孔子关注人生，强调入世，拒绝回答敬事鬼神的问题，也拒绝谈论人死后的话题。不臆造什么"天堂"，不妄说什么"来世"，这中间确实有一种清醒而伟大的理性。

祭祀活动，中国式的祭祀神灵祖先，祭祀者多半会有一点类乎宗教的情感。但中国人的敬神祭鬼，作为文化或习俗数千载传承，却确实没有演变成严格意义上的宗教。这方面，我们不能不承认孔子的言论，起到了理性引导的作用。

中国没有宗教，没有神学，没有你死我活的宗教战争。在蒙昧的远古，孔子的理性像一道闪电，划破了黑暗的夜空。是这样清醒的理性，引导后世避开了欧洲历史上那样的"黑暗的中世纪"。

当然，孔子倡导人的理性，**子不语怪力乱神**，但孔子并不一般地反对祭祀鬼神。

在追念先祖、缅怀先烈、敬畏自然的意义上，祭祀鬼神有什么不可以呢？

这不是宗教迷狂，这是一种类似宗教的情怀，这是远离宗教的祭祀。

诗礼文明的自信

【原文】

子曰:"夷狄之有君,不如诸夏之亡也。"

——八佾篇·第五章

《论语·八佾》篇第五章,讲到了"夷狄"这个词语。

子曰:"夷狄之有君,不如诸夏之亡也。"

这句话,历来有不同注释。

一种是按照字面直解,不须拗口绕弯子。文化落后的边鄙国家,即便有君主,还不如中国没有君主哩!

一种是绕弯子。弯弯曲曲,进行曲解。**夷狄之有君**,把这儿的夷狄,实指为楚国、吴国;君主,说成是楚庄王、吴王阖庐等。结果就是这样来翻译:楚国、吴国这样的夷狄落后之国,尚且有楚庄王、吴王阖庐这样的贤明君主,不像中原诸国,都没有合格君主啦!

后一解,尽管也勉强说得通,却并非孔子本意。近代以来,凡讲到用到古代名词"夷狄",仿佛就贬低了当今的兄弟民族,有所避忌起来。于是曲意回护,不顾学术之严谨了。好像我们还处在清朝,处在异族统治者大兴文字狱的时代。孔夫子时代,称谓周边国家民族,就是通行使用"夷狄"这样的词汇字眼。如果其中或有贬抑的含义,把"夷狄"说成是楚国、吴国,就合适吗?平心而论,"夷狄",只是曾经的名词存在,今人实在不好强求当年的孔夫子,让他高唱"五十六个民族五十六朵花"。

孔子的这段话,非常直率,抑且断然。那是对当时中原文明、中华文明的强烈自信。

孔子所处的时代，是谓礼崩乐坏。季氏**八佾舞于庭**，僭用了八八六十四人舞乐的天子之礼。只有天子和诸侯才有资格祭祀名山大川，季氏"旅于泰山"，同样是僭礼。唱着《雍》的诗篇来撤除祭品，是天子的礼仪；仲孙、叔孙、季孙三家祭祖后，撤除祭品竟然以《**雍**》彻，无疑还是僭礼。这些行为都在本篇遭到孔子的批判抨击。这在客观上证实：当时，诸侯邦国无视周天子、卿士氏族架空诸侯，早已是一派"君不君、臣不臣"的礼崩乐坏的景象。那么，中原诸夏已经君而不君，孔夫子何以还能发出上述那样自信的宣言呢？

质言之，孔子正是看到了诗礼文化的存在，而有了关于华夏文明的强烈自信。

殷商取代了夏朝；周朝取代了殷商。朝代更迭，这是历史曾经的真实。但这只是所谓法统的变更。整个民族的文明，也就是道统，并没有断绝消亡。诗书礼乐还在，道统就在。这更是历史的真实。

《论语·为政》篇第二十三章。子张问："十世可知也？"子曰："殷因于夏礼，所损益，可知也；周因于殷礼，所损益，可知也。其或继周者，虽百世，可知也。"商汤伐夏，推翻残暴的夏桀，但殷商因袭的是夏朝的礼仪制度。武王诛纣，周朝取代了殷商，因袭的仍然是殷商的礼仪制度。其间礼仪制度有所损益，都是可以知晓的。即便往后会有继承取代周朝而当政者，莫说十世，便是百世，会采用什么礼仪制度，也是可以预先知晓的。

有古来传承下来的诗书礼乐、典章制度，这正是文明的宝贵成果。

而且，孔子已经主动担起传承文明的大任。

五百年而有圣人出。从周公到孔子，五百年。中华民族葆育的文明成果，代有传人。

历史选择了叫做孔丘的这名鲁国人，孔子当仁不让。

孔子设帐授徒，教习古典；老人家带领弟子们周游列国，传播建立道德社会的理想，知不可为而为之，欲要挽狂澜于既倒。

晚年的孔子，仍不放弃文明的重托。耗尽余生，删《诗》、《书》，定《礼》、

《乐》，赞《周易》，修《春秋》，整理保存了中国古代辉煌的典籍。

历史演进到两千年之下，当代中国果然没有了君主。而先秦诸子的典籍尚在，历史文化巨人的思想尚在。传承百代，不绝如缕。

华夏文明不会断绝。虽百世，可知也！

君臣关系的规范

【原文】

定公问:"君使臣,臣事君,如之何?"孔子对曰:"君使臣以礼,臣事君以忠。"

——八佾篇·第十九章

定公问:"君使臣,臣事君,如之何?"孔子对曰:"君使臣以礼,臣事君以忠。"

上列《论语·八佾》篇第十九章,记录了一次鲁定公和孔子之间的问答会话。在整部《论语》中,这是首次谈到君臣关系。而且,我们知道,孔子一生曾经有过短期仕任为官的经历,就发生在鲁定公时代。那么,这是一次君臣之间面对面的谈话,谈话的内容又正是君臣关系。这次对话的现实性和严肃性,可想而知。

君使臣,臣事君,是分属不同行为主体的两件事。君主指使臣下,该是怎样的?臣子服事用事于君上,又该是怎样的?在孔子看来,这两件事是有关联的,甚至是有因果关系的。君主以礼来使用臣子,非但应该,而且必须,这成为臣子忠心服事君主的前提条件。

《论语》的这一章节,行文中有个细节首先会引发我们的注意。这儿出现了"孔子对曰",而不是通常的"子曰"。凡臣下对答君上,一定要用"对曰",这正是《论语》的行文体例。这样的行文体例可以充分说明:不仅在实际生活的层面,包括著书立说文字记录的层面,儒家都在严格遵循礼仪规范。

但就在本章文字的前一章,第十八章,孔子却说:事君尽礼,人以为谄也。事君尽礼,按照礼仪规范行事,究竟出现了什么问题?人们为什么会以为是臣下谄媚君上呢？难道面对君上，事君尽礼错了吗？孔夫子的话里，一定另有深意。

我认为，在这儿的**事君尽礼**，并不是泛指一般情况，非常可能是夫子自道；人以为谄也，是孔子遭遇到的现实情况。在孔子时代的鲁国，季氏等三家专权，鲁君已经几乎被架空。三家纷纷僭礼，肆无忌惮。这时的鲁国，已经君而不君。面对这样的严峻现实，孔子并不趋炎附势去靠拢三家，恰恰是对三家提出了激烈的批评。而且，即便鲁君失势，孔子依然坚持对鲁君给予尊奉和礼敬。那么，人，有人，便会认为孔子的**事君尽礼**就是谄。

那么，孔子有没有谄媚君上的嫌疑？在这里，我们可以为孔子一辩。鲁君，鲁定公，曾经任用、甚至是重用过孔子。当其时也，如果鲁定公对待孔子、使用孔子，是礼贤下士、合乎礼仪的，那么孔子的忠于职守、敬奉君上，就是正当的。这中间，没有趋炎附势、谄媚君上的问题。恰恰是有人看到鲁君失势，三家专权，去投靠什么季氏，在那儿事"君"尽礼，那才是谄媚呐！

当然，我们深入一步来思考，孔子和定公的会话，除了所指，还有能指。除了指向现实层面，同时还指向形而上的虚拟层面。

在虚拟的情况里，在普遍的意义上，**君使臣**，有符合礼仪的情况，一定还有违背礼仪的情况。如果君而不君，君上自身没有君上的样子，并不能够**使臣**以礼，那么，这个时候臣下还是**事君尽礼**，出问题的就是臣下了。

《论语·为政》篇第二十四章，孔子讲过：**非其鬼而祭之，谄也**。这里，"谄"字初次出现。在《论语·八佾》篇第十八章，孔子说，**事君尽礼，人以为谄也**。"谄"字再次出现。孔夫子总是微言大义，"谄"字的接连出现，决不是偶然的。其中，有着显见的内在关联。我们把两章文字联系起来看，只能得出一种解释：非其君而事之、礼之，犹如非其鬼而祭之敬之，都是谄。

孔子所处的时代，士文化已经觉醒，对抗制约着独裁的帝王文化。士君子如果仕任，参与为政，他们希望能够达成君臣共治天下的局面。孔子，对此有着深刻的思考。孔子在本篇本章，在与鲁定公的对话当场，首先谈到问题的一个方面。君上如果使臣以礼,臣下就会事君以忠。孔子的回答礼貌而严正。没有丝毫奴颜媚骨。

《论语》行文至此,孔子还没有谈到问题的另一方面:如果君上不仁,君而不君,并不使臣以礼,臣下怎么办?这样严重的情况,这样的巨大可能性,难道孔夫子没有考虑吗?

事实上,在别处,在另外的场合,孔子谈到了。

《论语·述而》篇第十一章,孔子和学生颜渊的谈话中,讲到了用之则行、舍之则藏的话题。当政者用我呢,就干起来;不用我呢,就躲开他。用舍由他,行藏在我。面对高高在上的君王,孔子从来没有迷失自我。

《论语·泰伯》篇第十三章,孔子又讲出了天下有道则见、无道则隐的铿锵话语。士人君子的事君以忠,从来不是无条件的。君上不能使臣以礼,天下无道,士君子就会拂袖而去。

事实上,孔子是这么说的,也是这么做的。当鲁国三家专权,已经君而不君,当把持政局的季氏,不能为政以德,违背礼制不能礼遇孔子,孔子毅然决然,拂袖而去。富贵,视之如浮云;官位,弃之如敝屣。

士君子的毕生追求,是道;君臣关系的规范,是礼。

在孔子构想的世界里,没有对强权的屈从,没有对君王的愚忠。

这儿,有的是独立的人格,有的是桀骜的精神。

超时代的批判

【原文】

子曰:"周监于二代,郁郁乎文哉!吾从周。"

——八佾篇·第十四章

子谓《韶》,"尽美矣,又尽善也"。谓《武》,"尽美矣,未尽善也"。

——八佾篇·第二十五章

《论语·八佾》篇第十四章,记录了孔子对周代礼仪制度由衷崇奉的赞叹。子曰:"周监于二代,郁郁乎文哉!吾从周。"

周朝的礼仪制度以夏商两朝为镜鉴,然后制定,那是多么丰富多彩的人文文化啊!我师从周朝的。

制定礼乐的周公,是孔子心目中最崇敬的圣贤之一。在《论语·述而》篇第五章,甚至有这样的记录:因为许久不复梦见周公,孔子极为懊丧,**甚矣吾衰也!** 浩叹自己衰老得太厉害啦!当然,因梦不到周公而兴浩叹,多半要折射传达的是孔子对礼崩乐坏的现实忧虑。或者不妨认为,这正是一种先天下之忧而忧的博大情怀。

心忧天下,而有担当《论语·子罕》篇第五章,记录孔子在匡地被拘禁,在那样的困窘境地,发出了极其自信豪迈的宣言:

文王既没,文不在兹乎?

周文王死去之后,一切文化遗产不都在我这儿吗?从文王周公开创的辉煌礼乐文明,到春秋时期开始衰微。是孔子,毅然决然肩起了文明传承的大任,义不容辞,当仁不让。

历史,选择了孔子;孔子,不负历史的重托。

孔子"祖述尧舜，宪章文武"，推崇周礼，声称"吾从周"。但在整部《论语》中，我们可以看出，孔子对周朝、对周礼，包括对周武王，并非无条件全盘推崇。

请看《论语·八佾》篇第二十一章。哀公问社于宰我。宰我对曰："夏后氏以松，殷人以柏，周人以栗，曰，使民战栗。"子闻之，曰："成事不说，遂事不谏，既往不咎。"哀公问宰予，作社用什么木。宰我答道："夏代用松木，殷代用柏木，周代用栗木，意思是使人民战栗。"孔子听到这话，（责备宰我）说："已经做了的事不便再解释了，已经完成的事不便再挽救了，已经过去的事不便再追究了。"

土地大神是为社。立一个木制牌位是为社主，以供祭祀。那么立社主，该用什么木料呢？关乎民族文化、关乎国家精神。这是极其严肃的。相应于夏后氏以松、殷人以柏，对"周人以栗"，孔子是有看法的。文王、武王、周公，再好也有缺点。比方这个社主用木，用的是栗木，有"使民战栗"的用意。为什么要让民众战栗呢？

当然，孔子对之尽管有看法，只是给予了婉转的评说。既往不咎。对既成的事实、曾经的存在，不作苛求了。但老先生的言语中，对学生宰我的批评意味是显然的。你说那么详尽干吗？哀公之辈、诸侯国君，要"使民战栗"，极有可能以此为托词，而认为是有所取法。周朝，国朝，就是这么干的嘛！

如果说，谈到立社用木的话题，孔子只是小有微词，那么，到该篇第二十五章，孔子对实施推翻商纣统治、创立周朝的周武王，发出了划时代的批判。

子谓《韶》，"尽美矣，又尽善也"。谓《武》，"尽美矣，未尽善也"。

《韶》乐，是舜时代的乐曲；而舜的天子之位是由尧禅让而来。《韶》乐，可谓尽善尽美。

《武》乐，是武王时代的乐曲；武王伐纣而有天下。孔子认为，讨伐商纣，尽管是正义的，但毕竟是使用了武力、暴力。未能尽善。这不是孔子理想中的至仁至善。

　　武王伐纣,伯夷、叔齐曾经叩马而谏。其后双双饿死首阳山。除此而外,伯夷、叔齐有什么惊天动地的业绩?但孔子对伯夷、叔齐极力推崇;五百年后司马迁著《史记》,将《伯夷叔齐列传》推崇为七十列传之首。这是为什么?

　　暴力革命,以暴易暴,即便如何声称符合天经地义,孔子都不能完全赞成。大砍大杀,血流漂橹,武力夺取政权,就是那么光荣的业绩?崇信武力,甚至暴力至上,开了什么样的历史先河?

　　孔子的思考,是极为深刻的。孔子站在历史的制高点,洞见到了迷信暴力带给人类的灾难性后果。后世的王朝更替,敢问哪个武力夺取政权者,不是冠冕地声称说效法了周武王?两千多年前的孔子,可以说早已托举出了"非暴力、不合作"的非凡思想。

　　今天的人们应该都记得,在许多电影和电视剧的画面中,日本侵略军的各级指挥所,往往都要在墙上张挂的布幅上书四个汉字:武运长久。我相信,这个画面、这几个字,给中国人的印象难以磨灭。

　　迷信暴力,推崇暴力,只会导向暴政,导向不义,导向侵略,导向军国主义。

　　孔子对武王的批判,跨越千古烽烟,堪称超时代的批判。

天下己任何尝择居处

【原文】

子曰:"里仁为美。择不处仁,焉得知?"

——里仁篇·第一章

《论语·里仁》篇第一章,非常简短。关键词就是"里仁"。

子曰:"里仁为美。择不处仁,焉得知?"

杨伯峻先生的注译本是这样译的:住的地方,要有仁德才好。选择住处,没有仁德,怎么能是聪明呢?

在译文之下,杨先生特别对"里"字另外加了注释。说"里"字在这儿可以看为动词,当居住来解。这当然不错。那么,"里仁"就应该译作"居于仁"才是。但杨先生在具体的翻译中,偏偏却把动词"里"当做了名词,译作"住的地方"。这样翻译,恐怕是把"里"当做"居里、里居",在字面上望文生义了。

于是,连同下面的翻译,把择不处仁中的"择处",也实解为选择住处。这样翻译,恐怕是不妥当的。孔子这段话,说的应该是择仁而处。杨先生的"择居"之解,确实违背了原文的本旨。

择居,择邻而居,最有惑人之处。古来有孟母三迁的传说,影响甚广。人们在儿童时代、少年时代,选择什么样的居住环境、包括接触什么样的邻居,近朱近墨,当然极其重要。那么,孔子的这段语录,莫非是专门教导家长们的了?为了孩子的健康成长,所以要注意选择住处。孔子的意思是这样的吗?

或者,孔子的意思是说,已经有了自主能力的青壮年,就要选择仁义之地去居住？这样讲，可惜也不能通达。

假定天下果然有这样的一些地方，有仁人集中居处的"仁义里"，那么事情看似简单了，具体实践则会变得异常复杂起来。凡听信了夫子教导的人，都涌向"仁义里"，这儿能容得下无数的集附者吗？这儿的地价岂不腾涨？况且，别的地方怎么办？那些地方没有了人烟，还是只剩下坏人、不仁者来居住？天无私覆、地无私载、日月无私照，又该如何作解？

里仁，究竟何解？择而处仁，到底什么意思？《论语·述而》篇第六章，或可帮助我们来解惑。

子曰："志于道，据于德，依于仁，游于艺。"

君子们，目标志向在道，依居应在仁德。

故尔，里仁章不可拘泥定解为择居。孔子的原意，不是提供一个选择住处来摆放身体的住房指南，而是指导士子追求仁道以安放心灵的圭臬。

居于仁，是最美好的。当有了选择人生志向的理性，准备安放自我心灵，择仁而居，才是聪明智慧的。

孔子周游列国，是要选择仁德之地吗？恰恰不是。他看到礼崩乐坏，知不可为而为之，欲要力挽狂澜、扶大厦之将倾。筚路蓝缕，餐风饮露，艰辛备尝而矢志不渝。孔子还曾经欲居九夷，有人说那些地方落后简陋，如之何？孔子岸然曰：君子居之，何陋之有？

所以，里仁，择仁而居，不是选择住处和邻里。应该是选择仁德来作为立身的依傍和精神之寄托。

那么，人们可能会进一步发问：里仁，择仁而居，这样抉择如何就是美的、并且是明智的？

当《论语》编辑行文至此，夫子还没有展开他的界说。

仁者，人也。仁者，二人也。人与人之间，部族之间，国家之间，应该以仁相处。仁者无敌，不是武功盖世没有敌手；恰恰是仁者原本就没有敌人。人与人之间的和谐，国族之间的和谐，人与自然环境的和谐，对谁都好。

为了这样的理想境界，自己首先选择仁德吧！做出这样选择的仁人志士，精神上将是强大的、愉悦的、美好的。

——或者还有一问：择仁而居，伯夷、叔齐却是饿死了；孔子自己，一辈子都混得不怎么样；这又如何说？其实，这正是志士仁人的高洁之处。

该篇第八章，子曰："朝闻道，夕死可矣。"

早晨得知真理，当晚死去，都可以。仁者仁人，为了心目中的理想，矢志不渝、之死靡它。

该篇第九章，子曰："士志于道，而耻恶衣恶食者，未足与议也。"

说是有志于道，而又耻于穿破衣吃粗粮，不能安于清贫，大家原本就不是一类人。对之，夫子实在没有什么好说的。

不能择仁而处，焉能体会到里仁为美！

与世俗追求的决裂

【原文】

子曰:"富与贵,是人之所欲也;不以其道得之,不处也。贫与贱,是人之所恶也;不以其道得之,不去也。君子去仁,恶乎成名?君子无终食之间违仁,造次必于是,颠沛必于是。"

——里仁篇·第五章

子曰:"朝闻道,夕死可矣。"

——里仁篇·第八章

子曰:"士志于道,而耻恶衣恶食者,未足与议也。"

——里仁篇·第九章

《论语·里仁》篇第五章,可以看做是孔子对士君子的期待,也可以看成是夫子自道。是与世俗追求决裂的正大宣言。

子曰:"富与贵,是人之所欲也;不以其道得之,不处也。贫与贱,是人之所恶也;不以其道得之,不去也。君子去仁,恶乎成名?君子无终食之间违仁,造次必于是,颠沛必于是。"

富贵,发财当官,人人盼望;不用正当方法得到,君子不接受。贫穷下贱,人人厌恶;不用正当方法抛掉,君子不摆脱。君子抛弃仁德,怎样成就他的名声呢?君子不会有一顿饭的时间离开仁德,在仓促匆忙的时候、在颠沛流离的时候,也一定和仁德同在。

总括而言,就是矢志于道、择仁而处,放弃世俗人生的物质享受、名利追逐、富贵期许。富贵不能淫,贫贱不能移。

两千年之下,读书至此,不能不令人掩卷深思、感慨系之。

矢志于道、择仁而处，不好吗？多数人，多数读书人，都会说，这当然好。莫非还有人会公然声称"拒绝道义、弃善从恶"吗？这样的人，即便有，也一定是少数。但是，假如我们把问题稍许深入一步：矢志于道、择仁而处，容易吗？回答起来就不会那么简单了。

仁，仁道，从来不是登龙术，不是求田问舍的康庄大道。

择仁而处，实在不仅是一种理论上的思辨推导、攀援认知，更是一种艰难的践行和强韧的坚守。

选择仁道，择仁而处，你就必须时刻准备抵御世俗人生的种种诱惑。孔子诚实地告诉人们，选择仁，志于道，这绝不是一件轻松的事儿。你必须甘于清贫，你必须时刻准备放弃种种世俗人生的期许。即便面对高官厚禄，取卿相如探囊，假如违背道义，也要弃而不取。

第五章之下，孔夫子又在多章文字中对这一命题给予了阐释。

该篇第九章，子曰："士志于道，而耻恶衣恶食者，未足与议也。"士子既然志于道，就应该像颜渊一样，一箪食、一瓢饮，居于陋巷，不改其乐。你有这样的思想准备吗？没有吗？那么对不起，你不是道中人。未足与议，没什么好讲。

第十章，子曰："君子之于天下也，无适也，无莫也，义之与比。"

君子胸怀天下。对于天下事，决不强调对自己合适与否；只要合于道义，应该无条件趋之赴之。天下己任，是君子应有的博大情怀。

第十一章，子曰："君子怀德，小人怀土；君子怀刑，小人怀惠。"

君子胸怀的是德行，是法度；小人念念于土地，个人利惠。

小人的追求，世俗人生，人之所欲，或也并不是那么不可饶恕。孔子强调的，是以天下为己任的君子应有的道德追求。

《论语·述而》篇第十六章中，孔子说过：不义而富且贵，于我如浮云。这方面，孔夫子首先身体力行，行为世范，给弟子们做出了表率。针对具体统治者，孔子倡导合则留、不合则去，从来没有贪恋富贵而降志辱身。

孔子尽管说过"天下有道则见，无道则隐"这样的话，但对于天下，孔子在事实上却是不隐不退，筚路蓝缕、颠踬奔波，从来没有放弃过担当、放弃过大任。

求道择仁，是那样不容易；而道义的呼唤、人格魅力的吸引，孔子周围终于聚集起来三千门徒。我们欣喜地看到，在人类文明的所谓轴心期，中国历史上出现了那样一个人、那样一批人、那样一些人。孔子和他的忠实门徒，以仁为己任，尊奉出世离尘的精神，却又始终践行着入世救世的事业。他们几乎舍弃了一切，坚守葆育了华夏上古文明的核心价值。

孔子追求仁德，矢志不移；求仁得仁，无怨无悔；天下己任，舍我其谁？孔子倡言与世俗追求决裂，这位老人家自己始终在身体力行。

道，仁道，成为他毕生的追求和信念。真正做到了生死以之，之死靡它。

孔子的人格风范，与追名逐利之徒，是那样格格不入。孔子的存在，照出了那些人的小丑嘴脸。

怀着求仁得仁的欣然，夫子发出了矢志不渝的呼喊：

子曰："朝闻道，夕死可矣。"

——穿越两千多年的时空，孔子的形象愈加清晰。当霓虹的色彩隐去，人们仰望星空，他在那里，光辉熠熠。

仁者如何能恶人？

【原文】

子曰："唯仁者能好人，能恶人。"

——里仁篇·第三章

子曰："苟志于仁矣，无恶也。"

——里仁篇·第四章

子曰："我未见好仁者，恶不仁者。好仁者，无以尚之；恶不仁者，其为仁矣，不使不仁者加乎其身。有能一日用其力于仁矣乎？我未见力不足者。盖有之矣，我未之见也。"

——里仁篇·第六章

《论语·里仁》篇第三章，子曰："唯仁者能好人，能恶人。"

一般的翻译大多是这样的：只有仁人能够喜爱某人，厌恶某人。这样仅就字面的解释不能说错，但等于没有说。

杨伯峻先生在译文之后另外加了注释，引出史上曾有的解释一种："贵仁者所好恶，得其中也。""中"，又该如何界定？我们极有可能陷入众多概念名词之中，把自己绕到头晕。

简捷的古代经典，要而不繁的圣贤语录，多属微言大义。我们读到这样简捷而微言大义的句子，往往有透过字面而求深解的愿望。如果能够尽量用心体味，多少得其要旨，正是后学应该追求的标的。

我们不妨对上述语录作更为宽泛的理解：仁者应该能够正确对待人，能够正确处置惯常面对的不同人际关系，能够正确把握处身其中的态度。这样理解，或庶几近之。

夫子在该篇第二章，首先提出了"不仁者"的概念。子曰：不仁者不可以久处约，不可以长处乐。仁者安仁，知者利仁。相对仁者，定有不仁者。不仁者，这样的人，不能长久安于困窘，甚至也不能正确地长久居处安乐。而仁者安于仁，奉行仁德而心安；真正聪明智慧者懂得利用仁，他的言行多半总是利于仁。

那么，仁者将如何面对他的对立面不仁者呢？

请看该篇第四章，子曰："苟志于仁矣，无恶也。"

杨伯峻先生的译文如下："假如立定志向实行仁德，总没有坏处。"这样翻译"无恶"二字，我感觉太字面化，恐怕远离了孔子思想的精髓。孔子的话，有没有一些更深的内涵？下面，我们不妨试着给予一点深解。

作为仁者，作为志于仁德的君子，他欲要广济天下、教化众生，在他眼里，没有恶人，只有众生。他有着这样广博的大众情怀。厌恶不仁者，乃是常人的常情常理。但仁者认为没有天生恶人，对芸芸众生，不生厌恶心。是为无恶。无恶，才是"能恶人"的根本答案。

在《论语·里仁》篇第六章，孔子对此有进一步的发挥详解。

子曰："我未见好仁者，恶不仁者。好仁者，无以尚之；恶不仁者，其为仁矣，不使不仁者加乎其身。有能一日用其力于仁矣乎？我未见力不足者。盖有之矣，我未之见也。"

对上面原文的第一句，杨伯峻先生这样翻译："我不曾见到过爱好仁德的人，和厌恶不仁德的人。"孔夫子四十已然不惑，五十而知天命，阅尽了天下各色人等。怎么能说他没有见过"爱好仁德的人，和厌恶不仁德的人"呢？杨伯峻在这儿，句读恐怕已经错了。原文应该是：我未见好仁者恶不仁者。翻作白话则应该是这样的：我没有见过爱好仁德的人是厌恶不仁者的。孔子在这儿阐述的，还是仁者"无恶"的意思。

仁者为什么能够这样？他怎样做到这一点？紧接上文，孔子下面的话，正是扣题的解释。好仁者，无以尚之；恶不仁者，其为仁矣，不使不仁者加乎其身。爱好仁德的人，那是再好也没有的了；他的"恶不仁"嘛，仁者的做法依然是合乎仁的，能够不让不仁者及其不仁的影响加诸其身。

　　这章文字的最后，是孔子的一点感叹。有能一日用其力于仁矣乎？我未见力不足者。盖有之矣，我未之见也。有谁能够在某一天使用他的力量加诸仁德呢？我从来没有见过力量不够的。(总是有不仁者把他们的不仁施加于仁者身上，他们何尝没有竭尽全力？但这对于仁者总是徒劳的）或者有过这样的情况，(不仁之力，加乎仁者之身而得逞）只是我没有见过罢了。

　　有志于做一个仁者，真正喜好仁德，他最终能够达到无以尚之的境界。

　　这时，我们可以很好地回答本篇文字开头提出的问题了——

　　仁者如何能恶人？

　　苟志于仁矣，无恶也。

　　正所谓"仁者无敌"，仁者并不恶人，是为恶人，是能恶人也。

"礼让为国"可行否

【原文】
子曰:"能以礼让为国乎?何有?不能以礼让为国,如礼何?"

——里仁篇·第十三章

子曰:"不患无位,患所以立。不患莫己知,求为可知也。"

——里仁篇·第十四章

子曰:"能以礼让为国乎?何有?不能以礼让为国,如礼何?"《论语·里仁》篇第十三章,说到了"礼让为国"的重大话题。

这儿的行文中出现了"何有"一词。何有,古来的解释都是"不难,有何困难"的意思。那么,设问是否能用礼让来立国治国,孔子说"何有",就是认为这没有什么困难。杨伯峻的注释本,就是这样依循古例翻译的:能够用礼让来治理国家吗?这有什么困难呢?如果不能用礼让来治理国家,又怎样来对待礼仪呢?

但"何有"一词的解释,不好一概而论。即便在《论语》中,也有别解。比如《论语·述而》篇第二章,子曰:"默而识之,学而不厌,诲人不倦,何有于我哉?"做到上述三项,孔子会说对我"没有什么困难"吗?那不符合夫子谦逊的为人品格。这儿的"何有",恰恰是相反的用法。孔子的原意该是"我到底做到了哪一些呢?"

那么,说到礼让为国,我认为孔子在这儿所用的"何有"二字,其原意也应该是后者。礼让为国,谈何容易。非但不易,恰恰是非常难。事实上,纵观整部中国史,有几人有几例真正做到礼让为国了呢?

孔子所处的春秋时代，早已礼崩乐坏。为政为国者，根本不能礼让为国，有的多是僭礼越礼；等而下之者，乃至弑父戮兄，取而代之。稍好一点的，也仅是拘守礼仪形式。诸侯国君，为政为国，或有形式上的差异，实质上统统不能够以礼让为国。

所以我认为，能以礼让为国乎？何有？正确的翻译应该是：能以礼让来治理国家吗？哪里有人做到这个了呢？

不能以礼让为国，如礼何？因之，孔子随后继续发问：不能礼让为国，拿礼来干什么呢？把礼让礼法礼仪置于何地了呢？

鉴于二代的周礼，郁郁乎文哉；那样的礼仪制度，孔子认定有着礼让为国的本质。孔子倡导礼让治国，道之以德，齐之以礼（为政篇第二章），而不是道之以政，齐之以刑（同上）。老夫子希望建立道德社会，终生矢志不移。他不是一般地反对严刑峻法，而是在立国之本的高度，推崇仁道礼让，否定过分依赖刑罚的观念。

一个国家，一个政权，迷信暴力，实行暴政，或能得逞于一时，却绝对不利于长治久安。秦国自商鞅变法，就被称做虎狼之国。一味崇法反儒，刑罚繁苛，苛政猛于虎。尽管到秦始皇以武力暴政一统天下，却忽忽然二世而亡。秦亡何其速，而且绝没有一个秦国人起来恢复秦国。暴政的不得人心，昭然若揭。到刘邦入关，法不过三条：杀人者死，伤人及盗抵罪。秦民大悦。后人而复后人，实在应该从中推导出一点觉悟来。

那么在孔子的时代，应该怎样推行礼让为国呢？

请看该篇第十四章。子曰："不患无位，患所以立。不患莫己知，求为可知也。"

孔子说："不发愁没有职位，只发愁没有任职的本领。不怕没有人知道自己，去追求足以使别人知道自己的本领好了。"立与位，古来通用。以上杨伯峻先生的翻译注释是不错的，只是太拘泥字面了。

我认为，孔子这段话，不是泛泛而谈，应该有所指。所指所说的正是上面的礼让为国。不患无位，患所以立。传统的礼仪制度，相当完备，这个无须担忧；担心发愁的，是这一制度能否成为立国之本。

下面，**不患莫己知，求为可知也**。于是也可以得到进一步的深解。孔子才不会斤斤于别人是否知道自己，去追求别人知晓自己、追求足以让人知道自己的本领。这儿，孔子讲的是：不必担心发愁，人们不知道我们倡导礼让为国；我们去宣传、去游说，让他们知道就是了。

孔子是这样说的，也是这样做的。道在鲁国不行，孔子就毅然离去，不惜颠沛流离周游列国。甚至声言要**乘桴浮于海**。知不可而为之，正是夫子光辉处。

质言之，中国历史悠悠数千载，礼让为国只是一个理想。呼吁统治者为政以德，也只是呼吁而已。但有理想和没有理想，大有不同。客观看待，但凡历史上的盛世，总是与统治者施行相对的仁政有关。孔夫子的倡导，士君子的追求呼吁坚持，老百姓的希望，毕竟多少制约了王权的独裁统治。

历史上，在皇权绝对统治下，甚至在暴政横行的时候，有地方官在他管理的地面施行仁政；有骨鲠之臣在朝廷面折廷争。孔子的理想、立言，成为士君子尊奉的圭臬、理论武器。

历史上，位居九五之尊的历代君主，哪怕在表面上，也得尊奉孔子；口是心非吧，也得声言愿意施行仁政。

历史发展到当今，人间换了新天。我们应该看到，中国的士文化的传统，依然宝贵。天下已任的士子精神，与知识分子充任的"社会良心"并不冲突。孔子倡导礼让为国，希望建立的道德社会，并不排斥民主制度。断然无视乃至全部抛弃我们的传统，实属不智。

把孔夫子当年面对的问题放置到今天，我们或者能给出一个不同的答案。

岂止"忠恕"而已

【原文】

子曰:"参乎!吾道一以贯之。"曾子曰:"唯。"

子出,门人问曰:"何谓也?"曾子曰:"夫子之道,忠恕而已矣。"

——里仁篇·第十五章

子曰:"其恕乎!己所不欲,勿施于人。"

——卫灵公篇·第二十四章

或曰:"以德报怨,何如?"子曰:"何以报德?以直报怨,以德报德。"

——宪问篇·第三十四章

子曰:"参乎!吾道一以贯之。"曾子曰:"唯。"

子出,门人问曰:"何谓也?"曾子曰:"夫子之道,忠恕而已矣。"

以上《论语·里仁》篇第十五章,记录了孔子与他的学生曾参的一次会话。曾参比孔子小四十六岁,孔子在世时,曾参最大超不过二十七岁。而年轻的曾参相当自信,概括夫子的大道,说是不过忠恕而已矣。

忠道,恕道,自然是孔子学说的极重要构成。但孔子的学说精髓,所谓大道,仅仅是忠道、恕道就可以涵盖了的吗?

关于忠恕,杨伯峻在译文之后加了注释。

"恕",杨先生引用了孔子在《论语·卫灵公》篇第二十四章中自己下的定义:其恕乎!己所不欲,勿施于人。——这个解释应该没有问题。

"忠",杨先生认为该是恕道的积极面,用孔子自己的话来说,应该是:

己欲立而立人，己欲达而达人。——这个解释，不知杨先生有何依凭。

说到立人、达人，我们还是先来看孔子的原话。《论语·雍也》篇第三十章，孔子说：夫仁者，己欲立而立人，己欲达而达人。这儿，孔子说的分明是"仁"，而不是"忠"。关于"达"，在《论语·颜渊》篇第二十章，孔子将"闻"、"达"对解，还有过更为详尽的论述。参看一回，"达"和"忠"，实在扯不上多少干系。

那么，"忠"字到底该如何讲？整部《论语》，多次提到"忠"。第一次提到是在《论语·学而》篇第四章。我们前面介绍过，曾子的"三乎"，其第一乎为人谋而不忠乎，核心字眼就是"忠"字。对这儿率先出现的"忠"字，杨伯峻先生的注释这样讲：替别人办事"是否尽心竭力"。这样的解释，"忠"字哪里有"己达而达人"的意思呢？按照这样的解释，忠道如何就能成了"恕道的积极面"呢？

如果我们一定要强调"恕道的积极面"，我的理解它也不是"忠道"，而是"直道"。孔子不同意以德报怨，《论语·宪问》篇第三十四章，或曰："以德报怨，何如？"子曰："何以报德？以直报怨，以德报德。"拿德行去报答怨恨，怎么样？孔子对此断然提出反问：那么你拿什么去报答德行呢？孔子提出"以直报怨"，不赞成一味宽容忍让。一味宽忍，只会助长恶行与不义。对于不义，就是要直。正直，直接，直道，让不义受到应得的惩罚。直道，才是恕道的补充，或曰"恕道的积极面"。

我不是专门踩杨伯峻先生的脚后跟，而是杨先生身为大家，在对《论语》经典的注释中，对特定词汇、字眼的翻译中，比如对"忠"字的翻译注释，确实前后矛盾、有欠严谨，容易给后学之辈造成困惑。

让我们回到《论语·里仁》篇第十五章。这儿的"忠"，我们不可作偏狭的理解，认为就是臣下忠于君上、部下忠于上峰。理解为对朋友、对事业、对信义、对仁道的忠诚、忠实，应该不能算错。曾子修身严谨，或者既能奉行忠道，"为人谋而忠"，又能奉行恕道，己所不欲，勿施于人。如果曾子这样理解孔子的道，并且实践之奉行之，有何不可。

但是，曾子断然说：夫子之道，忠恕而已矣，仅仅以"忠恕"二字来总括夫子之道，或有不足，至少是不够全面。说得严重些，乃至有把夫子之道低矮化、狭窄化的嫌疑。

《论语·述而》篇第二十五章，子以四教：文，行，忠，信。

该篇第六章，子曰："志于道，据于德，依于仁，游于艺。"

《论语·学而》篇第十章，子贡介绍孔子，说：夫子温、良、恭、俭、让。

《论语·阳货》篇第六章，孔子教导子张，仁人应该具备五种品德：恭、宽、信、敏、惠。

多不胜举的例子，指不胜屈、言不胜道，应该能够说明：夫子之道，绝不仅仅是忠恕而已。

夫子之道，孔子奉行的大道，该是仁道。仁道，可谓博大精深。

夫子之道，究竟是什么？如何界说？无疑是困难的。那是一种参详和体悟的功夫，不是概念化的简单注释与理解。对之，曾参的师兄颜渊、子贡等人，深有体会。在《史记·孔子世家》中，颜渊和子贡都认为：夫子之道至大，故天下莫能容。曾子对夫子之道的概括，如果说并不曾偏离的话，至少是失之于偏狭了。

作为传承孔子学说大道的大师，曾子是伟大的。但在曾子年轻的时代，在他成长的过程中，他对孔子学说的理解，可能是偏狭的、不够全面的。

我们不应该苛求青年时代的曾子。对之不必求全责备，应该有一点恕道。

但我们也大可不必"为尊者讳"。君子之过，如日月之食；过也，人皆见之。看见了，硬要假装没看见，那我们就太不君子了。即便是伟大的曾子，我们也应当指出他的错失。这样，才会有利于我们更好地更全面地把握孔夫子的学说精髓。

这是我们应该奉行的忠直之道。

"你是个东西"的幽默

【原文】

子曰:"君子不器。"

——为政篇·第十二章

子贡问曰:"赐也何如?"子曰:"女,器也。"曰:"何器也?"曰:"瑚琏也。"

——公冶长篇·第四章

《论语·为政》篇第十二章,子曰:"君子不器。"意思是说,君子不应该像器皿一样,局限于一定的用途。

器,原本是名词,指器具、器皿。但在这儿,可以当形容词来用。好比"铁"字,本来是名词,说两人关系很铁,就又当成了形容词。

某些汉字的一词多义,在实际使用的过程中常常容易造成一语双关的奇特效果。比方"器"字在《论语》中的使用。既然孔子认为"君子不器",那么他说某人"器",应该是指某人像器皿一样,尚有局限,还达不到君子的水平。但由于器字原本当器皿来讲,说某人"器",就可能造成误解。等于说某人是个器皿、是个东西。说某人"不是东西",等于是在骂某人;说某人"是个东西",某人也不会高兴。这中间就有一点幽默了。在《论语·公冶长》篇第四章,记录孔子和学生子贡的一次对话中,便搞了一回不小的幽默。

通观整部《论语》,孔子对弟子们的要求非常严格,对大家的期望值相当高。但孔子对于弟子们的良好品格、优点特长,包括各方面的进步,从来都不吝于鼓励表彰。正是孔子的大力表彰,包括评价推介,在《论语》

这部经典中频繁出现，他的许多学生才得以名彪史册。

这一点，在《论语·公冶长》篇中显得尤为突出。本篇多章文字都是孔子表彰奖掖弟子的语录。

第一章，孔子表彰了弟子公冶长。尽管公冶长曾经被关押在监狱里，但孔子认为并不是他的罪过。充分肯定了公冶长的品格，乃至把自己的女儿嫁给了他。

第二章，孔子表彰了另一名弟子南宫适。国家政治清明，南宫适能够出仕而不被废弃；国家政治黑暗呢，又不致遭到刑戮。于是替兄长孟皮主婚，把自己的侄女嫁给了他。

第三章，说到学生宓子贱，孔子当众夸赞**君子哉若人**，说这人是个君子呀！

君子人格的养成，何其难；君子人格的标准，何其高。孔子对宓子贱的评价，可以说是足够慷慨的了。即便如此，宓子贱都不曾列入孔门高第"四科十哲"之中。换言之，位列四科十哲的弟子们，该是更加才艺多端、品格高拔。

然而，在紧接下来的第四章，说到心爱的学生子贡，孔子的评价却意外地有些吝啬起来。言语间有几分夸许，仿佛又带着一些批评。这就让后人而复后人有些困惑。

子贡问曰："赐也何如？"子曰："女，器也。"曰："何器也？"曰："瑚琏也。"子贡询问：我这个人怎么样啊？孔子回答：你呀，就像是个器皿。那我是个什么器皿呢？是个瑚琏。

孔子讲过**君子不器**的话。上古君子、孔门弟子，往往多才多艺，号称"一事之不知，儒者之耻"；所以君子不能像器皿一样，只有一样固定的用途。我的理解，**君子不器**这句话，还有别样的意思：君子不拘。君子应该不拘一格，不仅要有礼仪之严谨，还应该有易数之变通。当然，我们还可以引申出有关器量的含义。君子应该雅量高致，而不应该器宇偏狭。

那么，既然孔子强调**君子不器**，怎么又说子贡"器也"呢？孔子这样讲话，莫非是对子贡的批评吗?我们知道,子贡是孔子最心爱的得意弟子之一,对这样一名学生,孔子为什么要说他是个"器"呢?这儿的器,还是**君子不器**的那个"器"吗?如果不是,那么孔子的话里还有什么别的意味呢?

如前所述,在孔子讲坛,教学过程一定是充满了快乐。在孔子讲学的过程中,包括师生之间的会话,不乏思辨,更不短缺幽默。所以,孔子和学生子贡的这场当众会话,我们可以看做是一次幽默的会话。活跃着讲坛气氛,体现着寓教于乐。

让我们回到上述第四章。这一章,是对话体。我们不妨模拟一下当时对话的情境。在大庭广众之下,在众多弟子面前,甚或就是在讲学的课堂上,孔夫子情绪很好,接连奖掖表彰了几名弟子。这时,少年气盛又一向表现出众的子贡,按捺不住,自个儿起而发问了。

子贡问曰:"赐也何如?"我说夫子啊,你看弟子我这个人怎么样啊?

子曰:"女,器也。"孔子回答道,你呀,就好比是个器皿呀!

子贡的问话,是问我"怎么样",并没有问我"像个什么"。孔子的回答却是说,你像个器皿。孔子的话,一语双关,同时带有几分幽默。一方面,说子贡像个器皿,就好比说"你像个什么东西",本身有些调侃的幽默。同时暗指,或曰夫子的本意,是说子贡还有些"器",你在学识上未免还有点拘泥局限吧。

子贡继续发问,曰:"何器也?"那请老师您说说,我像个什么器皿?

说子贡"器也",孔子的本意,多半是说子贡还有点局限,"器"字用做形容词。这其间的意味,子贡应该是明白的。但子贡在当场,显出几分淘气,偏偏把"器"字按名词来理解。老师您说我像个器皿、像个东西,一语双关批评我,那您得给我说清楚了:我到底像个什么东西?

孔子当即回答,曰:"瑚琏也。"你呀,像个瑚琏呐。

夫子既然用了"器"这一多义而可能偏解的词语,所以将错就错,说子贡像是一只瑚琏。瑚琏,是宗庙祭祀中盛黍稷的容器。历来解释,都说瑚琏属于一种豪华的礼器,具有"高、贵、清"的品质。

说你像是一只器皿,但你像是瑚琏那样的高贵器皿,这对你到底是一种相当豪华的褒扬啦。当然,老师我褒扬你,说你是瑚琏,但它毕竟只是一只器皿。你聪明过于常人,这中间的意味还不明白吗?

是啊,**君子不器**。这是夫子婉转而语重心长的批评教诲啊。

子贡受教。不再纠缠。

一桩睡午觉的公案

【原文】

宰予昼寝。子曰:"朽木不可雕也,粪土之墙不可杇也;于予与何诛?"子曰:"始吾于人也,听其言而信其行;今吾于人也,听其言而观其行。于予与改是。"

——公冶长篇·第十章

我们前面说过,《论语·公冶长》篇,不少章节都是评价、表彰弟子们的。但孔子评价弟子们,准确而有分寸。即或表彰奖掖,也多半不曾把话说满了。

该篇第八章,孔子回答孟武伯的询问,集中说到子路、冉求和公西赤三个弟子。子路的性格最是刚猛率真,夫子对之评价相当高,认为可以给千辆兵车的大国负责军政事务。冉求可以给千户人口的私邑当长官、可以给百辆兵车的大夫封地作宰臣。公西赤,可以穿起礼服,立于朝廷之上,让他接待外宾、办理外交。

几个弟子是这样的治国人才,夫子却一概都说不知其仁也。

对仁德的追求,是士君子终身的目标,乃至是终极目的。谁人敢说已经达到了仁的境界呢?孔子这样讲话,可以看做是对弟子们的严格要求吧。

尽管不知其仁,但夫子对几名学生的肯定和举荐,是显而易见的。仿佛知子莫若父,夫子对弟子们的那种关爱之情,跃然纸上。

然而,到了第十章,似乎兜头一转,出现了异样的声音。

《论语·公冶长》篇第十章,宰予昼寝。子曰:"朽木不可雕也,粪土之墙不可杇也;于予与何诛?"子曰:"始吾于人也,听其言而信其行;今吾于人也,听其言而观其行。于予与改是。"

这段话的完整译文如下：宰予在白天睡觉。孔子说："腐烂了的木头雕刻不得，粪土似的墙壁粉刷不得；对于宰予，有什么可责备的呢？"孔子又说："最初，我对人们，听到他的话，便相信他的行为；如今，我对人们嘛，听到他的话，却要考察他的行为。从宰予的事情上，我改变了态度。"

这是两段话。第二段话，也是孔子针对宰予昼寝发出的。或曰，是《论语》的编纂者，即孔子的再传弟子们认为，后一段夫子的话也是针对宰予昼寝的。

不言第二段，单是第一段，按惯常的理解，孔子对宰予的评判也足够严厉。朽木不可雕也，甚至成为人们批评不可造就者的一句经典话语。

宰予果然是那样不可造就吗？"昼寝"，如果只是字面上的"白天睡觉"、而不是"白昼宣淫"，是那样不可饶恕吗？孔子对别的学生关爱有加，何以对宰予这样严厉苛刻呢？对此，我们有必要进行一点探讨，寻根究底一回。

假设，在孔子学院，没有午休制度；前来求学的弟子，不可以白天睡觉。那么，宰予白天睡觉，就是违反学校纪律，当然不能允许。可是，我们要问，宰予违纪，是初犯还是屡犯？

如果他只是初犯，孔子何至于那样过激批评？近乎诅咒？

如果宰予竟然是屡犯，那么孔子学院的教育功能何在？或曰，宰予属于屡教不改，天生不可救药，何不开除之、将其逐出门墙？而事实上，宰予是孔子的及门弟子，追随夫子到底，并且位列"孔门十哲"之中。

而且，孔子下面的话也颇费解。**于予与何诛**？对于宰予有什么值得责备的呢？前面是严厉的责备，后面又说不值得责备。这到底又是怎么回事？

质言之，非常可能的是，对孔子的原话，隔代弟子的理解已经走偏了。他们认为孔子是在批评宰予，所以又添加上了本来不相干的后一段话。这样一来，仿佛宰予成了一个反面典型。

按照常情推断，宽厚温良的孔子，不会那样过激批评一个列于门墙的学子。如果宰予属于朽木不雕、粪土之墙，则孺子不可教，宰予怎样可能列于孔门十哲之中呢？

参研不少关于《论语》的注释解说，就"宰予昼寝"的疑问，南怀瑾先生在他的《论语别裁》中有非常新颖的一种解说。南先生认为，非常可能的是：宰予昼寝，不是品德问题，而是身体原因。宰予不应该那样顽劣懒惰，只是身体不好而在白天不得不休息假寐。他的身体状况，相当差，如同朽木烂墙一样。对于这样身体的宰予，有什么可多加责备的呢？

始吾于人也，听其言而信其行。宰予一定表示过，要努力读书、苦学六艺，开始孔子对此并不怀疑。今吾于人也，听其言而观其行。不仅要听他的言辞表白，还要看他的实际表现情况。于予与改是。正是人的特殊性，夫子看到宰予的个体情况，改变了自己的固有思维方式。

这样理解，大概才是孔子的原意。这才是夫子之仁。

一壶醋的辩证法

【原文】

子在陈，曰："归与！归与！吾党之小子狂简，斐然成章，不知所以裁之。"

——公冶长篇·第二十二章

子曰："孰谓微生高直？或乞醯焉，乞诸其邻而与之。"

——公冶长篇·第二十四章

《论语·公冶长》篇第二十四章，孔夫子郑重其事谈到有关一壶醋的事儿。事儿虽然不大，牵扯到孔子对人的品格评价，牵扯到后人对孔子这段话的一些争议。笔者觉得有必要费些笔墨说说这壶醋。

《论语·公冶长》篇，可以看做是集中了孔子评价、臧否人物的一篇文字。除了评价自己的多名学生，孔子还评价了历史上的和同时代的若干人物。

从该篇第十五章到二十一章，孔夫子议论到孔文子、子产、晏子、臧文仲、令尹子文、陈文子、季文子、宁武子这些人。从二十三章到二十五章，接着议论到伯夷、叔齐、微生高、左丘明这些人。

在上述篇章中间的第二十二章，南怀瑾先生认为是一个关键点。

杨伯峻先生的译文如下：回去吧！回去吧！我们那里的学生们志向高大得很，文采又都斐然可观，我不知道怎样去指导他们。

杨先生的译文，我感觉最后一句译得不通。孔子要回鲁国，却不知道如何去指导那里的学生，这能讲得通吗？

正确的翻译，不知所以裁之，应该是承上文"吾党小子"。通篇的意思，多数翻译家认为是这样的：孔子周游列国，大道不行，夫子决心回到鲁国从事教育，寄希望于文明的传承。鲁国跟从孔子的学生们，不仅志向高大，而且文采斐然。他们人格的狂放、文采的高扬，固然是优点，但他们毕竟年轻，缺少磨练，还不懂得如何剪裁、节制哩！

南怀瑾先生认为：夫子要回鲁国，他始终关注着鲁国的政局，鲁国当政者其实也不会无视孔子的归来。本篇文字所以连连臧否人物，这是孔子给鲁国当局当政者们发出的信号。此说应该不无道理。

该篇第二十一章，子曰："宁武子，邦有道，则知；邦无道，则愚。其知可及也，其愚不可及也。"宁武子其人，国家清明有道，就聪明任事；国家误导昏暗，就装傻不干事。他的聪明，人们赶得上；那种装傻，人们怕是赶不上。评说宁武子，或许就是夫子自道：我改变不了你们的无道状态，我装傻。我回去闭门搞教育，我专心传道。

第二十三章，子曰："伯夷、叔齐不念旧恶，怨是用希。"伯夷叔齐这两位前代贤人，不记已经过去的仇怨，别人对他们的仇怨也就没那么多了。南怀瑾先生认为，这也是孔子借评价古代贤哲向鲁国当政者发出的信号。孔某这就要回鲁国了，希望大家都能不提当年过节，消除积怨，相安无事。

第二十四章，就讲到关于一壶醋的故事。一壶醋，多大的事儿呢？孔夫子却当回事儿来讲了，《论语》的编辑也当回事儿来郑重记载了。于是，我们也有必要详解一回，看看这壶醋到底是不是一回事儿。

子曰："孰谓微生高直？或乞醯焉，乞诸其邻而与之。"谁说微生高这个人直爽？有人向他讨点醋，（他没有却不说，）到邻人那儿转讨一点给人。

士不可以不弘毅。夫子提倡直道。宣称以德报德，以直报怨。

如果仅就字面来理解这段《论语》，孔子确乎是就此认为，微生高其人不直。有就是有，没有就是没有；自家没有醋，何不直说呢？微生高找邻居转讨一点来，这不是兜圈子、绕弯子吗？

孔夫子这样评价微生高，是否合乎情理？有人讨一点醋，微生高恰好没有；找邻居转借一点，给了讨要者。这是人之常情，一般百姓或许也会这样做。孔夫子就此评价微生高不直,莫不是有些小题大做了？说得严重些,孔夫子是否有点不近人情了呢？

　　后世解经家，朱熹、二程，从来不敢多少怀疑孔圣人。他们甚至进一步贬斥微生高，向邻居转讨一点醋来给人，属于"掠美示恩"。按他们的评价，微生高不仅不直，简直就是虚伪奸诈之徒。

　　孔子高大，高不过天理人情；或曰，孔子所以高大，正因为他推崇天理人情。让我们回到这段原话，回到孔子讲这句话的具体语境，不必姑息朱熹、二程等解经家的陈说，关于这壶醋的题解，或许能别开生面。

　　孰谓微生高直？或乞醯焉，乞诸其邻而与之。谁说微生高其人只是一味的直呢？有人向他讨点醋，他不说自家没有，到邻家转讨一点满足了来人。

　　事头上，关于微生高和一壶醋的事情，孔子原话只是一种客观的叙述，并没有特别显见的褒贬。显见的褒贬之义，都是后人的强解。

　　夫子要回国讲学，不再坚持继续周游列国，这是直、还是不直？他希望为归国投身教育创建良好的环境，准备像晏子一样"善与人交"，像伯夷、叔齐一样"不念旧恶"，这是直、还是不直？

　　夫子举出微生高的例子，应该是说君子懂得权变。

　　正道直行而又能权变，才是君子之道。

　　这里有一点辩证法。这是一壶醋的故事所包含的一点辩证法。

"乘桴浮于海"的困惑

【原文】

子曰:"道不行,乘桴浮于海。从我者,其由与?"子路闻之喜。子曰:"由也好勇过我,无所取材。"

——公冶长篇·第七章

子路有闻,未之能行,唯恐有闻。

——公冶长篇·第十四章

《论语》中的许多篇章,记录的是孔子和他的弟子们的会话,包括孔子对若干弟子的评价。这些篇章,仿佛一幅幅人物素描,勾画出了众多的人物形象。使后来的读者"如闻其声,如见其人"。

忠实追随夫子的弟子们,犹如众星捧月,托举着我们伟大的圣贤;而伟人圣哲的耀眼光芒,也无私地照亮了众多弟子。

颜渊、子贡、子夏、子路等等,这些孔门弟子,各有人格建树、功业建树。但他们没有任何著述传世,也没有再传弟子记录他们的行状。如果没有孔子对他们的大力举荐表彰,没有《论语》对此的忠实记录,他们也许就会永远湮没在历史的暗影中。是圣人孔子,不藏人善,真正己欲立而立人、己欲达而达人。恰恰是大家的师尊,师尊的语录,使学生们的言行形象留驻于伟大的经典之中。

子路,几乎可以说是其中最生动的形象。仲由,字子路,小于孔子九岁,卞人。卞地故城在今山东平邑县东北的仲村。这条山东汉子,几乎是读者感到最可亲的一位两千多年前的好兄弟。

在集中评价表彰弟子们的《论语·公冶长》篇里,毫不意外,孔夫子果然谈到了子路。该篇第七章。子曰:"道不行,乘桴浮于海。从我者,其由与?"子路闻之喜。子曰:"由也好勇过我,无所取材。"

杨伯峻先生的译文如下:孔子道:"主张行不通了,我想坐个木簰到海外去,跟随我的恐怕只有仲由吧!"子路听到这话,高兴得很。孔子说:"仲由这个人太好勇了,好勇的精神大大超过了我,这就没有什么可取的呀!"

按照杨先生的译文来理解,孔子不像是表彰子路,倒像是批评子路了。我认为,这样的翻译并不准确。恐怕违背了孔子的原意。下面,让我们试着详解一回,争取能够尽量接近孔夫子的原意。

首先,孔子说的道不行,**乘桴浮于海**,这是孔子的一个假定。古来的解经家也大多是这样认为的。事实上,尽管大道不行,孔子并没有到海外去;而且,即便在语言的层面,"乘桴浮于海"也是一种假定。孔子终生,推行仁道不遗余力;而道之不行,已是残酷的现实。面对严酷的现实,声称**乘桴浮于海**,充其量只是圣人如同常人的一点情绪宣泄。

接下来,夫子说:**从我者,其由与?** 这是基于前面假定情况的另一个假定。

我认为:这后一个假定,才是孔子整句话的重心。如果我要"乘桴浮于海",追随我的,恐怕只有仲由吧?在这一由疑问句表达的假定中,其实是一种毫无疑问的肯定。即便是穷途末路,即便要面对可想而知的坎坷艰险,追随我的,哪怕剩下一个人,这个人也会是子路。

这是怎样的充分信任?这是怎样的褒扬和奖掖?

子路闻之喜。听到夫子几乎是独一无二的表彰,子路是喜悦的。设想换成任何别的一位弟子,也会有同样的表现吧。

看到子路这样高兴喜悦,于是孔子有接下来的一句话。

由也好勇过我,无所取材。

对于夫子这句话,后人而复后人都认定:这是孔子在批评子路。对于这样的认定,我以为是可以展开讨论的。

杨伯峻的翻译说,孔子认为子路"好勇的精神大大超过了我,这就没有什么可取"。子路是勇武的、勇敢的，乃至是勇于担当的。即便他的好勇精神超过了孔子，就定然不可取吗？孔子把自身的勇气多寡，当做衡量他人勇气的量化标准了吗？

在《论语集注》中，程子则这样认为：孔子并不真的要**乘桴浮于海**，子路却认了真。所以，孔子说他**好勇过我**，是夫子美其勇；孔子又说他**无所取材**，夫子讥其不能裁度事理。这同样是认定孔子在批评子路。我们可以设问：子路真的那么蠢，真个以为夫子要乘桴浮于海吗？子路闻之喜，是为要到海外旅游高兴起来的吗？子路所高兴者，分明是基于夫子对自己的无上信任和真诚奖掖。

所以，惯常的翻译注释，都不准确。没有体察孔子的原话原意，被"无所取材"四个字搞糊涂了。预先认定、先入为主，认定这四个字是孔子批评子路的话，然后再来翻译注释，还能有什么结果。所谓"差之毫厘、谬以千里"是也。

我认为，这段论语的整体精神，是孔子正面评价、由衷奖掖子路的。**由也好勇过我，无所取材**。孔子这句话的意思是：子路真是个勇者，好勇的精神大大超过我；(他的这股劲气,简直拿他没办法,)谁都无法给他取掉、剪裁下来一截子呐！

在我们的印象中，子路是勇武刚猛的，率性天真的，有时还是易于冲动的。但他决不是一个莽汉，并不盲动躁动。在该篇第十四章，《论语》的编纂者不惜笔墨，又摆上来关于子路的一条记录：

子路有闻，未之能行，唯恐有闻。

子路有所闻，还没有能够去践行，生怕又有所闻。

听到夫子的教诲，子路是要好生消化理解，然后付诸实践，争取闻一知一。他并没有奢望像颜渊一样"闻一知十"，甚至都不羡慕子贡的"闻一知二"。夫子的教诲，还没有实践，不曾做到，当然不想即刻又有新的课目。子路是勇武的，在追随夫子求道的过程中，则又是极其谦冲的。

这，或者才是一个完整的子路；才是能够追随夫子**乘桴浮于海**的仲由。

第二十四篇 | 075

夫子志向切忌曲解

【原文】

颜渊季路侍。

子曰:"盍各言尔志?"

子路曰:"愿车马衣轻裘与朋友共敝之而无憾。"

颜渊曰:"愿无伐善,无施劳。"

子路曰:"愿闻子之志。"

子曰:"老者安之,朋友信之,少者怀之。"

——公冶长篇·第二十六章

《论语·公冶长》篇第二十六章,切而言之,是孔夫子的言志篇。

颜渊季路侍。

子曰:"盍各言尔志?"

子路曰:"愿车马衣轻裘与朋友共敝之而无憾。"

颜渊曰:"愿无伐善,无施劳。"

子路曰:"愿闻子之志。"

子曰:"老者安之,朋友信之,少者怀之。"

且说某一天,颜渊和子路两个弟子侍立在夫子近旁。孔子说道:"何不各自说说你们的志向?"

好比会议发言,只要有子路在,不会冷场。那真是当仁不让,快人快语。子路率先言道:"愿意把我的车马衣服和朋友们共享,使用坏了也不会遗憾。"

颜渊接着说:"愿意不夸耀自己的好处,不表白自己的功劳。"

子路颜渊各自讲过志向之后,又是子路,向孔子提出要求,说是愿意听听夫子的志向。假如没有子路要求孔子，也许《论语》上就不会有孔子明确昭示自己志向的这段重要言论了。

子路的志向，可以看做是"利他"型的。颜渊的志向，可以看做是"律己"型的。孔子的志向，则概括成三句话，**老者安之，朋友信之，少者怀之**。可以看做是"胸怀天下"型的。

孔子的志向，这样三句话，杨伯峻先生的翻译却未能尽如人意。他的译文是这样的——孔子道："（我的志向是）老者使他安逸，朋友使他信任我，年轻人使他怀念我。"

这样的翻译，看着别扭，念着不顺，觉着不对，在义理上甚至偏离了孔子的原意。

孔子的三句话，句式语法完全一样。在翻译上，应该做到统一才是。杨先生自己也声称，关于"安之，信之，怀之"，他的译文把"信"与"怀"同"安"一样看做动词的使动用法。这当然未尝不可，或曰这恰恰就是正确的。那么，三个字既然同样采取动词的使动用法，这三个动词的使动对象就应该是一定的，而不是随意的。"老者安之"，杨先生译作"老者使他安逸"，动词"安"的使动对象是本句的主语"老者"。那么，"朋友信之"，动词"信"的使动对象就应该是本句的主语"朋友"。同理，"少者怀之"，动词"怀"的使动对象也应该是本句的主语"少者"。

然而，"朋友信之"，杨先生却译作"使他信任我"；"少者怀之"，杨先生却译作"使他怀念我"。两个动词的使动对象，都变成了"我"，也就是说话的孔子。这就出现了翻译规范的不统一。

参看张燕婴先生的译注本，他的译文是这样的："（我的志向是）对老年人加以安抚，对朋友加以信任，对少年加以爱护。"应该承认，这样的翻译，使用规则统一，译文正确，因而也符合孔子原话之原意。

由于杨伯峻先生的翻译，规范不统一，所以就必然出现了译文不准确、偏离了孔子原意的问题。孔子胸怀天下，**立志建立道德社会**，他希望在那样的社会里，老者得到孝养安抚，朋友们之间、人与人之间相互信任，少年得到关爱呵护，对全体民众都能"富之教之"，那是一个小康社会，那是夫子和我们共同展望的一幅和谐幸福的社会图景。胸怀天下的孔子，怎么会念念于"让朋友信任我，让年轻人怀念我"呢？这样理解孔子的志向，恐怕就有偏离曲解之嫌了。

或者，杨伯峻先生认为，孔子的志向，就是那样的？作为一家之言，有何不可。我认为杨先生翻译不准确，也只是一个初学者的个人看法。在我，不过是"知无不言"。我相信，大家的共同愿望是一致的：应该把最准确的翻译和注释献给读者，以利人们更好地理解《论语》、理解孔子。

颜渊：求道派的典范

【原文】

哀公问："弟子孰为好学？"孔子对曰："有颜回者好学，不迁怒，不贰过。不幸短命死矣，今也则亡，未闻好学者也。"

——雍也篇·第三章

子曰："回也，其心三月不违仁，其余则日月至焉而已矣。"

——雍也篇·第七章

子谓子贡曰："女与回也孰愈？"对曰："赐也何敢望回？回也闻一以知十，赐也闻一以知二。"子曰："弗如也；吾与女弗如也。"

——公冶长篇·第九章

子曰："贤哉，回也！一箪食，一瓢饮，在陋巷，人不堪其忧，回也不改其乐。贤哉，回也！"

——雍也篇·第十一章

通读整部《论语》，我们可以发现：在众多弟子中，孔夫子最喜欢也最欣赏的是颜渊；孔夫子对颜渊的奖掖推崇，几乎达到无以复加的地步。

《论语·雍也》篇第三章，哀公问："弟子孰为好学？"孔子对曰："有颜回者好学，不迁怒，不贰过。不幸短命死矣，今也则亡，未闻好学者也。"

鲁哀公询问孔子，你的学生中哪个好学？孔子回答，有个叫颜回的好学，他从不怨天尤人，从不犯同样的错误。不幸短命死了，现在再也没有这样的人了，再也没听过有好学的人了。

人谁无过？颜渊能做到"不贰过"，不再犯同一过错；而且"不迁怒"，不怨天尤人。对于颜渊的"好学"，孔子作出这样的评价，说的就不仅是学习态度、学习精神,包括了学识智慧,还有人格修养。

但是,颜渊的学识智慧再高、人格修养再好,孔子就放言认定:"现在再没有这样的人了,再也不听说有好学的人了。"这样讲话,莫不是有点过头了?除了颜回之外,孔子还有众多弟子,并且其中有相当一部分人孔子也是非常喜欢的,孔子评价颜回的时候,就不虑及其他弟子的心情和感受吗?

让我们返回去读《论语·公冶长》篇第九章,子谓子贡曰:"女与回也孰愈?"对曰:"赐也何敢望回?回也闻一以知十,赐也闻一以知二。"子曰:"弗如也;吾与女弗如也。"孔子问学生子贡,你和颜回,哪个强些?子贡回答说,我怎敢和颜回相比?他听闻到一点,能推演知晓十点;我听闻到一点,最多推知两点罢了。孔子说,是啊,是比不上他;我同意你说的,是比不上他啊。

子贡也是孔子最喜爱的弟子之一,聪明好学,学有所长。通过上述师生之间的会话,可以说明:对颜渊的评价,大家是一致的。颜渊比孔子的众弟子都强,这是公论。

《论语·雍也》篇第七章,孔子进一步介绍颜回的特出优长。子曰:"回也,其心三月不违仁,其余则日月至焉而已矣。"颜回呀,他的心长久地不离开仁德;别的学生嘛,只是隔些日子偶然想起一下罢啦。

这儿,孔子推崇颜回,再次拿"其余"众多弟子来作比对。我们知道,颜渊是不幸英年早逝了。即便有盖棺论定的原因,孔子言及这名优秀弟子,即便有"失去后更加珍贵"的心理原因,孔子对颜渊表彰夸许,是否有点过头持满了呢?

但孔子意犹未尽,且看该篇第十一章。子曰:"贤哉,回也!一箪食,一瓢饮,在陋巷,人不堪其忧,回也不改其乐。贤哉,回也!"颜回多么有修养啊!一筐饭食,一瓢饮水,住在简陋的小巷子,别人都受不了那穷困的忧愁,颜回却总是不变其自有的快乐。颜回是多么有修养啊!

在这儿,孔子赞许颜回,简直就是一唱三叹。

但读书到了此一章节，我们毕竟窥见了孔子大力赞许颜回的更为深层的缘由。除了聪敏好学，除了闻一知十，除了长久不违仁德，颜回有着最值得赞许的士子品格。那就是：安贫乐道。

该篇第二十章，子曰："知之者不如好之者，好之者不如乐之者。"对于任何学问和事业，懂得它的人不如喜爱它的人，喜爱它的人又不如以它为乐的人。颜回正是这样的求道者，能够安贫而乐道。志于道，而不耻恶衣恶食。世俗的地位、荣耀，乃至日常的衣食，统统不在考虑范畴。只是好学，只是求道，视仁道高于生命。维护葆育道统，以为自己的天职。

颜回，属于典型的求道派，堪称求道派的典范。满腹经纶，胸怀天下，偏偏能够贫居陋巷，不改其乐，这一点，恐怕是多数人难以企及的。

孔子以来，中国历史走过了两千多年。焚书坑儒，没有焚尽诗书，也没有杀尽儒生。民间陋巷，有颜渊之辈在。他们默默守护着伟大的道统。华夏文明道统不绝，正是因为我们的民族有着颜渊这样安贫乐道的典范。

闵子骞：不合作的前驱

【原文】

季氏使闵子骞为费宰。闵子骞曰："善为我辞焉！如有复我者，则吾必在汶上矣！"

——雍也篇·第九章

《论语·雍也》篇第九章，记录了孔门弟子闵子骞辞官不就的一件事。

季氏使闵子骞为费宰。闵子骞曰："善为我辞焉！如有复我者，则吾必在汶上矣！"季氏叫闵子骞作他的采邑费地的县宰。闵子骞对来人说："好生替我辞掉吧！若是再来找我的话，那我一定会逃到汶水之北去了。"

汶水之北，暗指齐国之地。闵子骞坚决拒绝做官，宁可逃亡到国外去。《论语》平静地记录了这件事，客观地记录下闵子骞的话语，其中有什么深意？这样一件事，值得惜墨如金的《论语》拿出一个章节来记叙吗？

让我们还是将此一独立的章节，放置于整部《论语》中来作有机的理解。

《论语·雍也》篇第八章，季康子问："仲由可使从政也与？"子曰："由也果，于从政乎何有？"

曰："赐也可使从政也与？"曰："赐也达，于从政乎何有？"

曰："求也可使从政也与？"曰："求也艺，于从政乎何有？"

鲁国季氏的季康子，是把持朝政的权臣。他向孔子询问子路、子贡、冉求这几名弟子，是否可以从政？孔子分别对他声明：仲由（子路）果敢决断，端木赐（子贡）通情达理，冉求多才多艺，对他们而言，治理政事有什么难的呢？

这章文字，就到这儿为止。季康子和孔子对话之后，有何下文？没有说。梳理整部《论语》，参看有关古籍，孔子的学生多才多艺，多有治国人才，但他们多数没有从政。有少数一些弟子，也只是曾经短期从政。多数弟子不从政，包括著名的颜回，安居陋巷不改其乐，这中间的人生抉择是大有意味的。即便少数弟子曾经短期从政，《论语》中没有任何文字对当官发财有过丝毫的夸许赞美。这同样是大有意味的。

周辙东，王纲堕。孔子所处时代，已经礼崩乐坏，周天子被诸侯架空，诸侯被世家架空。尽管孔子不愿意看到这种情况，这种情况几乎已经无可转捩。而这种情况即便无可转捩，孔夫子也决不屈服形势，而去助长之。有道则见、无道则隐，孔子和他忠实的追随者，面对无道的统治者，采取的是一种坚决不合作的立场。

在《论语·先进》篇第十七章，当冉求帮助富于周公的季氏搜刮聚敛的时候，孔子厉声疾呼：非吾徒也。小子鸣鼓而攻之，可也。冉求不是我们的人，你们学生们可以大张旗鼓地攻击他。孔子的爱憎，是这样的鲜明。对于一时有违仁道的冉求，即便他位列孔门十哲，孔子也是那样疾言厉色，几乎就要清理门户了。

这时，我们回头再看闵子骞的事迹，一定会有一点更深的体味。

闵子骞的言行，就叫**有道则见、无道则隐**；堪称富贵不淫、贫贱不移、威武不屈。当然，也可以称之为"不合作"。

天下无道，当政者无道，士君子决不仕任。拒绝乃至逃隐，坚决不合作，本身就是在行道、卫道。拒绝与不仁合作，正是仁的题中应有。

"非暴力，不合作"，何必甘地？我们古来就有这样的文明资源。

《论语》中短短一章文字所记录描述的闵子骞，就是一位坚持不合作的光辉前驱。

冉雍：卑贱者的榜样

【原文】

子曰："雍也可使南面。"

——雍也篇·第一章

《论语·卫灵公》篇第三十九章，子曰："有教无类。"孔子兴办私学，宣称有教无类，改变了"学在官府"的状况，打破了只有贵族子弟才能读书受教育、因之才能当官从政的传统格局。孔门弟子，没有出身贵贱、家境贫富、国别华夷的类分，孔子倡导并且践行了"人人有受教育的权利"这一伟大理想。

作为孔子的一名优秀学生，冉雍出身是贱民，却最终列于所谓四科十哲之中，可以看做是夫子践行"有教无类"理想的一个成功范例。

《论语·雍也》篇，由于第一章率先提到冉雍，篇名就叫雍也篇。而且，该篇文字专门提到冉雍其人的章节，也是比较多的。

第一章，子曰："雍也可使南面。"

孔子这句评价冉雍的话，一般的翻译都是："冉雍这个人，可以让他做一部门或一地方的长官。"或者："冉雍嘛，可以当官治理百姓。"其实，所谓南面，约定俗成的含义是人君听治之位。孔子的原话，如果不是直接说"冉雍可以南面称王"，至少有"冉雍颇具王者气度"的意味。

这样的评价，非常高。几乎达到至高无上的程度。如果说，孔子曾经评价子路，说他可以做千乘之国的军政长官，那么，冉雍就能够做那个国家的君主了。冉雍，和颜渊、闵子骞、冉伯牛一同位列孔门十哲中的德行科，应非偶然。

请看该篇第二章。这里记录了冉雍和师尊孔子的一段对话，进一步展示了冉雍的修养才具。

仲弓问子桑伯子。子曰："可也简。"

仲弓曰："居敬而行简，以临其民，不亦可乎？居简而行简，无乃大简乎？"子曰："雍之言然。"

仲弓(冉雍字)问起子桑伯子这个人。孔子说："可以的，(就在于)简单。"

仲弓说："自处时严肃恭敬，行事时简易不烦，这样来治理百姓，不也可以吗？自处时简慢大意，行事时还是简易不烦，不是太简易了吗？"孔子说："冉雍说的话是对的。"

子桑伯子为政不繁琐，不扰民。孔子基本认可，这样的简单行政是可以的。但冉雍将问题深入一步来探讨。为政者准备临民之前，如果只是"居简"，处于一种较低的简单状态，不如"居敬"更好。居敬而临民，出门如见大宾，使民如承大祭（见《论语·颜渊》篇第二章），心存庄敬，在具体处理政务中不繁琐、不扰民，这样岂不更好一些？

孔子当即肯定了冉雍。

通过上述这段师生会话，冉雍强调为政者居敬行简，也能见出冉雍"可使南面"的素养。

但这样一位冉雍，出身却是卑贱的。据说冉雍的父亲属于贱人贱民。这样的家庭背景，在等级森严的春秋时代，会制约冉雍的发展吗？会影响冉雍的心理状况吗？恐怕属于题中应有。恐怕正是当时的严酷现实。

批孔家们诋毁孔子不遗余力，曾经给孔子扣上"维护等级制度"的帽子。他们先入为主，秉承上意，可以完全不顾事实，对孔子做了"有罪推定"，然后对两千年前的孔子进行缺席审判。而活生生的事实是：孔子有教无类，打破等级制度，吸收贱民之子冉雍来做自己的学生；而且，大力褒扬这名学生，给予至高的评价：可使南面。贱民之子怎么样？在孔子的眼中，只要他学有所成，秉持仁德，他不仅可以从政，而且完全可以充任一地的最高统治者。

孔子对冉雍的推崇，孔子言之凿凿的语录，恰恰是对等级制度的摧毁。到该篇第六章，孔子再次就学生冉雍发表议论。

子谓仲弓，曰："犁牛之子骍且角，虽欲勿用，山川其舍诸？"

谈到仲弓，孔子说：古来作祭祀的牲礼，是不用犁地的耕牛的；但耕牛的儿子，赤毛大角，即便有人不愿用它，山川之神难道会舍弃它吗？即便是耕牛之子，只要它真正够得上做牺牲的条件，山川之神决不会舍弃它。

孔子的这段议论，是对等级制度、对"出身论"的直接挑战。

孔子践行"有教无类"。在他的门下，贱民之子，一样获得了平等地受教育的权利。

孔子蔑视等级制度。在他的眼里，看到的是人，是生而平等的人。

孔子之后，过了一千多年，隋唐开科取士。像冉雍一样的卑贱者，广大老百姓的子弟，有了一条仕进之路。出身普通民众的儒生士君子，从此进入仕途，得以参与君臣共治天下。

思想上，观念上，包括实践中，是孔夫子开天辟地，只手擎天，开拓出了那样一条先河。

无怪乎后人发出了这样的感喟浩叹：天不生仲尼，万古长如夜。

君子跳井之辩

【原文】

宰我问曰:"仁者,虽告之曰:'井有仁焉。'其从之也?"子曰:"何为其然也?君子可逝也,不可陷也;可欺也,不可罔也。"

——雍也篇·第二十六章

《论语·雍也》篇第二十六章,记录了学生宰我与夫子的一段对话。我的阅读体会,感觉这是一道思辨题。

宰我问曰:"仁者,虽告之曰:'井有仁焉。'其从之也?"子曰:"何为其然也?君子可逝也,不可陷也;可欺也,不可罔也。"

杨伯峻先生的译文如下:

宰我问道:"有仁德的人,就是告诉他:'井里掉下一位仁人啦。'他是不是会跟着下去呢?"孔子道:"为什么你要这样做呢?君子可以叫他远远走开不再回来,却不可以陷害他;可以欺骗他,却不可以愚弄他。"

原文"君子可逝"的"逝"字,杨先生用"往而不返"之义。但"逝"与"折"古时通用,张燕婴先生的翻译就用此义。"君子可以被摧折,不可能被陷害;可以被行骗,不可能被愚弄。"

两种翻译,我看都可以。无害本旨,没有原则冲突。

作为古文翻译,一般说来,只是将文言译成白话。两位先生的译文当然都做到了。但对于宰我和孔子的这段对话,即便翻译是准确的,合乎翻译规范的,就字面来读是明白如话的,然而师生这段对话的本意或曰深意,我们通过译文却到底不得明白。宰予究竟是在探究一个什么问题?孔子究竟是在什么层面上回答了弟子的问题?对此,笔者认为有必要作进一步的探讨和开掘。

《论语·公冶长》篇，记录了"宰予昼寝"一段公案。笔者在前面已经就此写过一则文字，发表了一点看法。南怀瑾先生判断，"宰予昼寝"，可能是宰我身体不强，白天需要休息。南先生此说，我以为言之成理。

如果展开思路，作为探讨，"宰予昼寝"还有另外的若干种可能。我们知道，宰我是孔子高足，列为孔门十哲，与子贡两人都属于言语科。宰我所以列在言语科，也许并不是辩才无碍、言辞滔滔，而是对语言敏感，对之有独特的悟性。透过老师的话语表面，往往能举一反三，想得更深。他的白天睡觉，可能确实是在逃课，听懂了的就不再浪费时间；也可能是陷入某种冥思，对问题在作形而上的思考。

这样分析的话，那么宰予就是有思想、肯思考的另类学子。后面，到《论语·阳货》篇第二十一章，对于儒家视为天经地义的三年守孝制度，宰予都曾提出了独立的看法，与尊师孔子有过论辩。我们不妨说，宰我其人有思辨的爱好。对孔子话语、对经典的微言大义，喜欢深入思考，探微烛幽，而能进入到形而上的层面。

孔夫子对于这样一位略显另类的弟子，**于予与何诛**，不加批评责备。这当然显出孔子的包容精神和博大情怀。师生研讨学术，允许学生讲话。学生可以别出心裁，先生不怕奇谈怪论。

于是，宰予就向孔子提出了"君子跳井"的问题来了。

井有仁焉，一般的翻译都是说，井里掉下一个仁人。这样的翻译，将"仁"定解为"仁人"。那么，宰予就此提出的问题就令人费解。井里掉下人去，一般说来井上的人面对的是如何救人的问题。即便掉下去的是一位仁人，井上的仁者哪里会跟着跳井呢？如果我们认定，宰予的问题就是这样的，那么孔子的回答就给读者带来了新的纠结：孔夫子的回答，怎么会文不对题呢？

所以，我认为：从一开初，惯常的翻译就已经错了。**井有仁焉**，不是井里掉下一个人、一个仁人，而是井里有仁德仁道的意思。

关于追求仁德、仁道，宰予说的是一种极端的情况。也是一种象征。作为追求仁道的人，假如有人说"井里有仁道"，那么这位追求者，应该不顾一切跟着跳下去吗？

求道，可以不计后果吗？追求仁道，可以奋不顾身吗？我们应该知不可为而为之吗？作为学生应该盲从老师吗？为着求道而不顾人亡身死，道之何存呢？所以，宰予的问题，不是跳井的问题，也不是救人的问题。他只是借用"井"来比喻象征，把问题推到极端。他提出的，是带有形而上意味的一个问题。或曰，是关于追求仁道的一点困惑。

我们对宰予的问题把握准确了，才能领略孔子回答问题的深意。

对于宰予的提问，孔子首先没有误读和偏解，所以不存在"文不对题"的问题。

孔子正气堂堂，从正面回答，何为其然也？怎么会这个样子呢？你举出的井有仁焉，首先就是个伪命题。仁德、仁道，堂堂乎于天地间，怎么会在你说的"井"里？有人说井有仁焉，这样的说法本身就是一个陷阱。君子仁而知，应该能够识破这个陷阱。所以，孔子下面进一步发挥道：君子可逝也，不可陷也；可欺也，不可罔也。君子求道，杀身成仁者有之，他可以被摧折，却不可能被陷害；君子可以被骗，可能被人"欺以其方"，却不可能被"罔以非其道"，不可能被愚弄。

这段《论语》的价值，在于其中的思辨意味。喜欢冥想多思的宰予，提出了一个近乎形而上的问题。他也许是在说：天下滔滔，到处礼崩乐坏，整个国家成了一口黑暗的陷阱，我们还要坚持追求仁道吗？

我们的孔夫子，矢志不移。即便四处碰壁，备尝艰辛，孔子与他的忠实追随者，知不可为而为之，坚守仁道，之死靡它。

不惟孔子生前，抑且在他死后，儒学、仁道，果然受到了太多的摧折。秦始皇和后来的统治者们，都曾经不遗余力焚书坑儒。坑，不就是井吗？挖坑活埋，惨无人道。

饱受摧折，而诗书尚在，坚持读经、奉行仁道的士君子杀而不绝。直到当今，就在此时此刻，我们还在思考两千多年前宰予提出的那个问题。君子可逝也，不可陷也。仁道可以任人诋毁，污蔑批判，它的光焰不灭，价值永恒。

该篇第十七章，子曰："谁能出不由户？何莫由斯道也？"孔子说，谁能够走出屋外不从房门经过呢？怎么会没有人遵循我提倡的仁道呢？

如果说，井有仁焉是一个假定的虚拟；谁能出不由户就是一个精彩的譬喻。

与其说，孔子有着大道不行的困惑；莫如说，孔子更有着大道必将风行的自信。

"子见南子"可对天

【原文】

子见南子,子路不说。夫子矢之曰:"予所否者,天厌之!天厌之!"

——雍也篇·第二十八章

《论语·雍也》篇第二十八章,客观记录了孔子去见卫灵公的夫人南子的史实。

子见南子,子路不说。夫子矢之曰:"予所否者,天厌之!天厌之!" 孔子去和南子相见,子路不高兴。孔子发誓道:"我要有不当之处的话,天厌弃我吧!天厌弃我吧!"

子见南子,是历史真实。司马迁的《史记》对此有较详细的描述。隔着纱幕,孔子向北面叩头行礼;南子在帷幕中两番还礼回拜,身上环佩之声连连作响。太史公在五百年之下,这样的描述,有如亲见亲闻,未免令人怀疑其根据。

孔子信而好古,却坚持述而不作。编纂论语的孔门后学,坚持了严谨的述史立场。**子见南子**,具体情景如何?知之为知之、不知为不知,就是那么四个字。弟子们有何反应?还是四个字,**子路不说**。

子路不悦,当然有他不悦的道理。南子,不仅恃宠而骄,把持卫国朝政,而且名声不好,有淫乱之名。即便按照礼俗,到一个国家有拜见国君夫人的礼节,弟子们也认为,夫子不该自降身份去见那么个女人。

可以想见,对于**子见南子**,弟子们大概难免议论纷纷。而子路刚猛,向来快人快语,公然地而不是私下里表示出了他的不满。这便引出了夫子的对天发誓。**夫子矢之**，毫无疑问就是发誓。而且连呼**天厌之**，叫做连连赌咒。子路不悦，如果事态还不算严重，那么由之引发出夫子的赌咒发誓来，事态就足够严重了。**子见南子**，终于变成了一个不容回避、不容轻视的事件。

孔子之后的古今解经家，出于对孔子的景仰，对子见南子这一事件多所曲意回护。孔子的指天誓曰：予所否者，天厌之！天厌之！有人这样注释：我所否定的人，天都会讨厌的。南子其人真的如传闻而言那么坏吗？其实不然。所以，我去见见南子，没有什么了不起。这样注释，当然也可以作为一家之言。但这样的一种回护，事实上难以封堵悠悠众口。

子见南子，引发了子路为首的弟子们的不满，恐怕属于真情。孔子在陈绝粮，子路不也曾有过愠怒不高兴的吗？弟子们对夫子一时不能理解，这又何损夫子之高大？问题在于，**子见南子**这件事，怎样就到了孔子不得不赌咒发誓的地步？

以下，笔者试着对此进行一点个人的描述。

孔子对卫国的情况，国君荒殆、南子风流，包括南子干政，应该说了如指掌。各国的君子，来到卫国想和卫君结交的，都会去拜见南子夫人，多半也是事实。那么，孔子带领弟子们来到卫国，希望推行大道，要不要礼节性地见见南子？南子把持着卫国多一半的朝政，即便我们拒绝走"夫人路线"，面对卫国现实，通过南子向卫君施加一些影响，可以不可以？或许，孔子和弟子们就此有过若干研讨。大家的一致意见，包括夫子自己的意见，都不同意去见什么南子。

然而，事情发生了意想不到的变化。非常可能，孔子见南子，就是一次卫国宫廷的临机安排。比方，卫灵公单独会见孔子，突然提出要孔子见见"寡小君"；比方，就在卫灵公会见孔子的现场，南子突然现身。这都是可能的。孔子仓促之间，来不及与弟子们沟通情况，事情竟然就已经发生了。

在孔子，事情尽管是猝然临之，却也是"既来之则安之"。正气堂堂，既不失礼，也不越礼。**子见南子**，子见南子而已。

子见南子，竟然发生了。弟子方面，子路不说，也是太正常不过。大家当然不会猥琐卑俗到怀疑夫子其他上面。而是觉得夫子正大高贵，大不该降低身份，等同于寻常的多国君子去拜会那个名声不佳的南子；对于推行大道于事无补，反而可能遭人褒贬。夫子啊，你怎么竟然就去见她了呢？

子见南子，到底还是发生了。弟子们对此事有所不满是真的；孔子认为自己此事并未做错也是真的。事情发生的原委，偏生又是不易剖白。

这事如何解释得清楚？如何才能及时平复弟子们的强烈不满？

我们大可不必高推圣境，鼓吹孔子无所不能，处理任何棘手的问题都会迎刃而解。我们的夫子，此时此际，只剩下此心对天：

知我者其天乎？

被人误解而不得剖白，唯有无愧于心、无愧于天。我们读书至此的读者们，大家没有过这样的人生体验、不曾面临过这样的时候吗？

痴人说梦见周公

【原文】

子曰:"甚矣吾衰也!久矣吾不复梦见周公!"

——述而篇·第五章

《论语·述而》篇第五章,子曰:"甚矣吾衰也!久矣吾不复梦见周公!"孔子说:我衰老得太厉害了!好长时间我都没在梦中见周公啦!

这么一段话,这样一件事,为什么会载上煌煌经典呢?设身处地来揣想,《论语》的编纂者一定认为有这个必要。这是值得记载的。

周公参与托举盛世、辅佐贤君、制定礼乐,有种种政绩德行。在孔子之前,周公是整合中国文化的巨匠,无疑是孔子心目中最敬服的圣人之一。孔子声言很久没有梦到周公,一方面是对自己渐次衰老的人生感慨,一方面也是对盛世不再的无奈浩叹。

那么,孔子在先前经常梦到周公吗?

这一点,回答应该是肯定的。

该篇第二十一章,**子不语怪、力、乱、神**。孔子从来也没有装神弄鬼,从来也没有假托神迹蛊惑徒众。孔子从来没有神化过自己,孔门弟子百世传承也从来没有把夫子偶像化。

有人持论,说中国自古没有西方式的宗教,好像就短缺了什么,似乎为之颇有憾恨。质言之,中国没有严格意义上的宗教,没有宗教战争、没有宗教裁判所、没有中世纪黑暗,没有上帝佛祖天堂地狱六道轮回,这正是华夏文明的神奇!

按常情常理推论,日有所思、夜有所梦。因崇敬追思周公,会有可能梦见心目中的圣贤。孔子并没有以梦见周公而自得沾沾，也不曾因之就傲视他人。许久不再梦到周公，他倒是老实地宣示了自己的惆怅与沮丧。

有个成语"痴人说梦"。从别样的意义上来看待，情痴而专，志痴而坚。孔子梦想的，向往的，是周公礼仪，是道德社会，是仁德仁道如何能广被众生。许久梦不到周公，是对当前现实、包括对自我作为的巨大失望。**甚矣吾衰也!** 简直太失望啦!

《论语》，客观地记录了孔子的这样一句话，窥探到了孔子曾有的某一精神层面。孔子推崇周公，追怀三代，对不再梦到周公而耿耿于怀，并不掩饰自己对复古的偏好，从来没有把自己打扮成激进的革命派。

我们回头参看该篇第一章，子曰："**述而不作，信而好古，窃比于我老彭。**"孔子自承：阐述而不创作，相信并且喜欢古代文化，我私下里把自己比作老彭。

身处乱世纷纭，孔子放言信而好古，祖述尧舜、宪章文武，顽强地坚持道统，那是怎样的伟大业绩？孔子却谦称自己只是述而不作。至于"老彭"，有的注释家认为是一个人，可能是商代的贤大夫；有的认为是两个人，老子和彭祖。老彭，在孔子言说的语境，当时人们一定是相对耳熟能详。体味孔子整句话，一贯谦冲的夫子，并不是以比附老彭而自诩，倒是有几分自嘲揶揄，说自己像老彭一样是个老古董。

孔子不讳言"好古"，近百年以来的批孔运动则就此大做文章，曾经大肆批判抨击孔子"复古"。在此，我们不能不提到二十世纪中国曾有的疑古风潮。

中华历史久远度超过欧洲，欧洲中心主义不高兴，假洋鬼子也不高兴。独立成长的东方文明，难以整合到欧洲中心主义的世界文明史中，洋鬼子很恼火，假洋鬼子们也立即作恼火状。日本人诋毁说，尧舜禹是中国人编造出来的，尧是香炉、舜是烛台、大禹乃至是一条爬虫。鬼子心术，何足为怪。怪在中国的所谓疑古学派即刻全盘搬来，以倭为师，人云亦云，矮化自我。

尧、舜、禹前三王如果真的并不存在，我们记述历史的前人岂不都成了一些居心叵测的骗子。否定中华民族久远的文明史，殖民主义都无法办到；假洋鬼子们开门揖盗，甘为殖民主义前驱，为虎作伥，好不踊跃！

凡爱国者，无不珍爱自己的文字、文化、文明。假洋鬼子们竟然嚎叫，要取消汉字，要烧掉所有线装典籍。数典忘祖，一至于斯。

考古学者和专家，不屑与疑古学派争辩。他们挥汗如雨，宁可让地层下的证据来说话。

当考古的铁铲揭去历史的尘封，商文化、夏文化，包括尧、舜、禹前三王时代的地下沉积终于重见天日；这在同时，也就挖掘了埋葬疑古狂人们的坟墓。

天道好还。疑古的狂潮没有淹没所有，批孔的雪崩没有摧毁一切。如礁岩顶住了狂潮的冲击，有人在山崩地裂般的雪崩倾泄中艰难地站住了。现在断然说已经到了重新整合中华文明的时候，或许为时尚早；但这样的时候，迟早将要到来。

收受束修又如何

【原文】

子曰:"自行束修以上,吾未尝无诲焉。"

——述而篇·第七章

《论语·述而》篇第七章,子曰:"自行束修以上,吾未尝无诲焉。"

孔子这句话,一般的翻译都是说:只要是主动地给我一点见面薄礼,我从没有不教诲的。

关于束修,惯常的解释都是指一束干肉。"修"是干肉,又叫脯。每条脯是一脡,十脡为一束。束修,后来就特指学生送给教师的酬礼,成为教师薪酬的代称。或者,在孔子所处的当时,"束修"也可能已经是代指见面礼的名词了。不然的话,每个学生都拎着干肉来,孔子兴办的私家学院就成了存放干肉的场所了。

但依照上面的解释,"束修"即便就算是一份薄礼吧,那也足以证明:孔子教授学生,是要学费的。"束修以上",学费最低要十条干肉,上面不封顶,多多益善。贫寒人家子弟,无论多么有天赋、爱读书,如果拿不出十条干肉,可能就不得入学,得不到孔子的教诲。

孔子要收受学费,他的有教无类是有条件的。这就给了臭名昭著的批孔家以诋毁孔夫子的口实。

上个世纪,是一个中国人自己批孔、疯狂诋毁自家古代圣贤的世纪。清末以来,政治上的腐败黑暗、经济上军事上的落伍,使中国在"以力胜人"的西方暴力之下连吃败仗。若干激进的所谓改革家,认定上述诸多方面的落伍等同于华夏文明的衰落、传统文化的落伍。他们留学东洋西洋,捎来种种货色，欲要用夷变夏。

批孔，成为他们炫耀自己勇敢激进的表演作秀。孔夫子的不在场，使得他们气壮如牛。他们作为洋鬼子摧毁殖民地文明的忠实前驱，玷辱自己的圣贤无所不用其极。孔子开天辟地兴办民间教育，也成为他们攻击的目标。夫子主张有教无类，他们会绞尽脑汁见缝下蛆，说孔子教学要收学费。《论语》上白纸黑字，说学生们要交"束修"，也就是学费。交不起学费的，孔子哪里肯教诲他们？孔子声称的有教无类，岂不是自欺欺人吗？

朱熹的《论语集注》，将"束修"定解为干肉，代指学费。这是朱熹对孔夫子的强行绑架。或者朱熹开坛讲学，他是收受学费的吧。

但"束修"一词，原有多义。除了是指一束干肉条，原本还有"束身自好"等解释。于是，"自行束修以上"就出现了别解。"束修"就是有一定的自我修养。有教无类，是不搞等级出身，不搞臭名昭著的阶级论、出身论。并不是不要学生的入学标准。学子具备有相当的道德修养、读书程度，可与教诲、允许入学。这有什么不可以？

另外，如果"行束修"做一读的话，古来还有年龄到了十五岁的解释。孔子自称"吾十有五而志于学"，古人十五岁为入学之年。那么，**自行束修以上，吾未尝无诲焉**。还可以解释为：自十五岁入学年龄以上者，前来求学，我没有不教诲的。

当然，诸如以上这样一些解释，旨在证明孔子收录学生不要学费。属于维护孔子，用心可谓良苦。

我认为，我们大可不必回避孔子收受学费的问题。平心而论，办教育是要花钱的。民间办学，孔子兴办私学，可以没有经费吗？有哪级国家政府部门给他拨款吗？只要不是心术阴暗歹毒，对于上学要缴学费都是能够理解的。那些留学东洋西洋归来就大肆批孔的人物，始终读的是免费学校吗？时至今日，看看中国的教育现状，高昂的学费且压得无数家长们喘不过气来呢！

设身处地想一想，孔子兴办私学，校舍场所、学生吃住、教材教具、哪样不要花钱？孔子这方面的压力够大的。

作为个人，孔子何尝贪恋过什么富贵。该篇第十六章，子曰："饭疏食饮水，曲肱而枕之，乐亦在其中矣。不义而富且贵，于我如浮云。"吃粗粮，喝冷水，弯着胳膊当枕头，也自有乐趣在其中。干不正当的事而得富贵，在我看来犹如浮云。

但在该篇第十二章，孔子却意外地谈到了求取财富的话。子曰："富而可求也，虽执鞭之士，吾亦为之。如不可求，从吾所好。"财富如果可以求得的话，就是做市场的守门卒子，干执鞭这样的低级差事，我也干。如果求它不到，我还是干我喜好的吧。这儿，记载了孔子求富的话语。而且只要能求得财富，不惜自降身份，乃至声言要赤膊上阵，去打工赚钱。也许，我们只能给出一个解释：夫子缺钱，办学需要钱。

那么，前来求学的有条件的学生，拿几条干肉来作为见面薄礼，孔子收受下来，有什么不可以？或许可以换得一点柴米，对办学花费不无小补。孔子学院，规定一个最低学费标准，也在情理之中。拿这个做文章，诋毁孔子，适足见出批孔家的心术罢了。

鲁迅、胡适等人，在大学当教授、骂孔子的时节，谁个不曾领取过数百大洋的薪俸？不知他们痛快地骂过孔子之后，自己偷偷计算过没有，这些大洋能值多少条干肉？亦不知他们可曾甘愿义务教书、拒绝过那份不菲的束修？

夫子何尝想称王

【原文】

冉有曰:"夫子为卫君乎?"子贡曰:"诺;吾将问之。"

入,曰:"伯夷、叔齐何人也?"曰:"古之贤人也。"曰:"怨乎?"曰:"求仁而得仁,又何怨?"

出,曰:"夫子不为也。"

——述而篇·第十五章

《论语·述而》篇第十五章,冉有要弄明白一个疑问,却是子贡去问的孔子。子贡问得非常智慧,耐人寻味。

冉有曰:"夫子为卫君乎?"子贡曰:"诺;吾将问之。"

入,曰:"伯夷、叔齐何人也?"曰:"古之贤人也。"曰:"怨乎?"曰:"求仁而得仁,又何怨?"

出,曰:"夫子不为也。"

冉有说:"老师赞成卫君吗?"子贡说:"好吧,我去问问先生。"

子贡进到屋里,问道:"伯夷、叔齐是什么样的人?"孔子道:"古代的贤人。"又问道:"(他们互相让位,都不肯当孤竹国的国君,)有怨悔吗?"孔子说:"他们追求仁德,得到的就是仁德,又有什么怨悔呢?"

子贡出来,说:"先生不赞成卫君。"

据杨伯峻先生《论语译注》本的注释,事情不是发生在夫子周游列国的时候,那么这儿说的卫君就不是卫灵公,而是卫灵公的孙子卫出公辄。卫灵公的儿子蒯聩得罪了南子,出亡晋国;灵公死后,卫国立辄为君。辄与父亲蒯聩,争夺王位闹得不可开交。哪里能和伯夷、叔齐那样的古代圣贤相比。子贡没有直接发问，而是引借伯夷叔齐故事，探知了夫子对卫出公的态度。

原文的"夫子为卫君乎？"一般的翻译都是"先生赞成卫君吗？"其中的"为"字，有帮助之义，译作"赞成"，似乎更合原意。

但这个"为"字，本来有"作为、成为"之义，所以南怀瑾先生引用此义，原话就翻译成了"先生要当卫国的国君吗？"就字面解释，也不好说错。但深究题旨，则大违原意。

孔子的言论，多有时代背景。某一言论，离不开某时某地的具体语境。孔子带领弟子们周游列国，矢志传道，同时希望有在诸侯国得位从政、施展抱负的愿望。但严格考据论证，孔子从来没有过夺取某国王位君位的念头。

春秋时代，诸侯国多有弑父戮兄夺位、权臣大夫弑君易主的情况；这些情况正是夫子强烈反对、痛切抨击的。平民士子夺取君位的情况，还没有出现过。看到秦始皇出巡威仪，刘邦说"大丈夫当如是也"，项羽说"彼可取而代之"，那已经是秦国推崇暴力争胜、以暴政君临天下之后的事。

孔子怎么会去当卫国君主呢？如果学生冉有是在这样意义上的发问，是为失问。换言之，就这句话的理解而言，南怀瑾先生恐怕是误解经典了。

孔子虽然说过天下有道则见，无道则隐的话，但终其一生，孔子并没有隐居隐退。

孔子尽管始终不曾退隐，坚持入世济世，但确实不曾有过当君王的念头。

众所周知的事实是，伟大的孔子终以素王名垂千古。

倡导普通话的圣哲

【原文】

子所雅言,《诗》、《书》、执礼,皆雅言也。

——述而篇·第十八章

《论语·述而》第十八章,**子所雅言,《诗》《书》、执礼,皆雅言也。**

这段《论语》,突出强调"雅言"。一般的翻译都是说:孔子有用普通话的时候,诵《诗》、读《书》、行礼,都用普通话。"雅言",译成了"普通话"。这样翻译,恐怕难称全面。现代意义上的普通话,首先是白话,并非文言。所谓"普通"者,强调的也是相对于多种方言的标准读音。而孔子时代的雅言,应该是文言。除了读音,它还有相对区别于日常口语白话的意义。

所以,我认为:雅言,在遣词用字的意义上,相对于大众的日常口语说话,可以称作官话;在读音的规范上,相对地方话即方言,可以称作普通话。官话,较多使用文言而非日常口语。在二十世纪中国倡导白话之前的漫长岁月里,官话曾经在庙堂、官场,在文人雅士的圈子里,在学子们读书的学堂,占有绝对话语权。当然,历朝历代通行的官话,除了使用文言,在读音方面也应该是当时的普通话。

孔子诵读诗书,祭祀拜会交际等正规场合,要用通行的官方语言,而且采用约定俗成的通行读音。**子所雅言**,孔子在许多场合坚持使用雅言,这一点,堪称难能可贵,意义非凡。

秦始皇一统中国后,倡导"书同文",这当然是巨大的功绩。但我们可以想见,这一倡导依托了相当坚实的旧有基础。

周朝一统天下,承继了殷商甲骨文的书写传统。它的众多邦国,多数又是血缘诸侯国，文字书写上要求统一是必然的。春秋战国，大一统的王朝不再，汉字书写，简体、变体，所在多有；秦朝再次予以整合规范，顺理成章。

这是汉字方块字本身的功劳。这才是中华民族自立于世界东方、万世一系的瑰宝。

中国之大，所谓水土原因，而有众多的方言。如果实行了鲁迅等人倡导的字母化，中国早已国将不国。中国大陆会出现不逊于欧洲板块上那样多的不同文字，那样多的民族和国家。

方言不利于交流，中国人怎么办？前人已经给我们做出了榜样，找到了办法。那就是：除了"书同文"，在各地人等交流的时候，讲话要尽量"语同音"。就是要讲普通话。

孔子周游列国，南至于楚；为了鲁国安全，学生子贡外交游说曾经到过吴越。他们说的是雅言。夫子教授弟子三千，诵读诗书，用的还是雅言。

在所谓礼崩乐坏的春秋时代，中国方块字没有被撕裂，我们的语言没有分崩离析。除了汉字，还有雅言，成为传承文明的伟大载体，成为凝聚华夏亿万子民的强力黏合剂。

其间，孔夫子身体力行，使用雅言，功不可没，堪称古代倡导"普通话"的圣哲。孔子的弟子们，编纂《论语》这部语录体文籍，因循的正是雅言。两千多年以下，我们因之可以直接诵读《论语》，不由感慨系之。

天命所归乃从容

【原文】

子曰:"天生德于予,桓魋其如予何?"

——述而篇·第二十三章

子畏于匡,曰:"文王既没,文不在兹乎?天之将丧斯文也,后死者不得与于斯文也;天之未丧斯文也,匡人其如予何?"

——子罕篇·第五章

《论语·述而》篇第二十三章,子曰:"天生德于予,桓魋其如予何?"《史记·孔子世家》记载,夫子周游列国到宋国,宋国司马桓魋欲要诛杀孔子。孔子与弟子们在一株大树下习礼,桓魋拔其树。弟子们劝夫子赶快离开,夫子淡定从容,讲了上面那句话:老天在我身上生出这样的品德,赋予我传承文明的如此重任,桓魋他能将我怎么样?

孔子坚守信念,为了心目中至高无上的仁道,能够做到临危不惧、威武不屈,这应该在我们的意料之中,不足为怪。但孔子像上面这样讲话,讲到了天命所归这样的话语,是否有些过分自信、甚至有些狂傲?

《论语·为政》篇第四章,记载了著名的夫子自道,孔子自谓五十而知天命。孔子不是宿命论者,但并不否认天命。

在《论语·子罕》篇第五章,孔子再次表达了同样的思想。子畏于匡,曰:"文王既没,文不在兹乎?天之将丧斯文也,后死者不得与于斯文也;天之未丧斯文也,匡人其如予何?"孔子被匡地的群众所拘禁,说道:周文王死了以后,一切文化遗产不都在我这里吗?天若是要消灭这种文化,那我也不会掌握这种文化了;天若是不要消灭这种文化,那匡人能把我怎么样呢？

　　文王周公之后五百年，一切文化遗产确实都在孔子这儿了。传承这种伟大文明的重任，历史性地落在了孔子的肩上。这正是天命所归。面对种种坎坷，甚至是生命危险，孔子淡定从容，自信满满。这不是盲目的狂傲，而是清醒的信念；不仅是临危不惧的勇气，更其是舍我其谁的担当。没有这样的自信，没有这样宗教般的情怀，就不会"知不可为而为之"，那也就不是伟大的孔子了。

　　那样的坚信，与其说是孔子对自己的坚信，莫如说是他对仁道的坚信。

　　此刻，孔子与仁道已经合而为一。

　　而天道远，人道迩。坚持仁道，传承仁道，有赖于人。

　　近百年以来，中国的所谓文化精英，秉持西学，狂獗批孔。他们的良苦用心，不过是彻底摧毁中国的道统。仁义道德，被弃之如敝屣；仁道仁学，受到亘古未有的强烈怀疑。

　　相信仁道，传承仁道，成为当代志士仁人的历史重任。

　　我们还能具备孔子那样对仁道的无比坚信吗？

轴心期的无神论

【原文】

"子不语怪、力、乱、神。"

——述而篇·第二十一章

《论语·述而》篇第二十一章，子不语怪、力、乱、神。孔子从来不谈论怪异、强力、暴乱、鬼神。

整部《论语》，绝大多数章节都是记载孔子言论的"子曰"，而这一章文字强调的却是"子不语"。孔子的言论，可谓包罗万象，几乎无所不谈，偏偏不谈怪力乱神，这中间传达出的意味发人深思。

质言之，这里彰显的是人类脱离蒙昧时代的伟大理性，这是人类轴心期的无神论宣言。

所谓"轴心期"，是德国思想家雅思贝斯明确提出来的一种跨文化概念。轴心期到底指什么？大略是说，公元前800年到前200年，中国、印度和欧洲，大约同期出现了某种文化突破现象。此前的文明，趋向于轴心期；此后的文明，发端于轴心期。轴心期概念的提出，当然是人类文明史研究的巨大进步。谁都不能否认，人类文明的演进，原来曾经呈现出的是多元的格局。傲慢的唯我独尊的西方中心主义，总算承认印度古文明和华夏古文明的存在了。

众所周知，在那个时期，印度佛陀诞生。在那个时期之后，西方基督教创立。佛教、基督教、伊斯兰教，并称为世界三大宗教。只有中国，恰恰在那个时期，走出了殷商的巫鬼时代（当然，殷商的鬼神是与祖先合一的），迈向觉醒的人的理性途程。

中国人没有严格意义上的宗教信仰。我们没有天堂地狱的概念，也不相信六道轮回、成佛涅槃。中国数千年源远流长不曾断裂的文明，是独立发展起来的。中国文化的原典里，没有神学的只言片语。

在我们自轴心期以来确立的文明框架里，天地之间，挺立着的就是人本身。人者，仁也。我们的宗教就是道德，天道人伦。

制定这种理性的文明框架的，是文王和周公；最终确立这一道统传承下来的，是孔子。

孔子不信神，不迷信，他信什么？

该篇第六章，子曰："志于道，据于德，依于仁，游于艺。"孔子说：目标在道，根据在德，依凭在仁，游憩于六艺之中。

该篇第二十五章，子以四教：文，行，忠，信。伟大的教育家孔子，用四种内容教育学生：历代文献，生活实践，对大义的忠诚，做人的信实。

《论语·雍也》篇第二十二章，樊迟问知。子曰："务民之义，敬鬼神而远之，可谓知矣。"樊迟问人的知性。孔子回答：致力于引领人民去做合于"义"的事，敬奉鬼神但又要远离他们，这就可以说是具备知性了。

在孔子所处的时代，礼崩乐坏，怪力乱神这几样非理性的东西一定并不少见。但孔子严守理性的立场，坚定地拒绝谈论这些东西。

敬鬼神，而远之。我们看到的，是人的理性光辉。

《论语·述而》篇第三十五章，孔子病重，学生子路请求向天地神祇祈祷。孔子即使是在重病的情况下，仍然调侃子路的做法。孔子不信这个。孔子的无神论是彻底的。

当世界上各大宗教产生和发展的时候，中国本土却始终没有宗教。中国古代圣哲始终关注的是现世人生，他们的理想是建立道德社会。道德，成为中国的最高信仰。圣哲们崇奉的是"三无私"：天无私覆，地无私载，日月无私照。向往的是"三不朽"：太上立德，其次立功，再次立言。

同姓不婚的天才禁忌

【原文】

陈司败问昭公知礼乎,孔子曰:"知礼。"

孔子退,揖巫马期而进之,曰:"吾闻君子不党,君子亦党乎?君取于吴,为同姓,谓之吴孟子。君而知礼,孰不知礼?"

巫马期以告。子曰:"丘也幸,苟有过,人必知之。"

——述而篇·第三十一章

通读整部《论语》,公正地评判,这部书的编纂者并没有神化孔子,没有像后世尊孔家那样将孔子托举到炫目的高度。《论语》所描绘展现的孔子的形象,真实可信,可亲可近,这是难能可贵的。孔子偶然说了不那么正确的话,有人指出来,《论语》把这个也能客观如实记载下来。这就尤为难能可贵。

《论语·述而》篇第三十一章,就是这样的一章文字。

陈司败问昭公知礼乎,孔子曰:"知礼。"

孔子退,揖巫马期而进之,曰:"吾闻君子不党,君子亦党乎?君取于吴,为同姓,谓之吴孟子。君而知礼,孰不知礼?"

巫马期以告。子曰:"丘也幸,苟有过,人必知之。"

陈司败向孔子问鲁昭公懂不懂礼,孔子答道:懂礼。

陈司败的发问,是基于一个事实:吴国、鲁国同是姬姓国家,鲁君从吴国娶了位夫人,这是违背礼制的。吴国这位姬姓夫人,按说应该叫做吴姬,鲁君为了遮掩避讳,叫她吴孟子。这样做,分明违背礼制,孔子难道不明白吗?竟然还说鲁君懂礼。所以,孔子走开之后,陈司败向当时在场的孔子学生巫马期发出了质问：君子应该无所偏袒，孔子这不是偏袒吗？鲁君这么做，如果算是懂得礼，还有谁不懂得礼呢？

巫马期把这话转告了孔子。孔子说道：我孔丘真幸运啊！一旦有了错误，人家一定会知道的。

鲁君分明违背礼制，孔子却说鲁君懂礼。后人对此有所解释，说孔子这是"臣下不言君亲之恶"，这样做也是合乎礼的。可惜这样的解释回护没有说服力。君上违背礼制，甚至有恶行，臣下就要讳言，就要为之掩盖回护，这不成了助纣为虐了吗？

毋庸讳言，孔子明知鲁昭公违背礼制却不肯指出，说鲁君"知礼"，说法是不对的；如果是出于为鲁君回护，做法是错误的。把孔子曾有的错误客观记录下来，体现了《论语》编纂者的高度原则性。话说回来，孔子所以成为伟大的孔子，不是他从来不犯错误，而是闻过则喜、知错必改。一个闻过则喜的孔子，才是一个更加真实、更加可亲可近的孔子。

如果我们深思深究的话，孔子在这儿的心理活动是有迹可寻的。鲁昭公迎娶同姓而违礼，是人所共知的事实。陈司败对此不知情吗？从后面的问答中，我们可以看出：陈司败知道这一事实，并且懂得这是违礼的。那么，他为什么还要前来特别向孔子明知故问？他这一行为的目的是什么？从孔子的角度，以孔子的智慧，为什么要作这样浅薄的回护？这样做，任谁都能看穿是言不由衷，分明就是明知故犯。

《论语·宪问》篇第三章，子曰："邦有道，危言危行；邦无道，危行言孙。"孔子主张：国家政治清明，正直说话，正直做人；国家政治昏乱，正直做人，说话却要谨慎。孔子的言不由衷，恐怕正是一种韬晦。陈司败你心里什么都清楚，我给你来一个装糊涂。属于"邦无道，则愚"是也。

《论语·述而》篇第三十一章，堪称珍贵的是突出强调了"同姓不婚"这样一种理念。周天子会盟诸侯，同姓一律称叔，异性一律称舅。"同姓不婚"，在几千年之前，就上升到了礼制的高度。成为我们民族的传统习俗，成为某种禁忌。

中华民族血脉旺盛，人口众多，健康繁衍，不能不认为和这样的禁忌有关。这一禁忌，符合现代意义上的遗传科学，这是天才的禁忌。

在礼制面前，在传统的禁忌面前，孔子可能为尊者讳，但必须认错。不认错，就不是我们心目中的夫子了。

耳提面命上位者

【原文】

子曰："泰伯，其可谓至德也已矣。三以天下让，民无得而称焉。"

——泰伯篇·第一章

子曰："恭而无礼则劳，慎而无礼则葸，勇而无礼则乱，直而无礼则绞。君子笃于亲，则民兴于仁；故旧不遗，则民不偷。"

——泰伯篇·第二章

子曰："如有周公之才之美，使骄且吝，其余不足观也已。"

——泰伯篇·第十一章

《论语·泰伯》篇第一章，是孔子高度赞扬历史人物泰伯的一章文字。周朝的祖先，周文王姬昌的祖父古公亶父有三个儿子，是为泰伯、仲雍、季历。姬昌是季历的儿子。按照国君传位的惯例，传子，以嫡不以长；传嫡，以长不以贤。古公的君位应该传给泰伯。据传说，古公预见到了姬昌的圣德，有意打破传统，将君位传给第三子季历，从而日后能够传给姬昌。在这种情况下，泰伯遵循父亲的意愿，携同二弟仲雍出走，将应该属于自己的君位让给了三弟。对于这种推位让国的行为，孔子发出了由衷的赞叹。

子曰："泰伯,其可谓至德也已矣。三以天下让,民无得而称焉。"孔子说：泰伯，那可以说是品德极崇高的了。屡次地把天下让给季历，老百姓简直找不出恰当的话语来称赞他了。

传说中的上古时代尧舜揖让天下的事，可信吗？本章《论语》推崇的泰伯三以天下让，可信吗？在孔子的心目中、理想中，那是无可怀疑的。

我们推想，在远古时代，由众多部落结成联盟，大家共同推出联盟首领，不仅是可能的，乃至是必须的。用协商推选的办法确定最高领袖，而不是仗恃武力争夺独裁的权力，那样的情形一定曾经有过。至于泰伯的出让君位，即便是出于不得不然，"出让"毕竟成为某种被后人叙述的真实。

然而，试看古今中外，哪个皇帝君王肯出让权力宝座？所以，如果"推让"竟然在历史上真的发生了，那就更加显得可贵。孔子的推崇泰伯，看似在赞扬一种个体行为，其实质是在鼓吹呼吁一种制度。

君临天下的君王，或者治理一个方国的君主，他应该是通过某种程序推举出来的。王位，应该是德者居之。这个位子，不应该是依靠武力暴力夺取来的。以力胜人，那是丛林法则。孔子的理想不是后者。虽然，这只是一个理想，但一个民族有没有这样的理想是大不相同的。可以说，孔子的理想，与现代民主制度并不冲突。

在孔子的时代，他对这种理想的表述，他举出的范例，就是揖让。

我们可以设问：大家都认为揖让是最高的品德，人人都推让，那么谁来当大家的君上呢？揖让而来的这个君上，他不仁不德，那又该怎么办？

在孔子理想的制度设计中，当君上只是一个职务。这个职务，相当不好干。有专门的史官谏臣对之监督进言，有在野的士子评议舆论书之竹帛，有老百姓悠悠众口抱怨诅咒。身为君上，不惟职责重大，还要处处表率。不然，负责监督君上的大臣们甚至可以对其"易位"。周公主持朝政时代，就这么干过。

我们看该篇第二章，子曰："恭而无礼则劳，慎而无礼则葸，勇而无礼则乱，直而无礼则绞。君子笃于亲，则民兴于仁；故旧不遗，则民不偷。"恭敬而不符合礼的规定，就会烦劳不安；谨慎而不符合礼的规定，就会胆怯懦弱；勇敢而不符合礼的规定，就会违法作乱；直率而不符合礼的规定，就会尖刻伤人。君子厚待自己的亲属，老百姓就会走向仁德；不遗弃自己的老同事、老朋友，老百姓就不会待人薄情。

很显然，这章文字中所说的"君子"，指的是居上位者，是国君、诸侯、大夫等等。这儿反复提到的"礼",当然是礼制,就是礼仪制度、规矩章法。

恭、慎、勇、直,这些品格好不好?当然好。但是你个人的品格必须还要受到礼仪礼制的制约。否则,你将动辄得咎。以上属于君子的个人修身,往下你还得善于齐家。笃于亲,老百姓才会趋于仁德。故旧不遗,老百姓才不会人情淡泊。上有所好下必效之。你在方方面面都必须做出表率,因为这将影响到整个世风。民众的道德水准怎么样?社会风气好不好?大家要在你这个居上位者身上找原因。

这是自命为帝王师的儒生士子对君上的耳提面命,规劝和训诫。你是君子,身居上位,你就应该这么做,你必须这么做。

孔夫子,甚至举出他最崇仰的周公来做例子。

该篇第十一章,子曰:"如有周公之才之美,使骄且吝,其余不足观也已。"即便有周公那样的才能美德,假使骄傲吝啬,别的方面也就不值得一看了。

设想一下,对于居上位的君子,这是多么高的要求?如果你不合格,你就离开那个位置好了。

孔子对君上耳提面命,同时希望用礼制来约束可能的权力独裁。

无疑的,这只能是孔子的理想。尽管只是理想,它却穿越了两千多年的历史时空,在今天依然放射着熠熠光芒。

曾子为什么战战兢兢

【原文】

曾子有疾，召门弟子曰："启予足！启予手！《诗》云：'战战兢兢，如临深渊，如履薄冰。'而今而后，吾知免夫！小子！"

——泰伯篇·第三章

曾子曰："可以托六尺之孤，可以寄百里之命，临大节而不可夺也——君子人与？君子人也。"

——泰伯篇·第六章

曾子曰："士不可以不弘毅，任重而道远。仁以为己任，不亦重乎？死而后已，不亦远乎？"

——泰伯篇·第七章

《论语·泰伯》篇第三章，记载的是曾子得病时、甚或就是病笃临终前的一段语录。

曾子有疾，召门弟子曰："启予足！启予手！《诗》云：'战战兢兢，如临深渊，如履薄冰。'而今而后，吾知免夫！小子！"曾参病了，把他的学生召集拢来，说道："看看我的脚！看看我的手！《诗经》上说：'小心呀，谨慎呀！好像面临深深水坑之旁，好像行走在薄薄冰层之上。'从今以后，我才晓得自己是可以免于祸害刑戮的了！学生们！"

曾子的这段话，历代注释家几乎是众口一词。曾参以孝著称，而保全身体是孝道的重要内容。如《孝经》所说："身体发肤,受之父母,不敢毁伤。"曾参将死，方才敢说自己从此可以免于刑戮毁伤，可知他生活的时代有多么祸乱凶险。直到当代注释家杨伯峻先生、张燕婴先生的译注，莫不如是。

曾参说的知吾免夫，如何能认定他说的就是"免于刑戮祸害"呢？原来，历代注释家呼应的是曾参前面的话：启予足，启予手。曾参让学生们看他的手脚，原来手脚齐全；如今曾参将死，看来身体发肤都不会遭到损毁了。如此，受之父母的身体，可以毫发无损地归还父母了。这是多么符合《孝经》条目的一位大孝呀！

在这样的注释中，曾参战战兢兢、如临深渊如履薄冰，生怕他的身体受到任何一点微小的伤害，大儒曾子是这样活过了一生。依循这样的注释，吾日三省吾身的曾子就更加成了一个谨小慎微的人。成了一个害怕树叶子打破头的角色，活脱就是一个小人儒。

这决非曾子的本来形象，不符合曾子的精神风貌。

该篇第六章，曾子曰："可以托六尺之孤，可以寄百里之命，临大节而不可夺也——君子人与？君子人也。"曾子说：可以把年幼的孤儿托付给他，可以把百里邦国的政事委任给他，面临大是大非而不能动摇他的志向，这种人是君子吗？这种人是君子。

第七章，曾子曰："士不可以不弘毅，任重而道远。仁以为己任，不亦重乎？死而后已，不亦远乎？"曾子说：士人不可以不刚强果断，因为责任重大、途程遥远。以实行仁德为自己的责任，不是担子很重大吗？直到死才能停止，不是路程很遥远吗？

可以托孤寄命，志不可夺；这是曾子心目中的君子品格。

仁以为己任，死而后已；这是一代大儒的精神风貌。

这才是曾子。才是承继道统的曾子。

那么，曾子临终召集学生们前来，到底是因为什么而强调战战兢兢、如临如履呢？坚守道统，任重道远，曾子如临如履，终于做到了平生不曾违背仁道。直到临终，方才敢说自己从此免于出错犯错了。这才真正是履践了他说的"死而后已"。

那么，曾子又为什么要让弟子们启予足、启予手呢？"启"，可以解为"看看"，也可以解为"动动"。曾子临终，恐怕是手足已经麻痹，或者是连抬动手足的力气都没有了。一位大师临终的话语，弟子们统统一字不漏记载了下来罢了。

南怀瑾先生在他的《论语别裁》中，对这段《论语》作了以上这样的解释。

吾与瑾。我认同南先生这样的解释。

孔子并不曾搞愚民政策

【原文】

子曰:"民可使由之,不可使知之。"

——泰伯篇·第九章

子适卫,冉有仆。子曰:"庶矣哉!"
冉有曰:"既庶矣,又何加焉?"曰:"富之。"
曰:"既富矣,又何加焉?"曰:"教之。"

——子路篇·第九章

《论语·泰伯》篇第九章,子曰:"民可使由之,不可使知之。"

孔子的这段语录,杨伯峻先生采用直译:"老百姓,可以使他们照着我们的道路走去,不可以使他们知道那是为什么。"

张燕婴先生则认为,此章文字显示孔子教民的方法是身教。统治者的行为对于老百姓有示范作用,自己率先行善而让老百姓跟着走,比只是教导百姓向善,结果更好。所以他采用的是意译:"老百姓可以让他们跟着行事,不能够只让他们知道空泛的道理。"

张先生的意译,看得出有回护孔子的用心,却难免违离了孔子的本意。

历史上还有若干注释家,采用别的断句法,"民可,使由之;不可,使知之。""民可使,由之;不可使,知之。"都有曲意回护孔夫子的意味。

相比而言,我赞同杨先生的直译。但按照杨先生的直译,我们认为译出了孔子原话的本意,就会产生这样一个问题:孔子在这儿凭什么说"只让老百姓跟着走、不让老百姓知道理由"呢?孔子这不是在搞愚民政策吗?事实上,近百年来,孔子的这句话果然被批孔家们揪住不放,抓住什么把柄似的，一再攻击诟病。

儒学，儒家经典，是一个完整的系统。《论语》中的"子曰"何其多，若干孔子的话语，是有特殊语境的，是有针对性的。硬要把孔子的话当做"句句是真理"，要求他的每句话必须放之四海而皆准，那是难为孔夫子。孔子的这句话，究竟传达的是什么本意？相信普通智商的人都能会意，相信与人为善的人都能采取平等讨论问题的态度。但批孔家们则不是这样，他们惯爱攻其一点，不及其余。心术不正，何谈学术。到"文化大革命"中，批孔干脆搞成了政治运动。秉承上意的所谓专家学者，坐定了左派位置，坚定地站在革命路线一边，颇是狐假虎威。

让我们回头研讨《论语》。

孔子是搞愚民政策的吗？肯定不是。

请看《论语·子路》篇第九章。

子适卫，冉有仆。子曰："庶矣哉！"

冉有曰："既庶矣，又何加焉？"曰："富之。"

曰："既富矣，又何加焉？"曰："教之。"

孔子到卫国，冉有驾车。孔子说：好多的人口啊！冉有问，人口已经众多了，又该怎么办呢？孔子主张：先让人民富裕起来，然后给以教育。

不是断章取义攻其一点不及其余，客观地评价孔子，孔子并不主张愚民，恰恰是主张智民的。而且，孔子倡导先富后教，"治国之道，必先富民"。这样的主张，即便放置在今天也有着积极的意义。

既然孔子主张智民，富而教之，怎么又会讲出"民可使由之，不可使知之"这样的话来呢？

在实际生活中，在行政决策的时候，一定会有某些特殊情况，并不一定要让所有的老百姓弄清所以然，只能让大家跟上干起来。有的时候，"民可以乐成，不可与虑始"。老百姓喜欢看到成功的结果，不一定人人参与最初的设想设计与决策规划。

即便是功在千秋的大禹治水，在开始之初民众也曾经想不开。

比方制造核弹，任何国家无不是上层决策了就干起来。莫非还要预先向每个老百姓讲授原子物理学、核裂变核聚变原理吗？

某些特定情况之下，领导被领导的关系，就是先把事情做起来，让民众跟着走，而不是让他们什么都弄明白了再干。

孔子"无道则隐"乎

【原文】

子谓颜渊曰:"用之则行,舍之则藏,惟我与尔有是夫!"

——述而篇·第十一章

子曰:"笃信好学,守死善道。危邦不入,乱邦不居。天下有道则见,无道则隐。邦有道,贫且贱焉,耻也;邦无道,富且贵焉,耻也。"

——泰伯篇·第十三章

《论语·述而》篇第十一章,子谓颜渊曰:"用之则行,舍之则藏,惟我与尔有是夫!"孔子对颜渊道:如果任用我,就施展抱负干起来;不用呢,就退居民间藏起来。只有我和你能够做到这样吧!

在这里,孔子高度评价优秀弟子颜渊的时候,讲到了"行、藏"问题。"舍之则藏",分明是隐退隐居起来的意思。

到《论语·泰伯》篇第十三章,子曰:"笃信好学,守死善道。危邦不入,乱邦不居。天下有道则见,无道则隐。邦有道,贫且贱焉,耻也;邦无道,富且贵焉,耻也。"这段话里,孔子再次讲出天下有道则见,无道则隐的话语。天下政治清明的时候就出来仕任,政治昏乱的时候就隐居。

历来的定评,认为孔子的儒学是主张入世的。惯常的评价,一般都是说孔子并没有隐居隐退过。他知不可而为之,奔走天下,志在救世济民,欲要挽狂澜于既倒。包括上面这段文字,字里行间也透露着主张入世的强烈信息。守死善道,对于仁道笃信奉行坚守坚信,之死靡它。而且,当天下有道,就要现身,参与到政事中去。甚至说,在天下政治清明的时候,自己贫且贱，是可耻的。

那么，孔子为什么要说**舍之则藏**、**无道则隐**这样的话？如果孔子坚决反对隐退隐居，这不是无的放矢吗？或者，我们可有这样的设问：孔子到底隐居过没有？

也许，我们应该拓宽一下隐退隐居的概念。

颜渊一箪食一瓢饮在陋巷，算不算隐居？隐居，一定要隐入深山吗？还有拒绝仕任的闵子骞，并没有逃亡到汶上去，但他的行为也不能否认属于无道则隐。

紧接下来的该篇第十四章，**子曰："不在其位，不谋其政。"**不居于那个职位，便不考虑它的政务。

这条语录，不妨可以看做是**无道则隐**的另一种说法。从侧面指认，当前的世道是一个无道的社会。在这样的状况下，子不仕。不从政，不居官，不合作。这个何尝不是一种隐退？

如此说来，我们应该认定：孔子不仅不反对隐退，倒是赞同隐退，乃至践行过隐退的。

当然，孔子面对"天下无道"的局面，不再参与政事，退归林泉，并没有放弃道统。**笃信好学**，**守死善道**，这是孔子发出的宣言。无论行或者藏，见还是隐，那只是具体情况具体对待罢了。

事实上，晚年的孔子，不再周游列国，不再参与政事，他删定六经，教书育人，把全部精力集中在培养人才和传续经典上面。

孔子隐居了吗？他没有隐居吗？

瞻之在前，忽焉在后。

隐而未隐，不隐而隐。

是为夫子。

"子罕言利"辩

【原文】
子罕言利与命与仁。

——子罕篇·第一章

子贡曰:"夫子之文章,可得而闻也;夫子之言性与天道,不可得而闻也。"

——公冶长篇·第十三章

《论语·子罕》篇第一章,**子罕言利与命与仁**。

这章文字很简短,但历来译注家们的翻译注释多有分歧。首先,分歧在要不要另加句读。如果不加句读,一句话连贯下来,那么孔子"罕言"的对象就是三个:利、命、仁。这样,疑问就来了。整部《论语》孔子几乎都是在说仁道,怎么能说成是"罕言"呢?

于是,有的注释家另作句读。**子罕言利,与命、与仁**。孔子很少谈到利,却赞成命、赞成仁。"与"字,在论语中原本多是作"赞成"来解的。

这样断句,似乎也无不可。但在语义逻辑上有所不通。孔子言说利、命、仁,如果在谈论次数多寡上区分,原话就应该是:子罕言利,多言命仁。如果是在"与"字也就是赞同与否的意义上区分,原话则应该是:子不与利,与命与仁。

所以,有的注释家就不加句读。"与"字,按照普通连词来解释。**子罕言利与命与仁**。杨伯峻先生的白话翻译就是:孔子很少(主动)谈到功利、命运和仁德。

这样翻译，不作断句，上面所说的疑问就依然存在。孔子经常不断地谈论仁，怎么能说他"很少谈到"仁德呢？对之，杨先生这样解释：多少，是一个相对概念。论语讲到"仁"的次数是足够多，但相比于孔子的平生所有言论，难说讲"仁"算最多的。况且，孔子讲"仁"又多半是和他人的问答之词。"仁"是孔门最高道德标准，正因为少谈，所以偶一谈到，便有记载。

杨先生的解释，恐怕难以自圆其说。杨伯峻先生注释《论语》，经常谈到《论语》，但比起日常所说的所有话语，不能说最多，那么杨先生便是"罕言《论语》"的吗？

孔夫子的日常言论、平生言论，还有哪些？我们和杨先生都看不到了。我们共同看到的，主要就是《论语》。在整部论语中，夫子谈仁，实在不好确定说"正因为少谈"。恰恰是谈到很多，很多谈到。

我认为，杨伯峻先生的翻译并没有错。"与"字，就是作连词的。本段论语翻译出来就是：孔子很少谈到利、命和仁。只是，杨先生的进一步解释不尽合理。

让我们试着寻找一个合理的解释。

返回去读《论语·公冶长》篇第十三章，**子贡曰："夫子之文章，可得而闻也；夫子之言性与天道，不可得而闻也。"**子贡说：先生关于文献方面的学问，我们听得到；先生关于天性和天道的言论，我们听不到。

孔学倡导仁，尊奉仁，但仁的终极概念、抽象界定究竟是什么，夫子从来没有断语。理解它、靠拢它、奉行它，这应该是一个渐渐开悟的过程，知行合一的过程。

利与命，也是在抽象概念的意义上，孔子没有过什么断语。**君子喻于义，小人喻于利**。"利"，到底是什么？在这儿，它只是和"义"相对立、相拮抗的一个概念。

子罕言利与命与仁。孔子很少抽象化地概念性地谈论利和命以及仁。

——这样解释，或也可以充作一解。

执鞭赶车乐融融

【原文】

达巷党人曰:"大哉孔子!博学而无所成名。"子闻之,谓门弟子曰:"吾何执?执御乎?执射乎?吾执御矣。"

——子罕篇·第二章

《论语·子罕》篇第二章,达巷党人曰:"大哉孔子!博学而无所成名。"子闻之,谓门弟子曰:"吾何执?执御乎?执射乎?吾执御矣。"

这段《论语》中,达巷那地方的人议论孔子的话,杨伯峻先生是这样翻译的:孔子真伟大!可惜没有足以树立名声的专长。

认真领会原文,看不出达巷党人有替孔子"可惜"的意思。如果其人觉得孔子没有专长来树立名声,他又怎样会说"孔子真伟大"呢?那人的话语,中间没有转折的意味,有的倒是递进的意味。我认为,张燕婴先生的翻译更准确一些:孔子真是博大啊!博学多才而并不只是以某种专长来成名。

孔子听到这样的议论,对门下的学生们说:我专掌什么呢?专门驾车、还是专门射箭呢?我专掌驾车好了。

孔子听到别人议论之后,有所反馈,属于正常。但孔老夫子,怎么扯到"执御、执射"(赶车射箭)上头去了?这话,一定不是随便说说的。孔子的话,究竟有点什么言外之意,我们不妨试作一回剖析。

如果按照杨伯峻先生的翻译,达巷党人说的是孔子没有树立名声的专长,那么孔子的话就有某种辩解的意味。我没有专长吗?我赶车赶得不错,射箭也射得满好哩!随便选一个,赶车好啦!这恐怕不是孔子原话的原意,这样的形象也不是谦虚博大的孔子了。

按照张燕婴先生的翻译，达巷党人是赞誉孔子的。孔子真是了不起！并不只以某项专长来成名，他是样样精通，博学多才啊。听到别人的赞誉，孔子当然很高兴。但他并没有安然领受这样的赞誉，因为孔子是谦逊的。孔子谦逊，却也没有过分，没有讲什么"哪里哪里，我还差得多呐"之类乏味的客套。孔子这时来的是机智幽默的回答：

哈哈，杂七杂八的玩意儿我会的是很多呀！我该专门干什么呢？赶马车呢？还是当射箭手？我看，就赶马车好了！

这样，我们看到的是一个多才多艺的孔子，谦虚的孔子，同时还是一个豁达机智幽默的孔子。

事实上，历史上真实的孔子，确实是多才多艺的博学通才。该篇第六章，孔子说：吾少也贱，故多能鄙事。孔子诚实地承认自己小时候穷苦低贱，所以才学会了不少鄙贱的技艺。种种才艺，说成是"鄙事"，也是孔子的谦逊。相比于推行仁道，孔子把自己精通许多才艺看得很淡然。当然，孔子并不鄙薄人们掌握某些技艺。执御，执射，无可无不可。说起执鞭赶车，我们的孔夫子也是其乐融融呢！

——另有注释者认为，孔子的话最后落脚在"执御"上，是要当文化的领头人，要掌控文化事业的发展方向什么的。这恐怕就是"高推圣境"了。

把孔夫子永远地时时刻刻地绑定在圣人的位置上，老人家受得了受不了呀？我们累不累呀？让他依然活在他的历史真实中，让原本不乏幽默的孔子该幽默的时候就幽默起来，不好吗？假如有这样一位博学多才又不乏幽默的车夫来给我们赶车，我们听他聊天似的讲讲他的仁道，那就叫做如坐春风了。

才艺者鄙事而已

【原文】

太宰问于子贡曰:"夫子圣者与?何其多能也?"子贡曰:"固天纵之将圣,又多能也。"

子闻之,曰:"太宰知我乎!吾少也贱,故多能鄙事。君子多乎哉?不多也。"

——子罕篇·第六章

《论语》等中国古来的经典,不加标点。如何停顿、断句,所谓句读,依赖读者自己完成。所以,当代注释家翻译注解《论语》,还有分点句读、添加标点符号的任务。一句话,断句与否,关系重大。比如前面说的《论语·子罕》篇第一章,子罕言利与命与仁,断与不断,意思竟然会完全相左。

一句话,是疑问句?还是感叹句?区别也极大。而且,即便添加了标点,比如一句话加了疑问号,究竟是在疑问、还是反问抑或是疑问式的肯定,还有阅读方面的理解问题。《论语·子罕》篇第六章,我们就遇到了这样的问题。

太宰问于子贡曰:"夫子圣者与?何其多能也?"子贡曰:"固天纵之将圣,又多能也。"

子闻之,曰:"太宰知我乎!吾少也贱,故多能鄙事。君子多乎哉?不多也。"

我们先来看第一句。太宰问于子贡曰:"夫子圣者与?何其多能也?"太宰问子贡:夫子,你们先生,是位圣人吗?为什么这样多才多艺呢?太宰的问话里,特别提到才能才艺,是有意味的。一般说来,是否具备一些才艺，并不是成为仁者、圣者的必要条件。太宰的问话，其中有褒贬在。

一种情况，对于孔子的多才多艺，太宰是肯定的；那么他同时也就认为，圣人可以无所不能、应该无所不能。你们先生，一定是一位圣人吧？要不然，他怎么能有那样多的才艺呢？

另一种情况，恰恰相反，对于孔子的多才多艺，太宰不以为然。你们的先生还能算是圣人吗？他怎么有那么些（杂七杂八的）才艺呢？

我认为，太宰问话的原意，是后者。究竟是不是这样？当然需要分析当初说话的语境。且看下面子贡的回答。

子贡曰："固天纵之将圣，又多能也。" 子贡回答道：是上天让他成为大圣人的，同时他又有那么多的才艺。子贡的回答，先肯定地说，孔子当然是圣人，这是毫无疑问的。至于才艺多寡的问题，是在其次。子贡并没有肯定：圣人原本就应该同时多才多艺。他的意思只是说：夫子是多些才艺，但并不影响我们夫子成为圣人。

如果子贡的回答，针对性还不够强，我们再来看看孔子的应对。

子闻之，曰："太宰知我乎！吾少也贱，故多能鄙事。君子多乎哉？不多也。" 孔子听说了，说：太宰了解我吗？我年少的时候低贱，因此才学会了许多技艺。真正的君子有这样多的技巧吗？是不会的。

——许多译注本，**太宰知我乎**后边都是添加感叹号，这是有问题的。那样的话，译文就变成："太宰是了解我的呀！"

我们现在可以从头进行分析了。如果太宰对孔子多才多艺是赞同的，圣人本来就应该无所不能，那么谦虚的孔子不会安然承认自己才艺多多，也不会把这些才艺叫做"鄙事"。孔子说：我小时候穷苦低贱，所以学会了不少鄙贱的技艺。孔子并没有自诩本领多，并没有拿这个来炫耀。孔子恰恰是在最后强调：君子不需要有这样多的技艺技巧。君子，是具备儒家道德人格的人。君子重在德行，并不强调人人要有多种技艺。如果君子必须像孔子一样，必须要有多种技艺，那世上还有几人能成为君子呢？

伯夷、叔齐，有什么技艺？颜回、闵子骞，会什么技巧？

在事实上，在历史的真实中，孔子确实多才多艺，孔子自己从来也没有否认这个。但孔子认为这些才艺对自己而言，只是鄙事。君子可以有所不为。才艺不多，没有什么才艺，无妨成为君子。

读过这章《论语》，让人难免有所联想。看来，不仅当代的批孔家惯于找孔子的毛病，即便在孔子生存的当时，也有太宰这样的角色揪住孔子不放。孔子多才多艺，也成了攻击诟病孔子的把柄。

《论语》的编纂者，接下来又摆上一章文字，可以看做是对那个太宰的继续回应。

第七章，牢曰："子云，'吾不试，故艺。'"有个名叫牢的人转述，孔子说过：我不被当局任用做官，所以学了点技艺。

没有仕任从政，和多有才艺，并没有必然联系。孔子却这样说话：国家没有用我，我闲得慌，所以学了点杂艺、会一点鄙事。可以看出，对于那些自以为是的从政者，对于他们的闲言碎语，嗡嗡嘤嘤，孔子是颇为不屑的。

才艺者，鄙事而已；纠缠这点鄙事，鄙夫而已。

"逝者如斯"的紧迫感

【原文】

子曰:"凤鸟不至,河不出图,吾已矣夫!"

——子罕篇·第九章

子贡曰:"有美玉于斯,韫椟而藏诸?求善贾而沽诸?"子曰:"沽之哉!沽之哉!我待贾者也。"

——子罕篇·第十三章

子欲居九夷。或曰:"陋,如之何?"子曰:"君子居之,何陋之有?"

——子罕篇·第十四章

子在川上,曰:"逝者如斯夫!不舍昼夜。"

——子罕篇·第十七章

《论语·子罕》篇第九章,子曰:"凤鸟不至,河不出图,吾已矣夫!"孔子说:凤鸟不飞来,河图不出现,我这一生恐怕是完了吧!

传说,凤鸟出而伏羲画八卦,河图出而大禹治水成。上古神话传说,折射出古人祈望太平盛世、圣人受命的美好愿望。走出远古蒙昧、敬鬼神而远之的孔子,哪里会真的祈盼神异出现。孔子不过是对当时的乱世看得分明,已经没有看到天下清明的希望了。

这个时候,孔子已经垂垂老矣。末世的悲哀几乎紧紧攫住了这位老先生。奔波一生,行将就木,理想中的道德社会到底在哪里?不死的理想何时才能变成现实?

下面,该篇第十三章,子贡曰:"有美玉于斯,韫椟而藏诸?求善贾而沽诸？"子曰："沽之哉！沽之哉！我待贾者也。"子贡问：有一块美玉在这里，是把它藏在匣子里呢？还是寻求一个识货的商人卖了它？孔子说：卖了它啊！卖了它啊！我就是等待买主的人呐！

聪明的子贡，是用譬喻言事。**用之则行，舍之则藏**，不是夫子自道的吗？那么，我们就一直这么藏下去吗？当然，子贡也许讲的是自身，是门生学子一代人的困惑。而孔子几乎是迫不及待，几乎是呼喊一般，脱口而出：卖掉！卖掉！我就是在等买主哩！

年迈的孔子，依然多么希望为人所用、出仕从政，以求一逞啊！然而，现实让孔子太失望了。第十四章，子欲居九夷。或曰："陋，如之何？"子曰："君子居之，何陋之有？"孔子想搬到九夷去住。有人说：那地方太简陋了，怎么好住？孔子道：有君子居住到那儿，怎么还会简陋？如果不是对诸夏现实的极度失望，孔子怎么会没来由地突然想搬到九夷那样尚未开化的地方去？

当然，在事实上，孔子并没有真的去往九夷。第十五章，子曰："吾自卫返鲁，然后乐正，《雅》《颂》各得其所。"孔子说，我从卫国回到鲁国，然后音乐篇章才得到整理（《诗经》中配乐的），《雅》《颂》各自归于它们应在的位置。孔子晚年，回到鲁国，教学传道，整理删定古代典籍，做了大量奠基性的工作。儒学仁道，作为我们民族的道统，传承数千年而不衰，孔子奠基的功劳怎么评价都不为过。

但晚年的孔子仍然不肯停歇，不能满足。

该篇第十六章，子曰："出则事公卿，入则事父兄，丧事不敢不勉，不为酒困，何有于我哉？"孔子说：出外便服事公卿，入门则服事父兄，有丧事不敢不勉力尽礼，不被酒所惑乱，这些对我算什么难事呢？

杨伯峻先生的注释，最后一句说：这些事我做到了哪些呢？他认为，这样夫子才显得自谦。"何有"，杨先生不是一直翻译成"有什么难的"吗？我认为，这段《论语》，分明是夫子自道，是说自己还行。在家服侍长者，为公服务君上，甚至操劳丧事都没有问题，包括饮酒，我的酒量还好着呐！

孔子耿耿于怀，到老都没有放弃亲自出仕匡正天下的希望。

然而，现实毕竟是残酷的。孔子雄心犹在而时不我待。

该篇第十七章，子在川上，曰："**逝者如斯夫！不舍昼夜。**"有的注释家，如杨伯峻先生说，孔子这话不过是感叹光阴奔驰一去不返罢了，未必有其他深刻的含义。我的感觉则不然。看着滚滚滔滔昼夜不停的流水，年老的孔子人生紧迫感空前强烈。比起《论语·述而》篇第五章的许久"不复梦见周公"，此刻孔子的心情更加多了几分悲凉。孔子在这儿有关时光易逝的感叹，决非无的放失，空发浩叹，而是和上面"凤鸟不至"的失望感紧密相关。

放眼天下，竟是无有清明之望；而韶光易逝，老之将至。个中情愫，谁人解得？熟细思之，能不锥心！

死不违礼仍从容

【原文】

子疾病,子路请祷。子曰:"有诸?"子路对曰:"有之。《诔》曰:'祷尔与上下神祇。'"子曰:"丘之祷久矣。"

——述而篇·第三十五章

子疾病,子路使门人为臣。病间,曰:"久矣哉,由之行诈也!无臣而为有臣。吾谁欺?欺天乎!且予与其死于臣之手也,无宁死于二三子之手乎!且予纵不得大葬,予死于道路乎?"

——子罕篇·第十二章

《论语·子罕》篇第十章,子见齐衰者、冕衣裳者与瞽者,见之,虽少,必作;过之,必趋。孔子看见穿丧服的人、穿戴礼帽礼服的人以及盲人,他们虽然年轻,一定会肃然站起来;经过这些人身边,一定恭谨地小快步走过。

看到家中有丧事的人,生出同情;看到冠戴整齐的官员贵族,仿佛看到国家政府的代表而表情肃静;看到盲人等残疾者,胸怀悲悯;这都是人之常情。孔子能够"必作"、"必趋",依礼而行。所谓礼仪,礼节、礼貌都有一定的行为规范。这方面,孔夫子身体力行,正是行为世范。把孔子典范性的行为记载下来,当然是有意义的。

不过,该篇第九章,刚刚谈到凤鸟不至、河不出图,孔子慨叹自己的一生怕是完了;紧接着在第十章的行文中就谈到了丧服什么的,我感觉这多半是另外有些特殊意味的。《论语》的编纂者也许在提请我们注意:孔夫子这个时候已经年老多病,谁都无可逃遁的死亡就要降临到这位圣人头上了。果然，到该篇第十二章，记载的就是孔子病重的事件。

前面《论语·述而》篇第三十五章，已经记载过一次孔子病重。

子疾病，子路请祷。子曰："有诸？"子路对曰："有之。《诔》曰：'祷尔于上下神祇。'"子曰："丘之祷久矣。"孔子病重，子路请求能为他祈祷。孔子说：有这样的事儿吗？子路回答：有的。《诔》文上说的："为你向天地祈祷。"孔子说：那我早就祈祷过了。

人们病了，希望通过祈祷神灵而能祛病康复，堂堂孔子能不知道这个心理习惯或风习吗？孔子反问满怀急切心情的子路："有这事儿吗？"说明孔子不以为然，压根不信这一套。有病就是有病，和天地神祇有什么关系！如前所述，孔子的理性至高无上，他的无神论是彻底的。当子路一本正经地引用什么《诔》文的时候，孔子说：那我早就在祈祷啦！这分明是在点明：该有病还是有病，祈祷没什么用。

如果说这次孔子病重，他和子路的对话中，还能见出几分调侃，心情不是太沉重；那么到了《论语·子罕》篇第十二章，孔子再次病重，情况就要严重得多。可以说，孔子已经是在直接面对死亡。于是，我们也就由此看到，孔子在面对死亡之际对礼的执著坚守，以及显出的高贵尊严和伟大从容。

子疾病，子路使门人为臣。病间，曰："久矣哉，由之行诈也！无臣而为有臣。吾谁欺？欺天乎！且予与其死于臣之手也，无宁死于二三子之手乎！且予纵不得大葬，予死于道路乎？"孔子病重，子路指派先生的门人弟子充当治丧的臣。病情好转之后，孔子说：仲由搞欺骗，已经太久了啊！我本来不该有治丧的臣却搞出治丧的臣来，让我欺骗谁呢？要欺骗天吗？况且，我与其死在什么治丧之臣的手里，还不如死在你们这些弟子们手里呢！再说，我纵然不能享用诸侯大夫那样隆重的葬礼，莫非我还会死在道路上吗？

从孔子的话语中，完全能够感觉到，对子路的行为，孔子非常生气。简直是疾言厉色。古代，诸侯之死才能有臣。这应该属于严格的礼制规矩。

在孔子所处的时代，许多卿大夫已经在僭行此礼。子路以及众弟子的心目中，夫子完全有资格享受这样的待遇。子路为夫子设臣，足以见出他对夫子的一片崇仰。孔子值得这样大动肝火吗？毋宁对子路太不公平了？

孔子病重，甚至就是病笃。子路设臣，事实上已经进入安排夫子后事准备治丧的程序。孔子的这段话，讲在这样的特殊时刻，完全可以看做是面对死亡的一种言说。

孔子认为自己不够有臣的资格，对子路的僭越行为十分不满。生前不曾越礼违礼，死亡之际，难道可以越礼违礼吗？子路僭行此礼，违背了孔子的意愿，把平生都在克己复礼的孔夫子置于僭礼的地步。这是一种欺世盗名。这是在毁坏孔子一生的操守。难怪孔子为此大动肝火。

孔子这段话，也可以看做是对自己的后事安排，是对自己的最后定位。我就是一个民办私学的老师。我不会死于道路，因为有弟子、有二三子、有你们。孔子不怕死，怕的是死而违礼；孔子宁肯死在学生手里，不肯死在所谓礼仪之臣手里，是对虚荣的看淡，是要和僭礼的卿大夫彻底划清界限。

这是一位求道者对礼的坚守，执著的坚守。

这是一介布衣一贯的尊严，高贵的尊严。

这是一个智者面对死亡的从容，伟大的从容。

"苗而不秀"待后生

【原文】

子曰:"苗而不秀者有矣夫!秀而不实者有矣夫!"

——子罕篇·第二十二章

子曰:"后生可畏,焉知来者之不如今也?四十、五十而无闻焉,斯亦不足畏也已。"

——子罕篇·第二十三章

子曰:"岁寒,然后知松柏之后凋也。"

——子罕篇·第二十八章

《论语·子罕》篇第二十二章,子曰:"苗而不秀者有矣夫!秀而不实者有矣夫!"孔子说:发芽出苗而没有抽穗开花的情况有的吧!抽穗开花而没有成熟结籽的情况有的吧!

在大田庄稼里,不抽穗的肯定有;抽穗而不结实的也肯定有。这不过是作物生长的自然现象,孔子为此而感叹,《论语》记载了这番感叹,到底用意何在?有的注释家认为,孔子这番话是在引物作喻,是说人们的求学治学。这当然也可以。但汉人唐人多以为孔子这番话是为颜渊短命而发,我觉得有道理。

该篇第二十章,子曰:"语之而不惰者,其回也与!"孔子说:听我讲学问,能够始终不懈怠的,大概只有颜回一个人吧!

第二十一章,子谓颜渊,曰:"惜乎!吾见其进也,未见其止也。"孔子评价颜渊说:可惜他死得太早啦!我只看见他不断地进取,从没看见他停滞不前。

连续两章文字是孔子有关颜渊的论说，接着就是孔子谈到**苗而不秀**、**秀而不实**的章节，《论语》编纂者的用意是显然的。或者说，岂止是汉唐学者，早在编辑《论语》的时代，孔门后学就已经这样认为了：颜渊是夫子最喜欢最欣赏并且寄予厚望的学生，颜渊却不幸英年早逝了。孔子对此深为惋惜，不禁浩叹连连。孔子引物作喻，说的就是颜渊。

但有人进一步探讨，颜回的整个情况应属于孔子所说的**秀而不实**；那么，孔子所说的**苗而不秀**又是指谁呢？对此，我们不可妄测，也大可不必索求定解。

如果作为探讨，进行某种推定，我认为孔子所言**苗而不秀**应该不是专指一人。极有可能是指与颜渊同辈的若干入门弟子。他们学得怎么样？他们都有相当程度，堪当种种治国大任。但**不知其仁也**，除了颜渊之外未闻**好学者也**。孔子的评价近乎断然，断定他们确实还没有达到颜渊的程度。

换一个思路，从另外的意义上来理解，人的进步是可能的。来日方长，**苗而不秀**，孰知日后不会开花结籽？在乐观的意义上，也能这样解说夫子的言论：弟子们很多呀！正抽穗的、正凝浆的，都有不少哇！所以，孔子在生命的最后时刻，放眼前程，将希望投注于未来。

第二十三章，子曰："后生可畏，焉知来者之不如今也？四十、五十而无闻焉，斯亦不足畏也已。"孔子说：年轻人是值得敬畏的。怎么能断定后来的人赶不上今天的人呢？如果四五十岁的人还没有名声，这也就不值得敬畏了。孔子的这番话语，在普适意义上理解，也可以。向来的注释家，多是这样解经的。

但尤为可能的是，孔子这番话言有所指。他是面对更年轻的弟子们，给与鼓舞的一种言说。四十、五十年龄的弟子们，在孔子门下有地位，被尊为学长，但夫子已经看出，他们多半是"无闻"的一代。他们传续道统是可能的，但光大儒学的重任，不在尔辈。更年轻的学生，包括再传弟子们，不必被学长们的地位资历压制，他们不足畏。更年轻的学生，在时间上占有优势。恰恰是后生可畏。

第二十八章，子曰："岁寒，然后知松柏之后凋也。"孔子说：到天冷的时候，才能知道松柏是最后落叶的。

这儿，孔子应该不是空发议论，言说一点人所共知的自然现象。孔子是在寄望于更年轻的弟子。

年轻弟子们，后生们，苗而不秀，怕什么？这只是暂时的罢了。你们来日方长，你们才是挺立不凋的松柏。后生可畏，小子勉夫！

"食不厌精,脍不厌细"辩

【原文】

食不厌精,脍不厌细。

——乡党篇·第八章

《论语·乡党》篇第八章,开头是这样两句:食不厌精,脍不厌细。究竟该如何翻译,令人困惑。我手头参看的两种译注本,翻译就全然相左。

杨伯峻先生译作:粮食不嫌舂得精,鱼和肉不嫌切得细。张燕婴先生译作:饭食不贪吃精细的,鱼肉不贪吃细美的。

张先生的翻译有他的道理。不厌,不贪求、不餍足的意思。食不厌精,当然可以理解成"对食物不贪求精细"。况且,孔子在《论语·学而》篇第十四章曾经说过君子食无求饱的话,孔子身为君子,吃饱吃不饱都无所谓,哪里会追求食物的格外精细呢?

但杨伯峻先生的翻译也不能算错。本章文字,说的是斋戒祭祀的特定情况。上一章,讲到了齐必变食,"齐"同"斋"。斋戒的时候,一定要改变平常的饮食。祭祀要求敬诚,对于食物肉类提出更高的要求,不也是应该的吗?

两种翻译,应该说都可以。日常饭食不那么讲究,祭祀的时候对祭品讲究一点,当在常情之中。

但就是《论语》中的这两句话,近一个世纪以来被批孔家揪住不放,就此大做文章,大肆攻击孔子。过来人定当记忆犹新。

新中国成立后的毛泽东时代,是强调阶级斗争学说的时代。这样的学说主宰当代还不算,还要殃及古人。毛泽东喜欢李白,捧哏的御用文人就鼓吹李白。对于杜甫，这样一位为民间疾苦大声疾呼的伟大诗人，毛泽东不喜欢；御用文人就拿"屋上三重茅"来说事，判定其住房高级，把杜甫周纳锻炼成地主阶级。如此种种，适足天下笑。

"文革"中，运动套着运动，特别又掀起了一个全党全军全民批孔的运动。当时百般推崇嬴政，仿佛嬴政不属于贵族地主阶级的代表，倒成了解放农奴的英雄。孔夫子倡导的士文化，与帝王文化暴君暴政势不两立，御用批孔家就百般诋毁孔子，简直无所不用其极。

他们糟蹋诟病孔子，连孔子的出生排行也成了他们攻击的内容，贬称孔夫子是"孔老二"。这哪里还有丝毫学术批判的味道。

上述食不厌精，脍不厌细，自然也被堕落成马屁家的批孔家们揪住不放。孔老二吃东西，太讲究啦！是腐朽的奴隶主阶级呀！

学术，原来正是心术。心术阴邪毒坏，还奢谈什么学术！好比农夫抛弃搅屎棍，且把尔辈扔出我们的学术研讨平台。让我们焚香沐浴、清洁空气，回头捧读《论语》。

《论语·乡党》篇第七章，齐，必有明衣，布。齐必变食，居必迁坐。斋戒的时候，一定有浴衣，是布做的。斋戒的时候，一定要改变平常的饮食，不饮酒、不吃荤；居处也要变动，不和妻妾同房，要居于正寝。

在斋戒敬神祭祖的时候，态度应该是虔敬的，准备的祭品应该是卫生精致的。这有什么奇怪的呢？祭品的洁美，态度的诚挚，才能体现崇敬。在那样特定的场合，包括食不语、寝不言、席不正、不坐（见该篇第十章、第十二章），不正是应该的必然的吗？

便是最普通的老百姓，教育孩子，也要令其站有站相、坐有坐相；吃有吃相、睡有睡相。这不是培植良好生活习惯和日常礼仪的家教内容吗？

在礼崩乐坏的时代，人们的行为举止大大失范。《论语·乡党》篇，记录了孔子若干日常起居行为，以垂范礼仪。平心而论，上述记录并非无关宏旨，其历史意义和现实意义都是深远的。

"翔而后集"的深意

【原文】

色斯举矣,翔而后集。曰:"山梁雌雉,时哉时哉!"子路共之,三嗅而作。

——乡党篇·第二十七章

色斯举矣,翔而后集。曰:"山梁雌雉,时哉时哉!"子路共之,三嗅而作。

这是《论语·乡党》篇第二十七章,即最后一章。乡党篇的所有章节,都是记录孔子平居、斋戒、祭祀、待人接物等践履礼仪的情况。最后一章,记录的事件,及其精神取向,似与通篇其他各章不能统一。《论语》的编纂者当初因何在此摆放这一章,令人费解。本章文字,字面意思不难解;但它究竟在说什么,据说自古以来就没有令人满意的解释。很多人怀疑文字上有脱误,杨伯峻先生取前人解释较为平易者,翻成白话。

译文:(孔子在山谷中行走,看见几只野鸡)孔子脸色一动,野鸡便飞向天空,盘旋一阵,又都停在一处。孔子道:"这些山梁上的雌雉,得其时呀!得其时呀!"子路向它们拱拱手,它们又振一振翅膀飞去了。

杨伯峻先生另外添加了注释。"共",即是"拱";是拱手执礼。"嗅",当是"狊",张开两翅之貌。这样的注释,应该是正确的。不然,就会闹出翻译上的笑话。比如朱熹,也说"共"是拱执之意。有人顺着这个意思解经,竟然说子路抓住了山鸡,烧烤好了请夫子品尝;夫子嗅了嗅,没有吃。

但即便按我们认为正确的翻译,子路不是抓住了山鸡,而是向山鸡行礼,这章文字究竟在说什么?我们还是不得其解。

此前,我读过书法大家林鹏先生的著作《蒙斋读书记》(山西古籍出版社、山西教育出版社 1998 年出版）。其中正好有林先生专门谈"翔而后集"的一篇短文。林先生以书法闻于世，其实他不仅是研究先秦诸子的大家，抑且是一位颇多卓见的思想大家。

我觉得，林鹏先生关于"翔而后集"的分析解说十分有道理。

林先生认为：

> 这种郊游琐事，《论语》记之，盖有深意。后人乱解一气，"子路不达，以为时物而供具之，孔子不食，三嗅其气而起。"连朱熹也认为：共字当为拱执之意。误会乃成谬说，遂至烧烤雌雉，传为笑柄。
>
> 翔而后集，是仔细的观察和生动的描写。孔子由此想到了臣应该择君而事。"鸟则择木，木岂能择鸟？"时哉，时哉！鸟儿是识时务的呀！这种触景生情的感叹，子路领会了。于是向山梁雌雉行礼。共之，就是打拱。

翔而后集，然后又是三嗅而作。飞鸟，雌雉，是一些多么自由的生灵！取舍在他，而行藏在我。合则留，不合则去。有道则见，无道则隐。保持精神人格的自由，是君子士子的生命线。孔子平生孜孜于入世济世，但从来没有低下他高贵的头颅。择主而事，这是士君子永远不会放弃的自由。时哉，时哉！是对自由的赞叹。

——如此说来，这一章，或应该编辑在《论语·微子》篇。是欤非欤？

先进的野人

【原文】
子曰:"先进于礼乐,野人也;后进于礼乐,君子也。如用之,则吾从先进。"

——先进篇·第一章

《论语·先进》篇第一章,子曰:"先进于礼乐,野人也;后进于礼乐,君子也。如用之,则吾从先进。"杨伯峻先生的简体字本《论语译注》是这样来翻译的:先学习礼乐而后做官的,是未曾有过爵禄的一般人;先有了官位而后学习礼乐的,是卿大夫的子弟。如果要我选用人才,我主张选用先学习礼乐的人。

《论语》的原始编纂者可谓惜墨如金。记录夫子的语录,极其简捷,许多语录又往往远离了当初讲话的语境。这确实造成了后人索解的难度。杨伯峻先生的译注,自我介绍是本了刘宝楠的《论语正义》之说而有所取舍。孔子主张"学而优则仕",对当时的卿大夫子弟承袭父兄庇荫、先得其位后学礼仪的情况不满,而有议论焉。这样的翻译注释,当然可以作为一家之言。但这属于预先设定:孔子原本是主张"学而优则仕"的,那么就认定孔子这段话是针对仕进居官者而言的。从而这段话最后一句的"如用之",也就译成了"选用人才"。这样的预先设定,难免属于"先入为主"。这恐怕并非孔子这段话的本意。

以下,我们试着抛开先入为主的思路,看看这段《论语》能否有别样的解释。

"君子",在论语中寻常是和"小人"相对应的概念。这儿,"君子"对应的却是"野人"。当然,"君子"有时也指有地位的人,那么,"野人"就可能是指没有地位的、甚至是居住在边鄙地区的人。

对于这儿讲的君子和野人,他们的礼仪修养、熟知礼乐的程度,一定会有下面的情况:较先熟知礼仪礼乐的,是所谓的野人;号称君子者,恰恰在礼乐研习方面比较落后。孔子摆出这样两种情况之后,要是用人,该用什么人?该做什么选择?那当然要用前者。是为**吾从先进**。

但上述情况,毕竟属于偶然,没有必然性。因为是野人,没有地位、居处边鄙,反而就能熟知礼乐吗?**先进于礼乐,野人也**,孔子的用语口气,是相当肯定的语气。那么,孔子所说的非常可能是当初的一种普遍状况:礼乐制度传承悠久,早已普及整个社会,野人者,其实最先受到礼乐的熏染,看似质朴,却得了礼乐的真谛。至于彬彬君子,对礼乐恐怕倒是一知半解,得其外在皮毛而已。**礼失而求诸野**,这句话说的不就是这个吗?这种情况之下,要做选择,那当然倾向于选择野人。

如用之,则吾从先进,不是说使用什么人来当官。孔子不是什么组织部、干部处的领导,没有举荐官员的职责。孔子在这儿说的是,准备依从谁、依从哪种情况。

我们的探讨推进到这儿,对孔子的这段话,不揣冒昧,我愿捧出自己一点理解。

对于传统的礼乐制度、礼仪范式,我们会有一个渐渐进入它的仪式内部、追寻其所以然的过程。即便我们像是一个什么都不懂的野人,如果能够来个"每事问",这样,我们将有可能较早获知礼乐的真髓,在礼而知礼。另一种情况,则是不问所以然。身为君子,日常接触礼乐的机会很多,却满足于外在地来执行遵从礼仪。这当然也可以,但对礼仪真髓的了解方面却无疑是"后进"的了。

比较而言,我们采用什么态度更好?当然是**吾从先进**。

推进一步,仔细研读,我们还能发现:孔子在这儿说的不是"礼仪",而是"礼乐"。一字之差,不可轻视。一般人,包括彬彬有礼的君子,对礼仪可能熟知，对礼乐却可能是十足的门外汉。

《论语·子罕》篇第十五章，子曰："吾自卫反鲁，然后乐正，《雅》《颂》各得其所。"事实上，恰恰是这位没有官位、没有贵族身份的普通人，出身微贱的孔子，晚年回到鲁国之后，完成了整理音乐的伟大工程。孔子在这方面是先进的，我们对这种评价会有什么疑问吗？

从我们的生活经验也可以得知：具体到礼乐的全部内容，什么礼仪配置何种音乐，如何规范操作，懂行的往往不是场面上参与执礼的君子，倒是礼宾司的普通职员。

要迎宾，要动用礼乐、礼仪招待一位贵宾，我们到底该听谁的呢？

其必曰：**吾从先进**。是为先进的野人。

夫子为颜渊有椁

【原文】

颜渊死，颜路请子之车以为之椁。子曰："才不才，亦各言其子也。鲤也死，有棺而无椁。吾不徒行以为之椁。以吾从大夫之后，不可徒行也。"

——先进篇·第八章

颜渊死，门人欲厚葬之。子曰："不可。"

门人厚葬之。子曰："回也视予犹父也，予不得视犹子也。非我也，夫二三子也。"

——先进篇·第十一章

相比于论及其他弟子，《论语》中记载孔子说到颜渊的语录非常多。其中惋惜颜渊英才早逝的文字占有相当比例。

《论语·先进》篇第九章，颜渊死。子曰："噫！天丧予！天丧予！"颜渊死了，孔子道：唉！上天要我的命呀！上天要我的命呀！第十章，颜渊死,子哭之恸。从者曰："子恸矣！"曰："有恸乎？非夫人之为恸而谁为？"颜渊死了，孔子哭得很伤心。跟从的人说：先生你太伤心了！孔子道：真的太伤心了吗？我不为这样的人伤心，还为什么人伤心呢？

夫子晚年，年已七旬，儿子孔鲤病逝。老年丧子，所谓白发送黑发，痛何如哉？但不见《论语》有这方面的记载。爱徒颜渊之早逝，《论语》则记录了夫子的极度悲恸。孔子那样守中有度的圣者，此刻不再节制隐忍自己的真实情感。七旬老者哭之恸，千载之下令读者心中隐隐作痛。孔夫子真乃至情至性的真人也！

但就是这样一位英年早逝的爱徒颜渊,当颜渊的父亲颜路请求孔子卖掉车子来替颜渊置办外椁的时候,为爱徒之死哭之恸的孔子,却拒绝了这样的请求。该篇第八章,颜渊死,颜路请子之车以为之椁。子曰:"才不才,亦各言其子也。鲤也死,有棺而无椁。吾不徒行以为之椁。以吾从大夫之后,不可徒行也。"孔子说:颜渊有才,孔鲤无才,对我们来说都是儿子啊。我的儿子死了,也只有内棺,没有外椁。我不好步行卖掉车子为他们置办外椁啊。我毕竟曾经当过大夫,不好步行的呀!

孔子不肯卖掉车子给自己的儿子置办外椁,现在又拒绝了刚刚丧却亲子的一位父亲的请求,孔子是不是太忍心了?其实,这牵扯到孔子对待丧葬的态度。孔子主张,丧葬的厚薄,应该"称家之有亡"。即便家称富有,也不能奢靡过礼;家贫,薄葬可也,何必一定要追求厚葬呢?

当然,这肯定不完全是经济拮据与否、家贫与否的问题。事实上,颜渊尽管家贫,但孔子门人乐于资助,结果还是厚葬了颜渊。而孔子在厚葬颜渊既成事实之后,还是责备了那些门人弟子们。

该篇第十一章,颜渊死,门人欲厚葬之。子曰:"不可。"门人厚葬之。子曰:"回也视予犹父也,予不得视犹子也。非我也,夫二三子也。"尽管孔子不同意,门人还是厚葬了颜渊。孔子说:颜回呀,你看待我就像父亲一样,我却不能做到看待你像儿子一样。这不是我的主意,这是你那班同学干的呀!

颜渊得以厚葬,按说符合孔子门下多数人的心情。但孔子对这样的做法是不满意的,对之发出了责备之声。

这里,我们看到了一个坚持更高行为准则的孔子。孔子的爱徒颜渊,生前贫居陋巷不改其乐的颜渊,假如他地下有知,他会在意自己死后有没有外椁吗?硬要让他有外椁,非要厚葬他,那只是满足了普通人的世俗心情,而决非颜渊的追求,乃至有违颜渊的心志。

颜渊虽死,他和老师的心一定是相通的。

孔子也早已仙去,千百年来的后学和夫子的心也是相通的。

再厚的棺椁也会腐朽；孔子关于爱徒颜渊厚葬与否、有椁与否的言论，却穿越时空，留传至今。

　　夫子的言论，不妨说才是他的爱徒颜渊早逝后的真正的不朽棺椁。

子路问难子不语

【原文】

季路问事鬼神。子曰:"未能事人,焉能事鬼?"曰:"敢问死。"曰:"未知生,焉知死?"

——先进篇·第十二章

《论语·先进》篇第十二章,季路问事鬼神。子曰:"未能事人,焉能事鬼?"曰:"敢问死。"曰:"未知生,焉知死?"子路问先生关于服事鬼神的事。孔子说:服事人还没做得来,哪能谈到服事鬼神?子路又说:冒昧地请问"死"是怎么回事?孔子道:还没弄明白"生"的道理,怎么能弄明白"死"呢?

当代翻译家关于这段话的翻译,大略如彼。子路是孔子门下极有特点的学生,突出的特点是好学好问,而且不惮于挨批判。本篇文字的前面几章,连续谈到颜渊之死,接着出现季路问事鬼神,应该属于顺理成章。面对几番病重的孔子,面对颜渊的死亡,大家平常对于生死问题的思考与追问,此刻一定是格外凸显出来。

死,究竟是怎么回事?到底有没有鬼神?人死后,会变成鬼吗?这是人类混沌初开时代的天问;这是每个人曾有的巨大困惑;这是人类对未知世界的探求;这是趋于形而上的思考。子路的发问,具有代表性。也可以说是对夫子的问难。

孔子却没有正面回答。困惑着子路的问题,我相信依然在困惑着他。有的注释家说,孔子的回答非常巧妙。天道远、人道迩。人生现世的问题纷纷攘攘还不曾解决,哪里来得及去谈论鬼神问题?还有的注释家认为:

中人以下，不可以语上。子路等人还理解不了那么高深，不是和他们讲论抽象的形而上问题的时候。言外之意，孔子已经洞察了生死，他是懂得服事鬼神的；他只是因材施教，不给子路进一步阐述罢了。

这样的说法，看似言之成理，其实属于"高推圣境"。事实上，整部《论语》中，孔子始终没有正面或在形而上的意义上讲过鬼神问题。上面这段和子路的对话，可以说孔子是答非所问，孔子是绕着弯儿回避子路的问题。子路和我们一样，对这样的回答不能满意。

让我们大胆拓开一点思路。孔子真的是无所不知吗？孔子回避这样的话题，不妨说是孔子回答不出、回答不好这一问题。这样判断，并不是矮化孔圣人，或者正是正确理解孔子，还孔子以本来的真实面目。

孔子思考过鬼神问题吗？追问过生死吗？回答应该是肯定的。那么，他相信鬼神吗？

有人认为，通过孔子和子路的这段对话，可以判定：孔子并没有明确否认鬼神的存在。是这样的。人们判定什么"有"，不难。只要找出一个实物例证就可以了。而要判定什么"无"，几乎不可能。那必须扫空六合、穷尽宇宙才可以做到。

我们也可以这样说：没有否认，并不就是承认。孔子到底没有明确肯定鬼神的存在。非此即彼的逻辑，在这儿不合用。

在所谓的轴心期时代，在人类蒙昧初开的远古，华夏文明孕育出了孔子这样的伟人。孔子是理性的，诚实的。他没有看到天堂地狱、六道轮回，他就不去虚构。鬼神之事，他谈不来、谈不好，他就不谈。知之为知之，不知为不知，是知也。

孔子的理性引导，在东方，在中国，导致了"敬鬼神而远之"。最普通的老百姓也说：人死如灯灭。孔子清醒的、理性的、现实的言论，事实上否认了鬼神存在，粉碎了神学的基础。

子不语。正是子之语也。

接下来《论语·先进》篇第十三章，闵子侍侧，訚訚如也；子路，行行如也；

冉有、子贡，侃侃如也。子乐。"若由也，不得其死然。"几个心爱的弟子陪侍在一边，闵子骞是一副恭敬正直的样子；子路，刚强的样子；冉有和子贡，和乐的样子。孔子非常高兴。但又说：像仲由这样子，恐怕会死于非命吧。

在这儿，孔子谈到了爱徒子路的未来可能的结局。事实上，子路后来确实是不得其死。孔子有预见未来的超能力吗？恐怕不是。他只是根据子路的性格，作出了可能的推断。

子路是向孔子询问过生死问题的。孔子没有回答，也无法回答。这样的问题，需要每个人自身去参悟和面对。

子路在面对死亡之际，知生知死了吗？

我们只知道，子路慷慨赴义，死得尊严。

他不愧是孔子的爱徒，无愧于士子的名堂，这就够了。

没有天堂，没有地狱。在史书上、在煌煌经典中，子路赢得了他的永生。

"鸣鼓而攻"的震怒

【原文】

季氏富于周公,而求也为之聚敛而附益之。子曰:"非吾徒也。小子鸣鼓而攻之,可也。"

——先进篇·第十七章

《论语·先进》篇第三章,排列出了所谓孔门十哲。德行:颜渊,闵子骞,冉伯牛,仲弓。言语:宰我,子贡。政事:冉有,季路。文学:子游,子夏。

其中,冉有、子路二位列在政事。然而就是在先进篇,孔子对冉求发出了极其严厉的批评,批评的恰恰是冉求的为政。

《论语·先进》篇第十七章,季氏富于周公,而求也为之聚敛而附益之。子曰:"非吾徒也。小子鸣鼓而攻之,可也。"季氏比周公还富有,而冉求还要为他聚敛以增加更多的财富。孔子说:冉求不是我们的人。你们学生们可以大张旗鼓地攻击他。

孔门弟子人才济济,孔子并不一般地反对大家从政。在《论语·雍也》篇第八章,曾有季康子问。季康子问过仲由和子贡可否治理政事之后,问到了冉求。当时,孔子爽然回答:求也艺,于从政乎何有?冉求多才多艺,对于治理政事有什么难的呢?

后来,冉有果然做了季氏的家宰。对于这个弟子服务于权臣季氏,孔子当做是其个人的选择,并没有什么褒贬。在《论语·八佾》篇第六章,即季氏旅于泰山一章,记载了季氏僭礼祭泰山、冉有不能阻止的事件。那次,孔子的言语中,有责备冉有的意思,毕竟没有公然批评冉有。季氏在鲁国专权,有种种僭礼行为,恐怕不是冉有可以阻拦得了的。

这一次，情况变得要严重得多。季氏已经比周公还富有，此时要推行新的田赋制度，以增加赋税，加重对民众的盘剥。作为家宰的冉有，不仅没有阻止，还帮忙聚敛。孔子再也不能容忍，非常愤怒。冉有他不配做我的徒弟！不是我们的人！学生众人可以大张旗鼓来攻击他！

孔子自己说过，富而可求的话，自己去执鞭干活都可以。那么，对于冉求从政、出仕，除了实现政治抱负，"禄在其中"，做官领薪俸，也是可以理解的。但是，作为孔门弟子，不能丧失原则立场。为虎作伥，绝对不可以谅解。对于冉求的行为，孔子的言辞异常激烈。我们没有见过孔子对任何别的弟子曾有这样严厉的批评指责。孔子简直是震怒了。

读书至此，我们难免会生出一点联想：温而厉、威而不猛，温、良、恭、俭、让的孔子，原来也有震怒的时候。有快人快语的时候，有率性的一面。

孔子的这次震怒，应该还有余波，下文对此有所呼应。

请看该篇第二十四章。**季子然问："仲由、冉求可谓大臣与？"子曰："吾以子为异之问，曾由与求之问。所谓大臣者，以道事君，不可则止。今由与求也，可谓具臣矣。"曰："然则从之者与？"子曰："弑父与君，亦不从也。"**

季子然问孔子：子路、冉有可以称得上是大臣吗？孔子说：我还以为你问的是别人呢，原来是问仲由和冉求啊！所谓大臣，按照道义来侍奉君主，如果行不通，宁可辞职不干。如今仲由和冉求这二位，可以说是有些才具的臣属吧！季子然接着问：那么，他们是完全服从上级的人吗？孔子回答：如果上级弑父弑君，那是不会服从的。

这儿，说的是子路和冉有，孔子强调的其实是为臣的准则。在孔子的眼里，冉求有些才具，有点从政能力，并且不会无条件服从，但他最终不过只是一名具臣而已。他远远够不上大臣的标准，那就是他远远没有做到**以道事君，不可则止**。

如果说，孔子前面的震怒，是在弟子们的圈子里，是一种私下的表态，那么，面对季子然的询问，孔子是将自己对冉求的评价公诸于整个社会了。

孔子，作为自外于体制的贤哲，作为冉求的先生，责无旁贷地督察着自己的学生。孔子对冉求的评价，是客观的，也是严厉的。这是对为政者的评判；这是对权力的监督。

"善人之道"探讨

【原文】

子张问善人之道。子曰:"不践迹,亦不入于室。"

——先进篇·第二十章

子曰:"圣人,吾不得而见之矣;得见君子者,斯可矣。"

子曰:"善人,吾不得而见之矣;得见有恒者,斯可矣。亡而为有,虚而为盈,约而为泰,难乎有恒矣。"

——述而篇·第二十六章

子曰:"'善人为邦百年,亦可以胜残去杀矣。'诚哉是言也!"

——子路篇·第十一章

《论语·先进》篇第二十章,子张问善人之道。子曰:"不践迹,亦不入于室。"子张问作为善人的准则。孔子说:善人不踩着别人的脚印走,学问道德也难以到家。

对于子张的询问,孔子的回答极为简捷。一般译注家的翻译也只是流于字面。到底什么是善人之道?当初问话的子张,可能明白了;而我们,当代的读者,看了这样的译文,却依然不得明白。"不踩着别人的脚印走,学问道德也难以到家",这怎么就能成为善人之道呢?对这章《论语》,有必要作进一步的探讨。

首先,原文中的入于室,翻译家们多是沿用了该篇第十五章关于入室的解释。

第十五章,子曰:"由之瑟奚为于丘之门?"门人不敬子路。子曰:"由也升堂矣,未入于室也。"孔子说:仲由弹琴的水平,哪里能在我的门下弹奏呢？学生们于是因此有点瞧不上子路。孔子又说：仲由嘛，他的学问（或包括弹琴）已经算是不错了，只是还不够精深到家吧。

"入室"，沿用上面的解释，得出的结论是：善人的学问道德难以"到家"。那么，这样水准的人，怎么能够称得上是"善人"呢？

善人，究竟是指什么样的人呢？我们有必要先来弄清善人的概念。

整部《论语》提到善人，共有三次。

一次，是在《论语·述而》篇的第二十六章。

子曰："圣人，吾不得而见之矣；得见君子者，斯可矣。"

子曰："善人，吾不得而见之矣；得见有恒者，斯可矣。亡而为有，虚而为盈，约而为泰，难乎有恒矣。"

孔子说：圣人，我不能见到了；能够见到君子，就可以了。

孔子说：善人，我不能见到了；能够见到有恒心向善的人，就可以了。没有却装作有，空虚却装作充实，穷苦却装作富有，这样的人是难以有恒心向善的。

这里，孔子在圣人之后论及善人，善人即便达不到圣人的修养高度，但孔子依然不得而见。而且原文说得分明，善人的修养相当高，高于"有恒者"。怎么能把善人说成"道德学问难以到家"呢？

到《论语·子路》篇第十一章，孔子又一次讲到了善人。子曰："'善人为邦百年，亦可以胜残去杀矣。'诚哉是言也！"孔子说：有人说过这样一句话，"善人治理国家一百年，也就可以克服残暴消除杀戮了。"这话说得真对呀！

能够克服残暴、去除虐杀，是为善人治国的效果。道德学问不到家，怎么可能？至此，我们可以认为：当代译注家们对"善人之道"的理解上有了偏差，造成了翻译的不准确。

参看南怀瑾先生的《论语别裁》，南先生则将善人解为当今意义上的慈善者。做善事，应该是怎样的态度？不要"践迹"，不要为着表演，不要有为着让人看到善举的心态。也不要"入室"，则是不要拘泥于内，硬把自己绑定在善人的名堂里。

南先生言之或许成理。但我们还是不解：这样的善人，夫子缘何不得而见呢？这样的善人，如何就能让一个国家胜残去杀呢？

对于言说"善人之道"的该章文字，诸多译注家的翻译和解说都不能令人满意。笔者有自己的一点浅见，呈诸文字，作为探讨。

首先，**善人为邦百年，可以胜残去杀**；善人不是"道德学问不到家"，而是相当到家。孔子对善人的评价，只是低于圣人罢了。其次，《论语·述而》篇第二十六章，是理解**不践迹、亦不入于室**的关键。孔子自承，对圣人、善人都是不得而见。对于圣人，比如文武周公，尚且有文献考据；孔子对他们的了解，可谓"践迹"。践迹，应该是这个意思。而对于善人，非常可惜，没有典籍文献可考，是为**不践迹**；因而孔子对善人也就没有机会研究到家，是为**亦不入于室**。

所以，**不践迹，亦不入于室**，孔夫子在这儿说的是自己。是自己对于善人研究的真实情形。

孔子对子张的问题，其实是没有很好回答。

孔夫子倡导知之为知之，不知为不知，这应该又是一个典范例证。

"克己复礼"说

【原文】

颜渊问仁。子曰:"克己复礼为仁。一日克己复礼,天下归仁焉。为仁由己,而由人乎哉?"

颜渊曰:"请问其目。"子曰:"非礼勿视,非礼勿听,非礼勿言,非礼勿动。"

颜渊曰:"回虽不敏,请事斯语矣。"

——颜渊篇·第一章

《论语·颜渊》篇第一章,颜渊问仁。子曰:"克己复礼为仁。一日克己复礼,天下归仁焉。为仁由己,而由人乎哉?"

颜渊曰:"请问其目。"子曰:"非礼勿视,非礼勿听,非礼勿言,非礼勿动。"

颜渊曰:"回虽不敏,请事斯语矣。"

这段《论语》,一般的翻译是这样的——

颜渊问什么是仁。孔子说:"约束自己而遵守礼的规定就是仁。一旦能做到约束自己而遵守礼的规定,天下人就会称许他是仁人。修行仁德全靠自己,难道是靠别人吗?"

颜渊说:"请问修行仁德的具体条目。"孔子说:"不合礼的不去看,不合礼的不去听,不合礼的不去说,不合礼的不去做。"

颜渊说:"我虽然不聪敏,请让我按照这话去做吧。"

仁和礼,是孔子儒学理念的核心。这里,孔子提出"克己复礼为仁",第一次对"仁"作出了明确的解释,同时界定了仁和礼的相互关系。但如上所列，一般的翻译只是在"依文解经"，让人有些不得要领。

一日克己复礼，天下归仁焉。这句话尤为令人困惑。天下归仁究竟说的是什么呢？某人做到了克己复礼，天下人就称许某人是仁人。孔子说的果然是这个意思吗？天下归仁，无疑还有"整个天下归于仁道"的意思。孔子的原话或许是说：一旦做到克己复礼，整个天下就能归于仁道。克己复礼，是如此重要，我们不能不对之作出进一步的解析。克己，是约束自己；那么复礼呢？仅仅是某人"遵守礼的规定"吗？原文为什么不说"尊礼"，恰恰说的是"复礼"呢？

孔子在这儿用语非常明确，不是尊礼，而是复礼。孔子所设想的道德社会，是一个礼治社会。复礼，就是恢复周公之礼。在孔子眼里，周公制定的周礼，十分完备，十分文明。礼，就是因袭夏商王朝而来的文化传统，就是华夏民族延续千年共同创建的规则体系，甚或就是整个社会都在遵循的至高无上的法规。在孔子所处的时代，这个规则体系遭到了破坏。恢复这个体系，"复礼"，成为孔子关注的核心。一旦恢复礼治，整个社会整个天下将归于仁道。

所以，我认为：孔子说的是天下事。说的不是某些个人的道德修养问题。某些个人，比如孔子、比如颜渊，道德修养达于完备，整个天下就能变成道德社会吗？孔夫子不会那么天真。那只是后世"依文解经"的书生之见。要想天下归仁，必须整个天下"复礼"。制度建设的重要性，先于并且高于个人修养，这个道理应该属于常识。

但要想整个天下归仁，需要整个天下"复礼"，这样宏伟的事业从何着手呢？其关键在于"克己"。而关键中的关键，首先是天子、诸侯国君个人的"克己"。他们不来"克己"，整个天下的"复礼"就是不可能的。

当然，这里也同时出现了一个"从我做起"的问题。颜渊的发问，孔子的回答，师生二人心有灵犀，对此有了通透的理解。要建立天下归仁那样的道德社会，"复礼"需要仁者"克己"，有赖于我们的不懈努力。为仁由己，而由人乎哉？难道那样的社会能自己从天上掉下来吗？难道是由于什么人的恩赐吗？

肩负民族文化道统传承的伟大使命的孔子，敏感地乃至天才地预感到了王权专制即将降临中华大地。老先生奔走天下、整理经典，就是要力争把我们民族创建的合乎礼治的规则体系，推广开来、留传下来。

孔子奔波呼号，到底没有能够阻挡王权专制的出现；王权专制焚书坑儒，却也到底没有能够消灭儒学传统与士文化。两者之间的生死搏战始终没有停止过。士文化经历了现当代近百年残酷的打击，竟然传留一线生命，不能不说近乎一个奇迹。

问政子贡明白否

【原文】

子贡问政。子曰:"足食,足兵,民信之矣。"子贡曰:"必不得已而去,于斯三者何先?"曰:"去兵。"

子贡曰:"必不得已而去,于斯二者何先?"曰:"去食。自古皆有死,民无信不立。"

——颜渊篇·第七章

子贡问政。子曰:"足食,足兵,民信之矣。"

子贡曰:"必不得已而去,于斯三者何先?"曰:"去兵。"

子贡曰:"必不得已而去,于斯二者何先?"曰:"去食。自古皆有死,民无信不立。"

以上是《论语·颜渊》篇第七章子贡问政的内容。说是文言文,接近于古白话,应该说是明白如话。但由于对关键词"足食、足兵、去兵、去食"的不求甚解,仅依字面来翻译,当代译文却反倒让人读得糊涂起来。杨伯峻先生的译文是这样的——

子贡问怎样去治理政事。孔子道:"充足粮食,充足军备,百姓对政府就有信心了。"

子贡道:"如果迫于不得已,在粮食、军备和人民的信心三者之中一定要去掉一项,先去掉哪一项?"孔子道:"去掉军备。"

子贡道:"如果迫于不得已,在粮食和人民的信心两者之中一定要去掉一项,先去掉哪一项?"孔子道:"去掉粮食。(没有粮食,不过死亡,但)自古以来谁都免不了死亡。如果人民对政府缺乏信任,国家是站不起来的。"

译文应该说是非常严谨。字句对应，并无舛错。然而，我们读过这样的译文，却是不能明白；岂止不能明白，简直是大惑不解。

国家，诸侯国，邦国，方国，国家大事，不过耕战。所以，足食、足兵翻译成"充足粮食、充足军备"是可以的。以下，子贡和孔子所说的国家遇到的"迫不得已"的情况是什么情况？无非是两种可能，一种是战争，一种是灾荒。已经有研究家指出，包括我们按常情推论，前一种情况不合逻辑。国家遇到战争，怎么可能去掉军备呢？

于是就只剩下后一种情况，也就是国家遇到了灾荒。如何应对灾荒、并且坚持取信于民？孔子开出的方子是两条：第一去掉军备，第二去掉粮食。

在孔夫子开出上述两条方略之后，再无下文。看来提出问题的子贡，得到了明确的答复。子贡本人是明白了。我们看了原文，并且参看了翻译，却实在不能明白。

不论国家遇到战争还是灾荒，抑或是遇到了另外的迫不得已的情况，一个邦国方国去掉军备是怎么回事？去掉粮食更加令人莫名。是烧掉粮库？还是扔掉粮食？去掉军备和粮食之后，政府怎样就获得了老百姓的信任？国家怎样就能保证了安全与存在？参看朱熹的《四书章句集注》，更加莫名其妙。自古皆有死，民无信不立，竟然解释成"大不过一死，民众百姓也要信任政府"的意思。《论语》的历代注释家，多少年来提供出的是这样一笔看似明白的糊涂账。

令人高兴的是，当代大家林鹏先生，数十年博览群书、手不释卷，遍翻古籍，终于爬梳出了言之有据的答案。林先生找出了《汉书·刑法志》的一段原文："殷周以兵定天下……因井田而制军赋……有税有赋。税以足食，赋以足兵。"子贡问政，孔夫子讲的足兵、足食，说的是这个。儒家主张取民有制。按制度定规收取赋税，是取信于民的基本要求。子贡提出遇到迫不得已的非常情况，孔夫子讲的"去兵、去食"，说的还是这个。遇到大灾荒，先蠲除老百姓的军赋；还不行，那就"去食"，免除当年的田税。没有当年的税收，依靠税收开饭的当局，官吏和贵族们怎么办？没有饭吃，

第五十六篇

顶多不过是饿死；然而即便饿死，也不能违背"取民有制"，不能失信于民。

在此，孔夫子是极而言之。是对治理国家的当局指出了治国的要害：无论如何要取信于民。其实，贵族老爷们哪里会饿死呢？他们不要过分贪得无厌，能够多少体恤一点民情，就够好的了。

《论语·颜渊》篇第七章子贡问政的翻译注释，自古以来的糊涂账，至此终于得以厘清。这是先秦古典研究正确解经的一个具体成果。这是值得我们庆幸的事情。

林鹏先生参阅的是 1980 年中华书局出版的杨伯峻的《论语译注》。该书数年间印数达十六万册。林鹏先生指出译注中关于"去兵、去食"的含糊注释，严肃撰文纠正并正式出版《蒙斋读书记》，是在 1998 年。

我开始读论语，本的是 2006 年中华书局出版的杨伯峻先生的《论语译注》简体字本。印数九万五千册。另外参看过张燕婴先生的《论语》注释本，该书也是中华书局于 2006 年出版，印数十六万册。从 1980 年到 2006 年，二十六年过去了；从林鹏先生 1998 年提出"去兵去食"的正确翻译解释，八年过去了。错误的、或者是含糊不清的翻译，依然那么存在着。

两千年前问政的子贡明白了，两千年下的我们却糊涂着。感慨系之；感慨系之而已。

从辛亥革命到现在，是整整一百年。这一百年，从某种意义上讲，几乎是不肖子孙大肆破坏传统、诋毁传统经典的一百年。时至今日，我们终于可以坦然阅读古来经典，而不必再恐惧受到批判讨伐。这中间，翻译家和译注家们，做了非常宝贵的工作，功莫大焉。译注工作方面，如果能够倾听各种意见、博采众长，力争做到少出舛错、有错必纠，则将对古典的传承大有裨益，建无量功德。

片言折狱是片面断案吗？

【原文】

子曰:"片言可以折狱者,其由也与?"

子路无宿诺。

——颜渊篇·第十二章

《论语·颜渊》篇第十二章、十三章,孔子谈到听讼折狱。

第十二章,子曰:"片言可以折狱者,其由也与?"子路无宿诺。

这一章,两句话。杨伯峻先生的译注本把第一句用引号标定为孔子的话,这应该没有问题。第二句判定不是孔子的话,而是《论语》编纂者对子路的客观评断,依据的是古来的惯常注释。白话翻译则是这样的——孔子说:"根据一方面的语言就可以判定案件的,大概只有仲由吧。"子路从不拖延诺言。

子路,位列孔门十哲,居于政事科。从政、执政,一定会有听讼折狱也就是听取诉讼判断案情的工作。"片言折狱",翻译成"只是听取一方面的语言就可以判决案件",让人难以苟同。打官司一般都有原告被告所谓"两造",子路怎么可以只听一方面的言辞就来断案?他就是这样处理案件成为孔门高足的吗?他是有什么特异功能的天才吗?如果不是,单听一面之词难道不会造成冤假错案吗?孔子对那样轻率、草率断案的子路,评价的语言也太客气了吧。

所以,"片言折狱"应该有别样的翻译。一个,可能是指并不那么繁冗的讼词、证词,子路能抓住关键要害语言来断案。一个,可能是说子路断案下结论,不啰嗦,三言五语,快刀斩乱麻,切中肯綮。因而,片言折狱在这儿不存贬义，倒是褒义，说的是一种能力。

当然，这也从侧面反映了子路的个性，慷爽、直率。对于弟子这样的个性，孔子是欣赏的，尽管不是一味肯定。至于**子路无宿诺**，从不拖延兑现诺言，说的还是子路的鲜明个性和言行特征。承诺了，就去干。言必信、行必果。这与"片言折狱"体现出来的风格是一致的，有其内在的性格统一性。

讲到折狱、听讼的话题，夫子想的当然更加深远。

第十三章，子曰："听讼，吾犹人也。必也使无讼乎！"孔子说：听讼判案，我跟别人的本事差不多。一定要使人们没有诉讼才好啊！

孔子做过鲁国司寇，当然审理过刑讼案件。说到听讼判案，孔子自谦，同别人差不多。孔子考虑的是怎样能够让整个社会根本就没有诉讼发生。那样的社会，无疑就是孔子理想中的道德社会。怎样实现那样的理想？早在《论语·为政》篇第三章，孔子就阐述过如何以德去刑，那就是**道之以德，齐之以礼，有耻且格**。那是一个礼治社会，人民依循礼法生活而不需要刑律处罚恐吓。

孔子说的还是**一日克己复礼，天下归仁**的话题。

建立道德社会，依礼治国，这是东方圣哲心目中的理想国。

片言折狱、断案如神，毕竟已经落于下乘；怎样才能从根本上做到整个社会"无讼"呢？这或者永远都只能是一个理想。

没有希望的社会，将是一座活地狱。而没有理想的民族，将永远没有希望。

有子到底是不是帮凶

【原文】

哀公问于有若曰:"年饥,用不足,如之何?"

有若对曰:"盍彻乎?"

曰:"二,吾犹不足,如之何其彻也?"

对曰:"百姓足,君孰与不足?百姓不足,君孰与足?"

——颜渊篇·第九章

《论语·颜渊》篇第九章,是饥年用度不足而鲁哀公请教有若帮他想办法的文字。有若,就是《论语》中多数情况下受到尊称的有子。

哀公问于有若曰:"年饥,用不足,如之何?"

有若对曰:"盍彻乎?"

曰:"二,吾犹不足,如之何其彻也?"

对曰:"百姓足,君孰与不足?百姓不足,君孰与足?"

这段对话,杨伯峻先生翻译如下——

鲁哀公向有若问道:"年成不好,国家用度不够,应该怎么办?"

有若答道:"为什么不实行十分抽一的税率呢?"

哀公道:"十分抽二,我还不够,怎么能十分抽一呢?"

答道:"如果百姓的用度够,你怎么会不够?如果百姓的用度不够,你又怎么会够?"

这段对话的翻译,遇到一个关键字:彻。彻,即彻法,是古代征收田税的一种税制名称。一般认为,彻法的税率是十分抽一。但早于孔子所处的春秋时代,就有古老的彻法。"彻"字,有"取走"的释义。古时也有过管理者把田里的出产全部拿走然后再分配口粮的情况，那当然也叫"彻"。有若给哀公出主意，请哀公使用彻法，究竟是不是建议哀公采用十分抽一的税率？弄清这个非常关键。因为，这牵扯到的是一个重大原则问题：

在"年饥"的时候，有若究竟是考虑减轻农民的负担，让哀公减少田赋？还是不管农民死活，只考虑哀公的用度不足，要增收田赋？由之，也将牵扯到在这件事情上，我们对有若的评价。他是广大民众利益的代言人？还是统治者鲁哀公的帮凶？

从哀公所提的问题可以看出，这儿所说的年饥，用不足，不是抽象讲谈理论问题，不是虚拟情况来谈应对政策。而是说的实际情况。年饥，是鲁国真的遭了灾荒；国家财政遇到困难，哀公用度不足，于是请有若出主意。

有若回答说：你何不改用彻法来征收赋税呢？

这就必然牵扯到对彻法的理解。

从杨伯峻先生到张燕婴先生乃至到南怀瑾先生，都认为彻法是"十分之一"的税率。海峡两岸各位解经家注释家，在这一点上取得了高度一致。

有若出的是这样的主意，那么哀公一定会大惑不解，提出反诘。如今税率是十分之二，我尚且不够用；你竟然说让我只征税十分之一！

往下，由于解经家注释家先入为主，认定有若是孔子的学生，一定是要给民众争取权益，希望老百姓减轻负担，所以只能硬着头皮继续解释。有若对哀公的反诘，这样回答：少征税好啊！少征税，老百姓就富足了；老百姓富足了，于是哀公你也就富足了，你的用度不足的问题就迎刃而解了。

这样注释，仿佛很圆满。有若毅然为民请命，而哀公格外听话。有若说要少征税，哀公就同意少征税。因为他被有若说服了，甚至是感动了。老百姓日子好过，国君的日子自然也就会好过起来。事情的解决，原来是这样简单方便啊！

但我们难以满足于这样的注释翻译。

年饥，不是秘密。鲁国遇到灾荒，鲁哀公知道，有若也知道。鲁国采用十分之二的惯常税收办法，由于税收总量减少，鲁哀公因之用度不足，不能养活官僚体系和军队，有若对这个是清楚的。要说有若不了解鲁国实行的税制，是说不过去的。这时，鲁哀公请有若想办法、出主意。有若说，十分之一的税收就最好了，就能解决问题。多征税，你的用度不足；少征税，你的用度就足够了。世界上有这样的道理吗？这是一场文字游戏滑稽剧吗？是有若的智商出了问题，还是他把哀公当猴耍？

这个时候，有若建议鲁哀公改用彻法，这个彻法一定不是十分抽一。可是，从古到今的研究家、注释家，多是沿袭旧说。我们确实是遇到了巨大的困难。

好在千部一腔的时节，有一个不同的声言。

林鹏先生的《蒙斋读书记》当中，有一篇文章《彻法论稿》，谈到了彻法。林先生遍翻史书，积年研究，得出几点极有见地的结论。

一、不能看见十分抽二，就把"彻"认定是十分抽一。

二、彻法有古今之分。古来确实有过只抽十分之一的情况，但也有全部拿走的情况。

三、彻者彻也。彻就是取。取走，拿走。春秋时代各国纷纷变法，征收税赋有贡、有助、有彻。这时的彻，就是借用古制的名堂推行新法，农田的出产大部分拿走。二分抽一乃至三分抽二。

四、哀公是食贡的，他不直接经营农业，不直接征收田税和军赋。是把持权力的季氏三家直接征税，给哀公一定的贡赋。此时的哀公尽管食贡，不直接收税，但依然形式上负责颁发政令。

五、这段话中的"百姓"，又是个关键词。它不是我们当代理解意义上的普通老百姓。百姓，不是缴纳田税的种田人；恰恰是百官，是征收田税者。《史记·五帝本纪》，"百姓昭明，合和万国"，百姓指的就是百官。

参考过林鹏先生的研究成果，我们对鲁哀公和有若的这段对话就易于理解了。有若给哀公出的主意，就是下令改用彻法。哀公的话，二,吾犹不足,如之何其彻也？吾犹不足后面应该是句号。"眼下施行的是十分抽二的税率，我还是不够。你提出彻的办法，将是个什么情况呢？"下面，有若的回答非常明确：你就让那些负责征税的"百姓"亦即百官采用彻法吧。他们多征了，满足了，多给你些贡赋，你才能够满足呀！他们不满足，哪里会多给你贡赋、你哪里会满足呢？

林先生所说，尽管也只是一家之言，但言之有据。至此，这段《论语》的翻译解释才比较合理，合乎逻辑，也合乎当时应对的语境。

哀公请教有若，有若是忠实地给哀公出主意的。他明白当时的国家税收制度，他压根就没有替农民、农夫、种田人、纳税者考虑分毫。

参看该篇第七章，在国家遇到灾荒的时候，孔子的主张是"去兵、去食"。免除兵赋，进而免除田税，主政者即便饿死也要取信于民。面对事实上的灾荒，有若却是建议鲁哀公动用彻法，增加税收。

至少，在有若应对哀公这件事上，有若不是民众的代言人，恰恰是充当了统治者的帮凶。

"成人之美"的现身说法

【原文】

子曰："君子成人之美，不成人之恶。小人反是。"

——颜渊篇·第十六章

《论语·颜渊》篇第十六章，子曰："君子成人之美，不成人之恶。小人反是。"孔子说：君子成全别人的好事，不促成别人的坏事。小人却和这相反。

孔子的许多语录，都具有格言的性质。上面孔子这句话，应该说具有普遍意义。应该成为君子的言行法则之一。

但《论语》的编纂者所以将这段话编辑于此，又是有意味的。与前后篇章有着内在的有机联系。

《论语·先进》篇第十七章，冉求为季氏聚敛，孔子叫弟子们对其鸣鼓而攻之。冉求的做法，分明就是成人之恶。《论语·颜渊》篇第九章，有若为鲁哀公出主意，建议哀公用彻法来加重民众负担。有若的行为，就更是成人之恶。

不要成人之恶、而要成人之美，孔子并没有停留在空发议论、发布格言，而是身体力行，扎扎实实地这样做。以下几章文字，记录了孔子的现身说法。

《论语·颜渊》篇第十七章，季康子问政于孔子。孔子对曰："政者，正也。子帅以正，孰敢不正？"季康子向孔子询问国政的事。孔子对答道：政字的意思就是端正。你自己带头端正，谁敢不端正呢？

居上位的执政者，正直、正派、正确、端正、刚正、明正，实在是最重要的。孔子这是用发问的方式给季康子讲述肯定的道理。

第十八章，**季康子患盗，问于孔子。孔子对曰："苟子之不欲，虽赏之不盗。"** 季康子苦于盗贼作害，向孔子求教。孔子对答道：假如你不贪求太多的财富，就是奖励偷抢，他们也不会干。

盗贼作害的根源在哪儿？盗贼是怎样产生的？统治者的私欲，对财富的贪求，造成社会财富分配不公的现实。这才是问题的症结所在。

第十九章，**季康子问政于孔子曰："如杀无道，以就有道，何如？"孔子对曰："子为政，焉用杀？子欲善而民善矣。君子之德风，小人之德草。草上之风，必偃。"** 季康子向孔子请教国政说：如果杀掉坏人，亲近好人，怎么样？孔子对答说：你要治理国政，哪里用得着杀戮？你喜欢从善，民众也就会从善了。正派执政者的道德好比风，普通民众的道德好比草。风朝哪面吹，草向哪面倒。

掌管生杀大权的统治者，总是过分迷信权力。仗恃严刑峻法，乃至嗜杀成性。而且把他们的杀戮对象，污蔑为"无道"，把残酷的杀戮，标榜为"有道"。孔子理想中的道德社会，统治者带头遵循至高无上的礼法规矩，依礼治国，根本不需要杀戮。

以上连续三章，可以说连篇累牍记载了孔夫子对季康子的耳提面命。在鲁国，季氏专权，炙手可热。即便面对这样的为政者，孔子依然知不可为而为之。你不来求教则罢，你求教到跟前来，孔子同样诲人不倦，同样**有教无类**。你要正派。你不可贪婪。你不能迷信杀戮。大气堂堂，言之铮铮。

孔子怀着大悲悯，谆谆说教，不厌其烦。不啻是对**成人之美，不成人之恶**来了一次现身说法。

女为君子儒，无为小人儒。 此时此刻，诚夫子不言之言也。

樊迟学稼的易位思考

【原文】

樊迟请学稼。子曰:"吾不如老农。"请学为圃。曰:"吾不如老圃。"

樊迟出。子曰:"小人哉,樊须也!上好礼,则民莫敢不敬;上好义,则民莫敢不服;上好信,则民莫敢不用情。夫如是,则四方之民襁负其子而至矣,焉用稼?"

——子路篇·第四章

《论语·子路》篇第四章,"樊迟学稼",是《论语》中非常有名的段子。曾经被批孔家揪住不放,当做攻击诟病孔子的重磅论据。

樊迟请学稼。子曰:"吾不如老农。"请学为圃。曰:"吾不如老圃。"

樊迟出。子曰:"小人哉,樊须也!上好礼,则民莫敢不敬;上好义,则民莫敢不服;上好信,则民莫敢不用情。夫如是,则四方之民襁负其子而至矣,焉用稼?"

樊迟请求学种庄稼。孔子说:我不如老农民。樊迟又请求学种菜蔬。孔子说:我不如老菜农。

樊迟退了出去。孔子说:樊迟真是个小人!居上位的人喜好礼仪,百姓就没有人敢不尊敬;居上位的人喜好道义,百姓就没有人敢不服从;居上位的人喜好信实,百姓就没有人敢不诚实。如果能这样,四方百姓就会背负着襁褓中的子女来投靠了,哪里用得着亲自种庄稼呢?

批孔家揪住这段话,说这是孔子鄙视劳动人民的铁证。他们以劳动者的代言人自居,一派正义在手的架势,秉承的不过是阶级斗争学说,动不动给人划成分那一套。这且不去说它。我们在学术研讨的意义上来分析这一章节，也能感觉到其中的吊诡之处。

孔子尽管多能，多才多艺，却并不会种地种菜，在这段会话中我们得到了进一步的证实。孔子对樊迟的请教，回答非常诚恳。不如老农、老圃，就公开承认不如。孔子兴办私学，也没有教授农耕技术这样的课程。樊迟对这些应该是清楚的。那么，樊迟为什么会突然提出要学习种地种菜？在上一篇，即《论语·颜渊》篇的第二十一章，樊迟向孔子请教崇德、修慝、辨惑的问题，孔子首先评价说善哉问，夸奖樊迟的问题问得好。此后，《论语》还记载了几次樊迟问仁，樊迟对仁学、对修身，应该说是好学多思。此刻突然提出要学习种地种菜，确实让人感到有些突兀，甚至是怪哉。

樊迟果然是要学习种地种菜吗？我们不妨站在他的角度来作一回思考。孔子讲过用之则行、舍之则藏的话，还讲过天下有道则见、无道则隐的话。如今天下无道，至少是夫子的大道不能风行。学生们除了少数人如子贡，善于经商；如冉求，出仕从政；其他人怎么办？极而言之，多数人确实会面对一个基本的也是严峻的问题：如何生存下去。大家藏起来，过隐居的生活，吃什么？如果回家种地糊口，不需要学习农耕技术吗？

这样替樊迟设想一回，他的问题就不再显得那么突兀怪哉了。但他没有展开自己的问题，没有申说提出问题的远因，贸然请教如何种地种菜，孔子自然觉得突兀而莫名。认为樊迟即便不属于离经叛道，至少也是脑子发昏。于是，这就引出孔子的一番议论来。

然而，由于师生之间没有达到良好沟通，孔子的议论尽管义正词严，却仿佛有点所答非所问，缺乏针对性。上好礼，则民莫敢不敬，孔子的话说得一点不错。可是，樊迟却并不是居上位的执政者。他只是夫子门下一位并不那么才思敏捷的学生。即便樊迟严谨修身，做到"好礼、好义、好信"，就有人来投奔樊迟、替他种地吗？

当然，孔子的话也是省去了一个展开的过程。孔子教育学生，要学习经典、要求仁得仁，然后要在天下推行仁道，致力于建立道德社会。大家的重大任务之一，就是说服乃至约束统治者实行礼治。樊迟竟然扯到什么种地种菜，你把天下大事放到哪儿去了？真是小人之见，短视粗鄙！

樊迟出。他离开了现场。他原本是要真的请教种地种菜吗？恐怕未必。他自个去琢磨怎么种地种菜了吗？定然不会。他的言外之意，是曲折表述自己的某种困惑。学生中，有着樊迟同样困惑的一定不止一人。他离开了现场，没有听到夫子接着的一番话语。他或者还在困惑中吧。

知不可为而为之，孔子矢志不移要建立一个礼治社会、一个道德社会，这样的伟大理想能够变成现实吗？**上好礼**，则**民莫敢不敬**，道理是不错。可是，居上位者不喜好礼，偏偏喜好暴力暴政，我们怎么办呢？樊迟们的困惑，或也正是我们的困惑。

后来，数百年之后，出了一个陶渊明。"种豆南山下，草盛豆苗稀。"他是真的归隐田园，果然亲自躬耕去也。他不再考虑天下大事了吗？恐怕未必。能说他是小人吗？大概也不能。

如此比附一回，樊迟挨骂，是否多少有些冤枉呢？

"三年有成"的构想

【原文】

子曰:"苟有用我者,期月而已可也,三年有成。"

——子路篇·第十章

子曰:"'善人为邦百年,亦可胜残去杀矣。'诚哉是言也!"

——子路篇·第十一章

子曰:"如有王者,必世而后仁。"

——子路篇·第十二章

《论语·子路》篇第十二章,子曰:"如有王者,必世而后仁。"

一世是三十年,孔子认为:如果有王者兴起,一定需要三十年才能仁政大行。或者可以译成:王者治国,经过三十年,必可大成。

第十一章,子曰:"'善人为邦百年,亦可胜残去杀矣。'诚哉是言也!"如果由善人来治理邦国,连续达到一百年,也就可以克服残暴免除虐杀了。孔子赞同这句话。需要一百年的坚持不懈,才能实现仁政。

第十章,子曰:"苟有用我者,期月而已可也,三年有成。"孔子说:假如有用我来主持国家政事的,一年就差不多了,三年便会有所成就。

以上三章文字,都是讲为邦为政的。《论语》的编纂者或者因之将其编辑在一块。但我们在读后却不免疑问:王者治国,需要一世;善人为邦,需要百年。孔子治国为政,却一年就差不多了,三年就会颇有成效。孔子岂不是太自信了?他的话是不是有点过头了?

正常推论,孔子这句话,一定是有具体语境的。是在特定情况下,面对特定对象所说的。

我们回头来看第九章，子适卫，冉有仆。子曰："庶矣哉！"

冉有曰："既庶矣，又何加焉？"曰："富之。"

曰："既富矣，又何加焉？"曰："教之。"

"庶"字，一般作"众多"来讲。孔子到了卫国，冉有负责驾车。孔子说：人口真不少哇！冉有发问：人口众多，然后该怎么办呢？孔子回答：让他们富裕起来。富裕了之后呢？孔子说：教化他们。

孔子主张富而后教。凡正确的治国之道，必先富民，再言其余。

话虽然简单，却是治国的大道理。道理简单不过，但统治者往往不肯这样做。多见的总是与民争利，残酷盘剥。

第十章孔子所说的**苟有用我者**，应该是针对卫国的情况来说的。如果有人让孔子来为政治国，他一定会当先采取富民政策，让民众普遍富裕起来。实现这个目标需要多少年？大概三年。

三年有成，应该是说这个。

那么，**期月而已可也**，是指什么？

我们再往前看。本篇第三章，子路曰："卫君待子而为政，子将奚先？"子曰："必也正名乎！"子路说：如果卫君等着你去治理国政，先生你准备先干什么？孔子说：那一定是先要"正名"，先纠正名分上存在的许多不正当的问题。

随后，面对子路的不解，是孔子系统讲解正名必要性的一番逻辑缜密的话语。正名，到底是干什么？一般的理解，就是治国大道、立国纲纪，乃至文化的宗旨、文明的核心，这些纲领性的名堂，要搞清楚。比方，是要道德治国、还是严刑峻法治国？是智民主义、还是愚民政策？是富民、还是盘剥压榨老百姓？

为政，必先正名。确立这个，搞清楚这个，期月而已可也。大概一年时间差不多了。

然而在事实上，孔子从来没有完全主持过一个诸侯国的国政。孔子的理想，只是理想而已。

一个民族，民族的文化精英，可以没有理想吗？

该篇第二十章，孔子指斥那些从政者，不过是斗筲之人，那是些没有器量、没有理想的庸碌之徒，斤斤于升斗薪俸的家伙。

这是孔子没有得到从政机会的"酸葡萄"心理吗？批孔家们以吃到葡萄的狐狸自居，一定会认为是这样的。

客观评判，让事实说活，从孔子的时代到现在，我们没有看到三年有成，没有看到世而后仁，也没有看到为邦百年、胜残去杀。历代统治者，窃取了邦国统治大权，"我掌刀，我就要吃肉"，分明是虎而冠者、率兽食人之辈。这且不论。麇集于权力权势周边的大大小小的所谓从政者，不是斤斤于升斗薪俸的斗筲，又能算是什么呢？

好在我们还能看到：在中国，从孔夫子的时代直到现在，尽管士君子的文化从来没有占过统治地位，但它始终存在、不曾消亡。这种文化的存在，这种文化的品质，映射出批孔家"斗筲"们的庸俗猥琐。这种文化令历代的秦始皇们恨之入骨，秦始皇们焚书坑儒，偏偏无奈于这种文化。

这是人类文明史上不死的奇迹。

中国多有不幸，然有大幸。

父子相隐，大哉人伦

【原文】

叶公问政。子曰："近者悦，远者来。"

——子路篇·第十六章

叶公语孔子曰："吾党有直躬者，其父攘羊，而子证之。"孔子曰："吾党之直者异于是：父为子隐，子为父隐。——直在其中矣。"

——子路篇·第十八章

《论语·子路》篇，记录了孔子与叶公的两段重要对话。

叶公之"叶"，读 she。但，众口铄金，国人将错就错，恐怕已经积重难返。比如垃圾，正确读音原本是 le she，台湾香港还是坚持这种读法；大陆十多亿人都说是 la ji，谁能奈何。

古籍介绍，叶公是楚国人，其封地在叶。叶公与孔子的对话既然是当面对话，那么对话的时间多半是在孔子周游列国的时候。

《论语·子路》篇第十六章，叶公问政。子曰："近者悦，远者来。"叶公向孔子询问政事。孔子说：境内的人过得高兴，境外的人愿意来投奔。治理一个邦国，能够达到这样的程度，这个邦国一定是政治清明。

该篇第十八章，有两人的又一次对话。叶公语孔子曰："吾党有直躬者，其父攘羊，而子证之。"孔子曰："吾党之直者异于是：父为子隐，子为父隐。——直在其中矣。"叶公告诉孔子说：我们乡党中有个行事正直的人，他父亲偷了别人的羊，他告发了这件事。孔子说：我们乡党里正直的人和你们的不一样。我们那儿是父亲替儿子隐瞒，儿子替父亲隐瞒。在我看来，正直恰恰在这个里面。

看到这段对话，我的感觉是非常震撼。数十年来，我们所面对的现实，所受到的灌输，已经使我们形成了某种思维惯性。我们的思想，早已经过了太多太久的阉割。这是令人想来不寒而栗的另一种"积重难返"。父亲干了偷盗等违法的事情，儿子积极举报，这不正是多年以来受到鼓励表彰的行为吗？叶公所赞同的，不正是我们赞同的吗？然而，孔子对此并不赞同。而且和叶公的观点针锋相对。孔子毫不含糊地明确指出：父为子隐、子为父隐，这样做，才是正直的。

父子相隐，这样做是可以的吗？孔子这样说，有道理吗？他说的**直在其中**，到底有什么深意呢？

叶公和孔子所谈论的，基于楚国和鲁国的不同国情，基于对"直"这一概念的不同理解，难免是在自说自话。叶公的自矜得意，孔子的针锋相对，都是显见的。但两人谈论的话题，无疑是关乎律法的重大话题。

叶公主张的，显然是**道之以政，齐之以刑，民免而无耻**。以政法诱导民众，用刑罚来整顿他们；父亲有了罪错，如果儿子不去举报，就要受到株连，儿子积极举报，当然可以免于刑罚，却没了廉耻。叶公强调的"直"，无视人的血缘亲情，是利于邦国统治的刑法至上，不惜毁坏人伦大道。孔子主张的，却是要建立道德社会，依礼治国，**道之以德，齐之以礼，有耻且格**。那么，孔子难道就完全不要律法吗？也不是。但律法不能外乎人情。亲亲相隐，就是人情。孔子强调的"直"，是要维护人的与生俱来的保有血缘亲情的权利，坚守更高意义上的人伦大道。

父亲偷了一只羊，假如出于减轻罪过的利害相权，儿子劝父亲去自首，尚在人情之常；假如儿子当即去告发，这样的父子关系恐怕早就出了问题。以首肯背叛亲情、充当告密者的不义，来维护所谓的法律正义，不啻于弃本逐末。这样的法，就是恶法。相反，父亲偷盗固然不对，但儿子却不忍去告发，这是一点可以理解的人伦亲情。他没有必须告发父亲的义务。即便儿子知情不举，包括拒绝作证，这应该是他的权利。破案与否，严格说来那是有关部门的职责。这一基础上的法律，才是良法。

在中国古代直到近代民国的律法上，都谅解"亲亲相隐"。在日本和韩国，甚至在西方的现代发达国家，都有类似谅解"亲亲相隐"的律法条款。维护大道人伦，东西方盖有相通之处。

当然，中国古代律法谅解"亲亲相隐"，这要将独裁残暴的秦始皇时代抛除在外。他鼓励的是"告奸"，推行的是"连坐"。"偶语诗书者弃市；以古非今者族。"民众人人自危，生活在极度恐惧之中。

"亲亲相隐"作为律法条款被取缔，已然太久。几十年前的政治运动让人记忆犹新。父母亲有了问题，组织上鼓励乃至胁迫子女揭发；丈夫有了问题，组织上强令妻子离婚以划清界线。不然，就要遭到株连。亲情成了罪过，人伦惨遭践踏。那是怎样不堪回首的年代啊！在那样的年代，批孔家秉承上意，疯狂地批判不在场的孔子。包括对孔子主张的父为子隐、子为父隐大张挞伐，就不足为奇了。

当代中国要建立法治社会，究竟要不要"亲亲相隐"，殊为紧要。潜伏下来的批孔家，依然在诋毁孔子的仁道。

可以说，形形色色叶公们依然活在当代。重建中华文明，修复被摧残的道德人伦，依然任重而道远。

小人素描一幅

【原文】

子曰:"君子喻于义,小人喻于利。"

——里仁篇·第十六章

子曰:"君子易事而难说也。说之不以道,不说也;及其使人也,器之。小人难事而易说也。说之虽不以道,说也;及其使人也,求备焉。"

——子路篇·第二十五章

整部《论语》,言及"君子"、"小人"者,篇章多多。"小人"、"君子"这两个对立的概念究竟应该如何准确定义?整部《论语》没有提供过确定的答案。

《论语·里仁》篇第十六章,子曰:"君子喻于义,小人喻于利。"孔子说:君子懂得的是义,小人懂得的是利。

《论语·雍也》篇第十三章,子谓子夏曰:"女为君子儒!无为小人儒!"孔子教导子夏说:你要去做君子式的儒者,不要去做小人式的儒者。

诸如此类的孔子语录可谓简捷明快,微言大义。但"君子",及其对应的"小人",到底是个什么概念?读者颇有点"知其然不知其所以然",感觉有点抽象,又有点朦胧。如果后学者、青少年,要请我们准确讲出君子小人的概念,要我们具体描摹君子小人的形象,恐怕也要当场将我们一军。

读《论语》到子路篇第二十五章,我们再次看到孔子论说君子小人的文字。这一次,孔子对君子小人进行了相对形象的描述。这章文字,尽管依然是将君子和小人对应描摹,均衡着墨,但我们对小人的形象似乎更有了一些具体把握。仿佛孔夫子给小人画了一幅素描。

子曰:"君子易事而难说也。说之不以道,不说也;及其使人也,器之。小人难事而易说也。说之虽不以道,说也;及其使人也,求备焉。"孔子说:在君子手下工作容易,想讨他的喜欢却难。讨他喜欢的方法不正当,他是不会喜欢的;到他使用人的时候,却能够量才使用。在小人手下做事就很难,讨他喜欢却很容易。即便用不正当的方法去讨好他,他会喜欢的;等到他用人的时候,则是百般挑剔、求全责备。

这儿所说的"君子"、"小人",无疑都是居上位者。尽管孔子所处的时代与我们不同,当今的大大小小的掌权者、居上位者,也和孔子所见不可同日而语,但看到这章文字,我们却当即就有同感,马上产生出了共鸣。特别是得志的小人,掌握权力的斗筲之辈,一朝权在手,便把令来行,权力仿佛成了他们的荷尔蒙、力比多。

孔子一定多多见过这类嘴脸,犹如我们太多见到过这般嘴脸。

该篇第二十六章,子曰:"君子泰而不骄,小人骄而不泰。"孔子说:君子安详舒泰,却不骄傲凌人;小人骄傲凌人,却不安详舒泰。这时,孔子再来简捷地归纳小人的品格特征,我们就有了相对入木的体会。

——两千多年时光流过。没有制度对权力、对居上位者的制约,人心人性有多少改变、进化呢?

鲁迅留学日本几年,多次由衷赞叹日本人,包括夸许日本教育,欣赏日本孩子。鲁迅还慨然扬言,说要改造中国人的国民性。

敢问:他是上帝吗?他有什么权力和资格来改造别人?以救世主自居,自外于芸芸众生,他的所作所为,多少些微改变了中国人的国民性了吗?而他所欣赏的日本孩子,在接受了他所夸许的日本教育之后,前来侵略中国,犯下了罄竹难书的滔天罪行。鲁迅希望建造的,莫非就是小日本那样的国民性吗?

我们看到的、知道的鲁迅其人,不惟难事,抑且难说,恐怕倒是有些骄而不泰。

林鹏先生说鲁迅，大极左而小作家。

一针见血，诚哉斯言；直击要害，勇哉斯言。

君子如何可有不仁

【原文】子曰:"君子而不仁者有矣夫,未有小人而仁者也。"

——宪问篇·第六章

《论语·宪问》篇第六章,子曰:"君子而不仁者有矣夫,未有小人而仁者也。"孔子说:君子之中不仁的人有的吧,小人之中却不会有仁人。

这儿的白话翻译,引自杨伯峻先生的《论语译注》本。后一句翻译,小人不仁,小人中不会有仁者,比较易于理解,大家多半会认可。

前一句翻译,则比较费解。君子既然是与小人相对应的名词概念,君子应该就是具备仁德的人。莫非君子和小人之间,还有第三种人?莫非君子是由若干仁人与若干不仁的人构成的混合集群?

上述问题大概杨先生在翻译过程中也意识到了。所以他另外添加了注释,认为原文的"君子"、"小人"含义不清,在这儿似乎应该是指在位者和老百姓。如果把在位者尊称为君子,他们中一定有仁者和不仁者。但按照杨先生这样定位,第一句的翻译解决了,带来了第二句的翻译问题。如果把老百姓定位成小人,这样的小人,普通民众,怎么能说他们中就没有仁德的人呢?孔子自身,孔门诸多弟子,不都是不在位的普通民众百姓吗?

或者,孔子的话可以有另外的解释。

君子不可能是完人。古话说,人皆可为尧舜;但又说,人非圣贤孰能无过。君子偶或犯错,做出不仁的事情,这个是有的吧。但这并不会改变君子的品格特征。不然,人人会犯错,犯错者就不能称做君子,世界上哪里还会有君子呢?至于小人,由其品格决定,或有小善小信,到底与仁德无干。

在《论语·宪问》篇中稍后的章节,第十六章和第十七章,孔子和子路、子贡连续谈到对管仲的评价。我怀疑这两章文字应该同第六章编辑在一块。至少,评价管仲的章节可以看做是对第六章的具体实证补充。

看来,孔子和学生们经常会谈起历史人物和事件,并且展开讨论。子路和子贡,在这儿提的是同一个问题。我们单举第十七章来看一下。

子贡曰:"管仲非仁者与?桓公杀公子纠,不能死,又相之。"子曰:"管仲相桓公,霸诸侯,一匡天下,民到于今受其赐。微管仲,吾其被发左衽矣。岂若匹夫匹妇之为谅也,自经于沟渎而莫之知也?"

齐襄公无道,公子纠和公子小白分头出逃。小白即后来的齐桓公,先行回到齐国为君,然后兴兵伐鲁,逼迫鲁国杀掉了公子纠。辅佐公子纠的两人,召忽自杀以殉,管仲却做了齐桓公的宰相。子路、子贡就此提出了疑问,管仲不能为公子纠死节,还能算得上是仁者吗?

孔子却认为管仲大有仁德。管仲辅相齐桓公,多次主持诸侯盟会,不靠武力兵车战争的办法,最终称霸诸侯,匡正天下,人民至今还享受这种好处。要不是管仲,我们早都沦落为披发左衽的落后民族了。管仲怎么能叫做不仁?管仲难道应该像是匹夫匹妇,守着一点小节小信,如同召忽一样自刭,死于沟壑?

齐桓公识才、用才,管仲也能择主而事,一展抱负。管仲堪称国士,并不斤斤于小节小信,胸怀天下,天下己任,循大义而后成大仁。

"管仲不死",人们据此说他曾经不仁,或者径自认为他够不上仁者,就算是这样吧,"君子而不仁者有矣夫"。但他毕竟具备君子的品格与才干,"管仲不死",因而成就了大仁大德的伟业。孔夫子之所以为夫子,眼界胸怀器量乃子路、子贡辈望尘莫及者也!

在孔子之后,两千年来,帝王文化日趋强势。孔子对管仲的评价,不断受到后来庸儒们的诟病。管仲不能为公子纠而死,是气节问题;辅佐齐桓公,则是后来的事功。因其后来的事功,就宽纵其曾经的失节,这是不可以的。无论公子纠、无论居上位者如何昏庸失德,管仲以及曾经的臣下就必须绝对服从、以死相殉,这样的道理是很可怕的。质言之,这是帝王文化对士文化的绑架。

在孔子所处的时代，士文化刚刚觉醒。士子的人格是独立的，其精神是自由的。鸟能择木，木岂能择鸟乎？管仲的抉择，并没有受到孔子的抨击，恰恰是得到了褒扬。其间的意味，发人深思。

独裁统治者，总是强调臣民的绝对服从，和黑帮、黑社会强调铁的纪律并无二致。强权统治，生死予夺，极大地戕害了历代士子的独立人格与自由精神。挣脱帝王文化的绑架，拒绝阉割，重建我们的士文化，倡导独立不羁的自由精神，任重道远。

"危行言孙"何以称勇

【原文】

子曰:"邦有道,危言危行;邦无道,危行言孙。"

——宪问篇·第三章

子曰:"有德者必有言,有言者不必有德。仁者必有勇,勇者不必有仁。"

——宪问篇·第四章

《论语·宪问》篇第三章,子曰:"邦有道,危言危行;邦无道,危行言孙。"孔子说:国家政治清明,正直地说话,正直地做人;国家政治昏乱,正直地做人,说话却要谨慎。

孔子的许多语录,总是微言大义。需要读者解读领悟,而不应该胶柱鼓瑟,生搬硬套。比如上面的话,就难免被人诟病责难。天下无道,正要士子们出来匡扶正义、仗义执言,怎么可以谨小慎微、明哲保身呢?

不言后人诟病,该篇紧接下来的第四章,仿佛就是专门反诘第三章的。子曰:"有德者必有言,有言者不必有德。仁者必有勇,勇者不必有仁。"孔子说:有道德的人一定有正确言论,有正确言论的人却不一定有道德。有仁德的人一定是勇敢的,勇敢的人不一定有仁德。

孔子这段话,同样是微言大义。但《论语》的编纂者将之摆放在这儿,几乎就是要让孔夫子"自相矛盾"。既然仁者必有勇,仁者一定应该是勇敢的。那么,仁者的勇敢,需要附加条件吗?如果这位仁者是处在邦有道的情况下,人们言论自由,他的言说就不存在勇敢与否的问题。如果,这位仁者是处在邦无道的情况下,既然仁者必有勇,他就应该仗义执言,但孔子却说在这个时候需要**危行言孙**，谨慎说话。这位仁者，看来就没有显示自己勇敢品格的机会啊。

确实，我们在这里遇到了一个难点。或者我们必须对这两章文字作出进一步的解读。

仁者必有勇，孔子说得并不错。往前说事，周武王伐纣，有道伐无道，天下响应，海内归心；仁者伯夷、叔齐偏偏有不同看法，"叩马而谏"。伯夷、叔齐有言而有勇。往后举例，在暴秦无道的时候，有荆轲、高渐离者，乃至公子张良，挺身刺秦，那是何等的仁者之勇。

但在**邦无道**的极端情况之下，比如秦始皇的暴政时代，"偶语诗书者弃市，以古非今者族"。众多士子，都起来以命相搏，是不现实的。大家需要隐忍蛰伏，待机而动。斗争抗争，需要策略。**危行言孙**，这是孔夫子给弟子们留下的一条保全道统的锦囊。

特定的时代，**危行言孙**，包括隐居避世，是必要的。孔子甚至根据可想而知的各种情况，开列出了避世的条目。

该篇第三十七章，子曰："贤者辟世，其次辟地，其次辟色，其次辟言。"孔子说：有些贤者逃避恶浊社会而隐居，次一等的择地而居，又次一等的避开难看的脸色，再次一等的避免恶言。

孔子赞成无道则隐，但他本身没有避世隐居。当时的天下，当时的鲁国，政治并没有昏乱恶浊暴虐到极端。夫子毕竟还能在鲁国存身，还可以开坛讲学。

三家专政，鲁国难称有道。

生活在那个具体时代、特定环境下的孔子，曾经离开鲁国，所谓辟地；但他从来没有避世。晚年回到鲁国之后，开坛讲学，訾议政事、臧否人物，并没**危行言孙**；而是**危言危行**，这正是仁者有言有勇。

第六十五篇 | 187

夫子的寂寞

【原文】

子曰:"莫我知也夫!"子贡曰:"何为其莫知子也?"子曰:"不怨天,不尤人,下学而上达。知我者其天乎!"

——宪问篇·第三十五章

伟大的孔子曾经有过寂寞吗?回答应该是肯定的。

由于孔子在中国思想史上的崇高地位,历代解经家难免有"推高圣境"的倾向。在他们的表述中,孔子一贯正确,说出的话句句精当,任何时候都不带情绪,仿佛孔子没有普通人的七情六欲。

《论语·宪问》篇第三十二章,微生亩谓孔子曰:"丘何为是栖栖者与?无乃为佞乎?"孔子曰:"非敢为佞也,疾固也。"

南怀瑾先生认为,微生亩是一位隐士,属于道家人物。我们单看本章文字,微生亩直呼孔子的名字,话语口气也不很客套。孔丘你怎么总是忙忙碌碌的?莫不是要显逞你的口才?

孔子的回答,杨伯峻先生是这样翻译的:我不是敢逞口才,而是讨厌那种顽固不通的人。

"疾固"两字,解作嫉恨讨厌顽固的人。从文解经的话,在字面上或者能讲得通吧。但在语义上,感觉不能通达。有人顽固不通,所以孔子要显逞口才?准备用滔滔不绝的话语、三寸不烂之舌说服那些顽固的人吗?

南怀瑾先生则认为,孔子这番话颇有一点幽默感。有自嘲的意味。微生亩说孔子:你整天凄凄惶惶、忙忙碌碌,有什么效用?是要显逞你的口才吗?孔子不暇辩解,而是这样带点自嘲来应对:倒也不是显逞什么口才,是我自己的毛病改不了啊!当然,这也委婉地申明了孔子的态度:你们看穿了世事，懒得说什么、做什么，要当隐士尽管当；而我还是要干我的。大家各行其事可也。

两相比较，南怀瑾先生的解释似乎更合情理。

该篇第三十三章，子曰："骥不称其力，称其德也。"孔子说：称良马叫做骥，并不是赞美它的奔驰之力，而是赞美它的品德。《论语》的编纂者如此编排，应该不是随意而为的。或者，孔子谈到良马云云，原本就是和微生亩对话精神的一种继续发挥。这是孔子对仁者本质品格的赞许。也不妨说，这是孔子对自己"栖栖"献身仁者事业的一种自我认定。

作为入世的仁者，立身当世，弘毅精进，欲要匡扶天下。即或事无必成，依然矢志不渝。这样的情怀，好似千里马的内在品格。孔子并不排拒隐者，对隐士们的毅然避世有着充分理解，并且怀着某种敬意。而微生亩这样的隐士，反过来对孔子的仁者品格、儒家精神却不能有起码的理解。这时，孔子是感到一点落寞，有一点寂寞了。

第三十五章，应该看做是孔子为此发出的浩叹。子曰："莫我知也夫！"子贡曰："何为其莫知子也？"子曰："不怨天，不尤人，下学而上达。知我者其天乎！"孔子叹道：没有人知道我呀！子贡疑问道：为什么会没有人知道你呢？孔子道：不怨恨上天，不责怪别人，像普通人一样求学，终于通达了高深的道理。知道我的，只有上天吧！

即便是世外高人，即便是身边的得意高徒，都不能正确而充分理解孔子的精神世界，不能有知音一般的共鸣。

仰呼苍天，声闻九皋；

然后是空旷的寂静，是深沉的寂寞。

"以直报怨"归来兮

【原文】

或曰:"以德报怨,何如?"子曰:"何以报德?以直报怨,以德报德。"

——宪问篇·第三十四章

《论语·宪问》篇第三十四章,或曰:"以德报怨,何如?"子曰:"何以报德?以直报怨,以德报德。"有人说:用恩德来回报怨恨,怎么样?孔子说:那用什么来回报恩德呢?应该是用正直不阿来回报怨恨,用恩德来回报恩德。

"报怨以德",是《老子》上的话。以德报怨,则是我们耳熟能详的成语。以德报怨,作为成语,我们经常在文章中使用;作为一种具体行为,多数人大概也有过身体力行的经验。总是这样说,总是这样做,我们就对这个成语失去了敏感,失去了任何疑问。对于德和怨,我们到底该如何报答?难道就不应该有所区分吗?

以德报德,多半是常人常情。道理明白不过,毋庸赘言。以怨报德,这样的人和事也并不少见。可谓小人难养,小人禀性难移。以德报怨,一般说来,属于高姿态,是强者、心理强大的人往往而有的处事法则。希望用恩德来化解仇怨,倒也不失为一种合乎情理的考虑。但是,还有一种情况,甚至是多见常有的情况,那就是弱势者受到欺凌,有了怨仇的情况。这个时候,说什么"以德报怨",只是一种无奈,掩盖的是一种卑怯。

面对一种相当堂皇的说法,甚至是人们认可度极高的话语,孔子发出了强烈的反问:何以报德?一句反诘,力有千钧。对于德和怨的报答,难道不应该有所区分吗？总是以**德报怨**，固然可以高扬风度，某些情况下可以化解仇怨；但确实也存在恶无所惩、鼓励助长恶行的副作用。况且，这非常可能解除被欺凌者的武装，进而剥夺弱势者要求惩戒恶行的天赋人权。

究竟应该如何区分报德、报怨？孔子明确而响亮地提出：以**直报怨**，以德报德。以**直报怨**，对于孔子这样重要的话语我们竟然相对陌生，初次听来，真是振聋发聩、撼人心旌。

以**直报怨**，其中的两个字，"直"和"报"，具有着非凡的意义。这儿的"报"，不是报德之报，不是报答的释义。而是报应、报复、报仇的意思。这儿的"直"，有直截了当、正直不曲、理直气壮、正道直行等等意思。特别是这个"直"，就是值得，就是要让恶行受到值当的惩戒。

孔子并没有说以怨报怨，而是说以**直报怨**，措辞极为精当。以暴易暴，怨怨相报，冤冤相报，那不是孔子希望的。

以**直报怨**，在个人的层面上，应该是一种态度，一个立场，一条原则。具体如何以直报怨？个人多半要借助有司和律法。即便是杀父之仇，事实上也不可以任由孝子直接手刃仇人。所以，孔子的倡言，除了是宜于个人采取的态度立场，也是对后世的立法执法者提出的要求。在法律层面上保障以直报怨，才能体现出社会的公平与正义。

相比于以德报怨、以怨报怨，以直报怨，正是得其中者也。

以直报怨归来兮！

击磬于卫末之难

【原文】

子击磬于卫,有荷蒉而过孔氏之门者,曰:"有心哉,击磬乎!"既而曰:"鄙哉,硁硁乎!莫己知也,斯己而已矣。深则厉,浅则揭。"

子曰:"果哉!末之难矣。"

——宪问篇·第三十九章

孔子是主张并且厉行入世的。但孔子并不鄙夷那些避世遁世的隐者。隐者看似有点麻木不仁,仿佛是在明哲保身。但他们照样关注社会,对天下大势保持清醒的认识,只是看穿了世道,觉得无可救药,只能隐居起来。南怀瑾先生认为隐者多属道家,懂得顺势而为,将会因时而动。当天下大势允许有所作为,再出来拨乱反正。当然,隐者也不可一概而论。孔子一位著名的弟子原宪,在孔子死后"亡在草泽",其实也就是变成了隐者。原宪显然不能归入道家。

整部《论语》中,记载孔子曾经遇到过隐者的次数不少。他们有的隐于山野,有的隐于市朝。倏忽往来,有如自由的精灵。通过这些记载,我们可以看出隐者多是颇有思想的。极有个性,形象鲜明。

仅在《论语·宪问》篇出现的,如果微生亩算一位,那么晨门和荷蒉者也是隐者。

第三十八章,子路宿于石门。晨门曰:"奚自?"子路曰:"自孔氏。"曰:"是知其不可而为之者与?"子路在石门过夜。负责清晨开城门的人说:从哪儿来的?子路说:从孔家那里来。守门者说:孔氏?就是那位明知行不通却还是要去做的人吗?

负责开关城门的人,是个底层小人物。但他不仅知道孔子,而且对孔子有着准确精当的评价。知其不可而为之,一语中的,真是孔子形象的准确表述。单从他评价孔子的水准看,这应该是一位隐者,有如后来的燕市狗屠。

紧接着第三十九章。子击磬于卫,有荷蒉而过孔氏之门者,曰:"有心哉,击磬乎!"既而曰:"鄙哉,硁硁乎!莫己知也,斯已而已矣。深则厉,浅则揭。"子曰:"果哉!末之难矣。"孔子在卫国,一天正奏磬。有个挑着草筐的汉子恰从门前路过,便说道:听得磬声,是有深意的呀!又听了一会儿,这汉子说:磬声硁硁的,真是固执啊!没有人了解你,就专守己志罢了。不知道《诗经》上的话吗?河深,索性连衣裳走过去;水浅,无妨撩起衣裳走过去。孔子说道:好坚决啊!没有办法说服他了。

这位挑着草筐子的汉子,不寻常。能够听出孔子击磬传达出的精神取向,是位知音。或者,他在借题发挥,言语中大有深意。他评价说,孔子是个有心人;但太执著啦!他劝导说,没有人知道孔子你的大道,就这样罢休便了,何必那么耿耿在心呢?他甚至发布自己的清醒观点:社会如此黑暗浑浊,入世太深,岂不是蹚浑水吗?避世而居,像是涉过小河,不是还能保持自身高洁吗?

话说得真是不错。这位荷蒉者该是隐者中的高人。对之,孔子怎样回答呢?孔子说:果哉!末之难矣。杨伯峻先生这样翻译:好坚决!没有办法说服他了。

如果说,原文有些费解,这样来翻译,就愈加费解。中国历代解经家,往往都有抬高孔子、贬低隐者的倾向。孔子击磬,声音硁硁,本来是传达个人的心声;难道是专门敲给荷蒉者来听,希望以此说服荷蒉者的吗?事实上,是那位荷蒉者听了孔子击磬,发表了对孔子的看法,孔子对之发出了回应。设问,孔子是那样听不得一点不同声音的吗?

南怀瑾先生认为,后世庸儒为自己的出仕居官、求取俸禄多所粉饰,而往往会极力贬低那些隐者们的不合作选择。所以,南先生对他们一贯的注释表示怀疑。

对于**果哉、末之难矣**。南先生是这样来解说的：果哉！荷蒉者果然说的是啊。可是，我还坚持我的。好比乐曲结尾"曲终奏雅"之难，做人做事做到最后，之死靡它，更难啊！

南怀瑾先生自谦，说这样的解释只是个人的一点体会，大家都是在"各说各的"罢了。作为读者，我们参照多家翻译注释，也只能是根据个人体悟，择其善者而从之罢了。

我个人认为，孔子的话有显在的针对性，是针对荷蒉者**深则厉，浅则揭**而发的。荷蒉者认为：社会如此黑暗浑浊，入世太深，岂不是蹚浑水吗？避世而居，像是涉过小河，不是还能保持自身高洁吗？果然是的，这话说得是不错。可是，洁身自好，涉过小河浅水的人，怎么会有处在深水中的体验？你是潇洒，然而你可理解我欲罢不能的心境？末之难矣。事非经过不知难啊！

"三年不言"可信否

【原文】

子张曰:"《书》云:'高宗谅阴,三年不言。'何谓也?"子曰:"何必高宗,古之人皆然。君薨,百官总己以听于冢宰三年。"

——宪问篇·第四十章

《论语·宪问》篇第四十章,子张曰:"《书》云:'高宗谅阴,三年不言。'何谓也?"子曰:"何必高宗,古之人皆然。君薨,百官总己以听于冢宰三年。"子张向孔子请教《尚书》上的一句话:"殷高宗守孝,居于凶庐,三年没有言语。"这是怎么回事呢?孔子的回答显示出对古礼的熟知:岂止高宗?古人都是这样,古礼就是这样:国君死了,继位者三年不问政事,百官各守其职,听命于宰相。

看闲书、听戏剧,我们都熟知"国不可一日无君"这句话。国君逝世,储君太子会即刻登基,主持国政。那么,对于新君而言,"三年守孝"就只能是一种礼仪形式。三年不问政事,不发布各种政令,几乎是不可想象的。三年不言,是可能的吗?史书记载的是真实的吗?子张读书到这一节,所以向孔子发问;不妨说,他的疑问正是我们的疑问。

但孔子的回答,非常肯定,不容置疑。孔子当然不可能信口开河,在他的知识领域,就他所掌握的史料,历史的真实就是那样的。

阅读《论语》到这一章节,我的体会有这样几点。

"守孝三年",曾经是人人必须谨守的古礼。天子诸侯,概莫能外。作为天子,尤其要以身作则。在上古时代,国君的权力是有限的。三年不问政事,并不影响政权体制的正常运作。君臣共治天下的格局是可行的,并且是曾经的事实。君臣之间的互信，或曰权力制衡是可能的。这是以孝治天下或曰以礼治天下的曾经的实例。君主三年不问政事，无为而治，天下不会大乱。即便暂时出现"诸夏之无君"的情况，没有关系，因为有礼制在。

我想，孔子的时代比我们早两千多年，他比我们看到的上古史料一定会更多一些。在孔子的眼中，历史的真实就是那样的。在孔子的理想中，克己复礼之后的礼治社会就应该是那样的。

紧接着的《论语·宪问》篇第四十一章，与此有关。

子曰："上好礼，则民易使也。"孔子说：居上位者依礼行事，就容易使民众听从指挥。

孔子念念不忘的是恢复礼治，念念不忘的是对居上位者的耳提面命。下面第四十二章，说的是君子，但这儿的君子还是指居上位者。

子路问君子。子曰："修己以敬。"子路问怎样才能算得上是君子。孔子说：修养自己，严肃认真为政。

曰："如斯而已乎？"曰："修己以安人。"子路又问：这样就够了吗？孔子答：修养自己，以安抚众人。

曰："如斯而已乎？"曰："修己以安百姓。修己以安百姓，尧舜其犹病诸？"子路再问：这样就够了吗？孔子答：修养自己，以安抚百姓。修养自己以安抚百姓，尧舜恐怕也还没有完全做到哩！

上文的"百姓"，释义应该还是指百官氏族，不是今天的老百姓。至于整段话论述的主体"君子"，无疑说的是居上位者。否则，普通的君子士人儒生，莫说子贡子张，便是修养达到极高程度的颜渊，修己就可以安人安百姓吗？

身为一国之君的殷高宗，恪守礼法，以身作则，三年不言。正是勉力奉行修己以敬、修己以安人、修己以安百姓。

礼治社会可行吗？难道不可行吗？

"一以贯之"者何也

【原文】

子曰:"赐也,女以予为多学而识之者与?"对曰:"然,非与?"曰:"非也,予一以贯之。"

——卫灵公篇·第三章

《论语·卫灵公》篇第三章,子曰:"赐也,女以予为多学而识之者与?"对曰:"然,非与?"曰:"非也,予一以贯之。"孔子说:赐呀,你以为我是多方面学习并且把内容都记下来的人吗?子贡回答说:对的,难道不是这样的吗?孔子说:不是的,我用一个中心观念贯穿下来。

孔子和他的得意高足、聪明过人的子贡对谈。孔子的发问是有意味的。他要向学生阐明一点:所谓学问,和知识是两码事。不出孔子所料,子贡认为夫子博学多才,当然离不开多学强记。但子贡也有一点狐疑:如果仅仅是这样,夫子又何必发此一问呢?所以,子贡接下来小心询问:难道不是这样的?这时,孔子明确告诉子贡:不是的。你所认为的,不过是知识的层面。上升到学问的层面,我是一以贯之。有一个中心,有一个核心,有一个贯穿始终的观念。

孔子所言的"一",是否等同于基本观念?我们不必苛求。这个一,实在是简单不过,而又确乎难以界说。孔子的言说,嘎然而止。那么,问话的当事人子贡,他理解了吗?不得而知。孔子于此也没有作进一步的自我解说。

按照原文,仿佛孔子并不承认自己是多多学习博闻强记的。但在下面的第三十一章,孔子的话却又不然。子曰:"吾尝终日不食,终夜不寝,以思,

无益，不如学也。"孔子说：我曾经整天不吃，整晚不眠，去思考，没有长进，不如去学习。

由此得知，孔子何尝看轻过学习。只是，孔子的学习应该不仅仅是知识的积累，不是把自己变成一本百科知识辞典、变成一个"无所不知先生"；而应该始终有一个中心来统领学习过程，学习的过程同时也是贯穿那一个中心的过程。在《论语·述而》篇第二十章，夫子明确声称，自己不是生而知之者。**子曰：我非生而知之者，好古，敏以求之者也。**我不是生来就有知识、就知晓大道的人，而是爱好古代文化，勤奋敏捷求取来的人。这儿，孔子敏而好学，最终求取到的是什么呢？或者，就是那个"一"。

让我们回到《论语·里仁》篇第十五章，孔子对曾子也曾经说过**吾道一以贯之**的话。在当时，曾子用自己的理解说：**夫子之道，忠恕而已矣**。笔者曾经就此发过议论。我认为曾子的理解依然是狭窄的。忠恕，依然不足以涵盖孔子学说的根本核心。

孔子所说的"一"，或者正如《老子》的"道"。"道可道，非常道"。道，一，不可言说。

"一"，有如不可界说的"仁"。也许，孔子所说的"一"，它指的就是"仁"。

它不可言说，需要体悟。对于我们这些两千年下的后学，或者那需要我们毕生一以贯之的追逐攀援与体悟践行。

"有马借人"说

【原文】
子曰:"吾犹及史之阙文也。有马者借人乘之,今亡矣夫!"
——卫灵公篇·第二十六章

《论语·卫灵公》篇第二十六章,子曰:"吾犹及史之阙文也。有马者借人乘之,今亡矣夫!"孔子说:我还能够看得到史书存在疑问就空缺不记的情况。有马而不能驾驭的人,借给别人使用,如今则没有这种情况了。

这段《论语》,相当费解。即便译注家们努力索解,依然很难明白。史之阙文和有马者借人乘之,其间究竟有什么关联?令人困惑。所以,也有人认为这段《论语》本身就有"阙文"的可能。

有的译注家尽量去寻求两句话之间的关联。史书上由于存在疑问而空缺不记,留待明白的人来记载,属于"不必强不知以为知";有马的人自己不能驾驭马,借给别人来训练驾驭,这是"不必强不能以为能"。这样的注释,可谓煞费苦心。但这样的解释,使我们对"阙文"二字就会生出疑问。既然阙文是没有记载的文字,史书上没有记载,孔子怎么会知道这儿短缺了文字呢?是孔子弄明白了古史存在的疑问?还是孔子看到了衍缺的文字?

看来,不仅是我们读《论语》等古代经典,便是孔夫子阅读在他之前的古代经典,同样遇到过障碍和困难。遥想孔子所处的时代,战乱频仍、传媒单一,他遇到的困难可想而知。前面,在《论语·八佾》篇第九章,孔子就说过由于"文献不足",杞、宋"不足征"的问题。

孔子"祖述尧舜,宪章文武",对于尧舜之前的更为久远的历史,只好付之阙如。

对于这段文字，南怀瑾先生则有另外的理解。他将**有马者借人乘之**当做一句孔子曾经看到过的古代阙文。他认为孔子是随口举例，以说明古代的人感情笃实仁厚，不那么自利。而到了今天，这句阙文却已经看不到了，人们之间的关系也不如古时那样仁爱了。孔子举出一个例子，说明古代文献佚失的遗憾状况，也有可能。不过，南先生此说毕竟也是无可佐证。只能看做是南先生的揣测。

我以为，这段《论语》的上下句应该有关联。其中的关键，我的理解在于"阙文"二字。

孔子立志删定六经，一定是尽量搜求各种文献。对于史书上有的存疑之处，孔子曾经看到过、或是借阅过所谓的"阙文"。阙文，不应该解作"史书中因为存在疑问而空缺不记"，不应该是有所空缺的版本；它恰恰是有所空缺的史书所"空缺的那段文字"，应该是史书上短缺的片段。**吾犹及史之阙文也**。我还是比较幸运啊！我曾经有机会看到了若干阙文，这才解决了史书上的若干存疑。我能够看到那些阙文，别人给了我解决存疑的方便，就像是**有马者借人乘之**一样啊！**今亡矣夫**！时过境迁，史料亡佚，今天这样的阙文、这样的情况已经没有了呀！

——如此作解，不知是否可备一说？

谋道、忧道思虑深

【原文】

子曰:"君子谋道不谋食。耕也,馁在其中矣;学也,禄在其中矣。君子忧道不忧贫。"

——卫灵公篇·第三十二章

《论语·卫灵公》篇第三十二章,子曰:"君子谋道不谋食。耕也,馁在其中矣;学也,禄在其中矣。君子忧道不忧贫。"

上面这段《论语》,就字面来翻译,没有太大的难度。参看多家译注本,译文大同小异。比如张燕婴先生的译文,是这样的——孔子说:"君子追求道义而不追求饭食。耕田,也常常忍受饥饿;学习,从中得到的是俸禄。君子担心学不到道义,而不担心会贫穷。"

君子谋道不谋食,君子忧道不忧贫。千百年来,这两句话几乎已经成了士子们立身的格言、箴言,读书后学对之耳熟能详。

在《论语·里仁》篇第九章,孔子说过:"士志于道,而耻恶衣恶食者,未足与议也。"读书士子有志于仁义大道,而又以吃粗粮、穿破衣为耻辱,早已不值得同这种人议论什么大道了。矢志追求大道,不计个人得失,视富贵如浮云,孔子是这么说的,也是这样践行的。他的许多学生,如颜渊、如原宪,也是这么做的。颜渊贫居陋巷,不改其乐;孔子殁后,原宪亡于草泽,不求干禄。他们践行了谋道不谋食的诺言,成为了忧道不忧贫的辉煌榜样。

但在这章《论语》中,在上述两句格言之间,孔子的话,耕也,馁在其中矣;学也,禄在其中矣,读来比较费解。如果仅仅是简单地依文解经,极其可能造成误读,而曲解了孔子的本意。

这句话，就字面理解，仿佛俨然是以"耕"和"学"两相作比，其中有褒贬之义在。谋食而耕，偏偏难免冻馁；谋道而学，自然而然就能得到官位俸禄。比较的结果，优劣不言而喻。读书求道，原来是那样一件前途无量的美事；辛勤耕作而求温饱，则是那样充满风险。这样的说法，这样的思想，停留在简单鼓励士子青少年读书求学的层面；不过是"书中自有黄金屋、书中自有千锺粟、书中自有颜如玉"的劝学说教。多家译注本，对本章文字，不仅简单地就字面依文解经，抑且都主张与"樊迟学稼"一章文字互看。分明是在进一步曲解孔子，认定孔子鄙夷稼穑，无形间落入了批孔家所污蔑的"孔子看不起劳动人民"的窠臼之中。

试问，这果然是孔子的原意吗？孔子所终身矢志不移的大道，就是这样贡高自慢，就是这样鄙夷耕种、贬低劳苦大众的吗？如果是这样，有人猖狂批孔，又何足为怪。注释家们依文解经，授人以柄，只好放任批孔家大放厥词，而不能理直气壮予以一词辩驳。这样的结果，令人十分遗憾。

那么，孔子的原意究竟是什么？笔者反复揣摩，觉得孔子的原话另有深意。至少，它不是简单依文解经的那点表层意思。下面，笔者愿捧出自己的一得之见，以就教于大方之家。

君子谋道不谋食，身为士君子，士志于道，那么这句话说的就是君子的本分。通过谋道、求道、学道、证道的过程，最后达到**君子忧道不忧贫**，这是君子追求的境界。既然谋道为本分，君子所忧虑的就只会是大道不行，岂有他哉。君子志于道，原本就不谋食，那么最终也将不忧贫。不耻恶衣恶食，贫居陋巷而能不改其乐矣。

从谋道不谋食，到忧道不忧贫，从立志、践行，到达相当境界，一定有一个过程。士志于道，一定会遇到种种艰难坎坷与世俗诱惑。那么，士君子应该怎么办呢？孔夫子虑及于此，举例加以阐述。夫子看似随口举例，但决不是随便说说的。他举凡"耕"与"学"两种情况，所谓耕读，并非特例，恰恰是人们最普遍的社会行为。

如果我们就字面作解，耕也，馁在其中矣；学也，禄在其中矣，仿佛耕与学，是对立作比的。耕，是那样不可靠；学，是那样轻易就能得到官位俸禄。这样作解，我们依然会落入前人解经的窠臼。君子谋道，竟然是那样的一个方便法门。既无须谋食，也不必忧贫。俸禄自然就在其中，黄金屋会不期而至。如果事实真的是这样，士君子对读书求道当是趋之若鹜，又何必孔夫子不厌其烦谆谆教诲呢？

所以，我们不能依文解经，就字面简单作解。孔子举凡耕与学，并非对立作比；而是并列举例，其中没有褒贬高下之意。

耕者，一定就不学吗？他们一定就是不读书、不悟道的群氓吗？恐怕不一定。陶渊明高唱"归去来"，"种豆南山下"，何尝不耕。诸葛亮躬耕垄亩，何尝不学。所以，君子有耕者、有学者。偏于耕者，同样可以谋道。那么，辛勤耕作，仍然难免馁在其中，这时怎么办？不应该辍而不耕，也不应该辍而不学。这里，举耕而言，馁在其中，孔子说的是贫贱不能移的问题。

学者，一定人人都有出仕为官、得到俸禄的机会吗？事实远非如此。为了做官得俸禄，方才求学，恐怕在出发点上已经错了。这原本就是"谋食"，早已违背了君子谋道不谋食的本旨。如果志在求道，学而未达，即便有出仕的机会、官职俸禄送上门来，士君子也将不会迫不及待去当官。这儿，举学而言，禄在其中，孔子说的是富贵不能淫的问题。

《论语·公冶长》篇第六章，子使漆雕开仕。对曰："吾斯之未能信。"子说。孔子叫漆雕开去出仕做官。他答道："我对这个还没有信心。"孔子听了很欢喜。漆雕开得到了孔子的赞许，他对于禄在其中的态度，应该成为后学者的一个榜样。《论语·泰伯》篇第十二章，子曰："三年学，不至于谷，不易得也。"孔子说："读书三年（多年），还没有当官受禄的念头，真是难得。"

贫贱不能移、富贵不能淫，这才是孔子主张倡导的求道的正确态度。这样的君子，才能不谋食而不忧贫。

耕者，馁在其中而不惧；学者，禄在其中而不惑。

君子者，所谋者始终在道，所忧者始终在道。孔子思虑甚深，需要我们潜心领悟。其间哪里扯得上什么鄙夷稼穑、贬低劳动人民？

就这一话题引申开来，还能引发我们的一点有关思考。

——遥想孔子所处的时代，那时的所谓君子们，一定是一个相对特殊的群体，是有特定身份的若干人。

士农工商，处于首位的是士君子。士人、士，或是世家庶子、或是诸侯子遗，当然也有部分从底层冒出来的优秀分子。他们有相当的社会地位，有文化，读书识字；有家产，有土地。按照土地政策，可以拥有百亩之田，耕种纳税；再不济，也有私产五亩之宅。因而可以保障生存，保障最低生活。然后，能够读书求道，充实自己进而关注天下兴亡。

否则，陶渊明凭什么可以挂冠而去？凭什么能够高歌《归去来辞》？

陶渊明们拥有属于自己的土地。在这样的所有制基础之上，他们才可能拥有属于自己的权利和尊严。

有句话说：有恒产才有恒心。是不是这样？没有恒产的人，恐怕难有切身的体会。事实上，在公有制、国有制以及集体所有制的条件下，当代的士子，知识分子们，每个人的脚下确实没有了属于自己的一寸土地。大家没有恒产，几乎统统变成了受雇于国家政府的打工者。

在这样的情况下，知识分子如何保有自己的尊严和独立人格，值得探讨。

文人士子，不谋食则不得食，大家还能谋道不谋食吗？读书人不去打一份工，起码的生存将失去保障，他们还能忧道不忧贫吗？他们遇到了陶渊明们不曾遇到的严酷状况，他们无法高唱"归去来"。

此诚数千年以来未有之变局。

时下的中国，正不知还有几人谋道、几人忧道？

道之所存，岌岌乎殆哉！

不知伟大的孔子思虑深沉，虑及此否？

"仁也甚于水火"析

【原文】

子曰:"人能弘道,非道弘人。"

——卫灵公篇·第二十九章

子曰:"民之于仁也,甚于水火。水火,吾见蹈而死者矣,未见蹈仁而死者也。"

——卫灵公篇·第三十五章

子曰:"道之以政,齐之以刑,民免而无耻;道之以德,齐之以礼,有耻且格。"

——为政篇·第三章

《论语·卫灵公》篇第二十九章,子曰:"人能弘道,非道弘人。"孔子说:"人能发扬光大道,不是道能光大人。"

某些语录式的、格言式的《论语》章节,或者微言大义、或者缺少与上下章节的联系,常常造成后人索解的困难。上面所举,应该属于其中典型一例。我们只能尽量去理解孔子的原意,认为此章文字强调的不过是人的主观能动性。修行仁道,取决于人的主观努力,从而习得道的博大容涵;反之,自身不去努力、缺乏自觉,宏大的道也不能使这样的人伟大起来。

对于类似的格言式的《论语》,恐怕译注家只能就字面来翻译,研读者也只能自行体悟。假如我们把孔子的原话改动一回,说成"道能弘人,非人弘道",大概解经家和一般读者也能作出相应的解释而自圆其说。

我们应当相信:孔子讲的某句话,除了外在语境,一定有这句话具体的能指所指。天地间的大道,如果是客观存在的,那么只有在人发现认识这个道之后，对人才有意义。具体到仁道，建立之、廓大之、弘扬之，离不开人的主观能动。人能弘道是也。非道弘人，只能在上述"强调人的主观能动"这一限定下来理解。人缺乏自觉，对道并不孜孜以求，道如何能够建造、廓大了人呢？

对于微言大义而又缺乏定解的孔子语录，我们唯有尽力用心体悟。即便我们的尽力体悟，仍然难免是一种强解，这也比人云亦云要好，比不求甚解要好。大而言之，这或者正是对人能弘道的一种践行吧。

《论语·卫灵公》篇第三十五章，子曰："民之于仁也，甚于水火。水火，吾见蹈而死者矣，未见蹈仁而死者也。"也是在注解上多生歧义的一章文字。

一种注解，把民之于仁解为老百姓喜欢仁、需要仁。杨伯峻先生的《论语译注》本这样翻译：百姓需要仁德，更急于需要水火。往水火里去，我看见因而死了的，却从没有看见践履仁德因而死了的。

一句话中的水火，这里作了两种理解。孟子曰：民非水火不生活。杨先生前半段对水火的注释中沿用这层意思。到后半段，水火却是采用俗语"水火无情"的意思。这样的翻译注释，欠缺是显而易见的。当然，整体意思未受影响。说的还是老百姓格外需要仁德、仁德无害有益的意思。

另一种注解，则把"民之于仁"解为老百姓恐惧仁、推拒仁。其中，南怀瑾先生在他的《论语别裁》中的解释比较典型。水火二字，这儿只用"水火无情"的意思。民众百姓，对于仁德的不解、推拒，有时胜过对无情水火的恐惧。

南先生发挥道：社会真实中，教人学坏很容易，教人仁德很难；圣人贤哲为什么一再强调仁德仁道仁义？就是不仁的人和事太多。仁德仁道是那样好，老百姓却不理解、不接受；不乏有人蹈水火而死，偏偏不肯践行仁道。足见传道、弘道，任重而道远。

南先生的说法自成一说。可谓一家之言。

我想：孔子的这段语录中，如果把"民"改成"居上位者"，恐怕才更恰当。最最害怕仁德仁道的，恰恰是皇帝君上和权势者们。

商纣拒绝仁道而迷信暴政，最终蹈火而死，偏偏不肯实行仁道。

老百姓怎么会怕仁道呢？

我们有必要温故知新，重读一下《论语·为政》篇第三章。

子曰："道之以政，齐之以刑，民免而无耻；道之以德，齐之以礼，有耻且格。"

国家政府，整个社会，推行仁政德政，实行礼治，老百姓求之不得，大家怎么会恐惧仁德仁道呢？

即便回到服膺仁道以修身的范畴，老百姓又何尝恐惧和拒绝过仁道呢？上有所好，下必效之。君子之德风，小人之德草。政者，正也。子帅以正，孰敢不正？

所以，总括而言之，我更倾向于第一种解释。孔夫子的这段话，堂堂正正，大气磅礴，从正面来阐述仁对于普通民众的不可或缺。人民日用生存，对于水火是那样需要；水火却难免有伤及人类的情况。人民对于仁的需求，该是超乎水火的吧；但仁是那样的有益无害，谁曾见过仁伤及生命的呢？

老百姓恐惧的，是名义上的仁政、实质上的暴政；老百姓拒绝的，是上层统治者口是心非，暴虐不仁、为所欲为，仁义道德只是用来装点门面，甚而只是用来约束统治底层民众。

这样的所谓仁，虚假欺骗，只成为暴虐百姓的道德棍棒。对于这样的仁，老百姓的恐惧才是**甚于水火**。老百姓宁可蹈赴水火而死，也坚决拒绝蹈赴这样的仁。

"钓鱼执法"，臭名昭著。预设陷阱、诱捕无辜，强行定罪、罚款谋利，老百姓深受其害，避之唯恐不及。有些人骨子里实施暴政，表面上还要伪装仁道、号称实施仁政。尔等倡言道德者，只是阴险编织道德樊篱为牢笼陷阱。这是更为险恶的更大格局下的"钓鱼执法"。这就无怪乎老百姓对其漠然置之、敬而远之了。

——还有一说。民之于仁也，甚于水火。说的是仁道远离老百姓的情况。民之远于仁，甚于远水火。老百姓知晓水火无情，避之唯恐不远，尚且有蹈于水火受害者。孔子所处时代，礼崩乐坏，老百姓不见仁政仁道久矣远矣，大家迫切需要仁道，哪怕蹈赴仁道就会死，也甘心情愿；然而，他们连触及仁道的任何机会都没有啊！孔子所说的，也许正是仁道不行的严酷状况。

这样的状况，孔夫子莫非是言过其实、耸人听闻乎？看看周边发生的种种不平，听听弱势群体的悲鸣哭喊，孔子之言，何尝过之。

不忧不惧何来三畏

【原文】

孔子曰:"君子有三畏:畏天命,畏大人,畏圣人之言。小人不知天命而不畏也,狎大人,侮圣人之言。"

——季氏篇·第八章

司马牛问君子。子曰:"君子不忧不惧。"

曰:"不忧不惧,斯谓之君子已乎?"子曰:"内省不疚,夫何忧何惧?"

——颜渊篇·第四章

《论语·季氏》篇第八章,孔子曰:"君子有三畏:畏天命,畏大人,畏圣人之言。小人不知天命而不畏也,狎大人,侮圣人之言。"孔子说:"君子有三种敬畏:敬畏天命,敬畏居高位的人,敬畏圣人的话。小人不知天命不可违抗而不敬畏,不尊重居高位的人,轻侮圣人的话。"

我们首先会注意到:本章文字,起言是"孔子曰",而不是通常的"子曰"。在整部《论语》中,凡记录孔子的言论,都是"子曰";只有《论语·季氏》篇,每章文字都是"孔子曰"。整部《论语》的编辑体例,为什么出现了这样的变化,原因不明。有人猜测,《论语》在编撰之初,可能面对过不同的情况。曾经聆听孔子某段话语的人,如果还在世,那么记录这段话语的体例就是"子曰";假如讲话的孔子与当时的听者都已不在人世,孔子的话是经转述而来的,记录的时候就区别为"孔子曰"。也许是这样的吧。好在这样的一点区分或者变化,无伤大雅。

本章之所以引发读者疑问的,是它的内容。

我们先来回头翻看《论语·颜渊》篇第四章，司马牛问君子。子曰："君子不忧不惧。"曰："不忧不惧，斯谓之君子已乎？"子曰："内省不疚，夫何忧何惧？"

司马牛问什么是君子。孔子说："君子不忧愁不恐惧。"

司马牛又问："不忧愁不恐惧，这就能叫做君子了吗？"孔子说："反省自身问心无愧，那有什么可忧愁可恐惧的呢？"

君子不忧不惧。尽管这是孔子对司马牛的回答，有特定语境和特定对象，但司马牛所问、夫子所答，都是针对"君子"的。孔子的回答，毫不含糊。身为君子，自己问心无愧，有什么可以忧愁和恐惧的呢？

于是，我们难免会向夫子发问了：既然你说过君子问心无愧，就能不忧不惧；你老人家怎么又郑重其事地声称**君子有三畏**呢？

夫子不言。

孔子的话，为什么会出现前后不一？读书至此，我们唯有反求诸己。

孔子前面所说的**君子不忧不惧**，尽管具有普适的意义，但那毕竟是针对特定的司马牛一人讲的，抑且强调的是**内省不疚**。而孔子后面所讲的**君子有三畏**，则是原则上泛指，具有更宽泛的普遍性指导意义。

而且，我们细抠字眼的话，夫子前面用字是"惧"，后面用字是"畏"。恐惧与敬畏，到底是大有区别的。

敬畏，是啊，人难道可以没有任何敬畏吗？

君子有三畏，是孔子的归纳总结，有倡导的意味；同时讲出的是实际状况，是君子日常的操持。

君子者，首先敬畏天命。天命，或者是指天道，或者是指客观规律，或者就是讲"天命即民命"、是广大民众的呼声；对这个，不应该有所敬畏吗？至于畏大人，这儿的"大人"恐怕不一定专指官居高位的人。君子对于高官，礼仪上的恭敬是应该的，有什么必须敬畏的呢？道德高深、学问深渊者，才是君子心目中的大人物，才应该对之有所敬畏。而圣人之言，先知先觉，可以明心见性，又安可轻侮不生敬畏。

君子的三畏，是孔夫子的归纳，不妨说也是读书求道者的日常操持。我们内省诸己，当有会心。

与君子相反，对什么都无所敬畏的人是有的。

立国为政者，历来公然倡导声称的恰恰就是"无所畏惧"。于是，对什么都无所敬畏者比比皆是，世道人心每况愈下。

他们不知天命，根本就不承认有什么天命；他们对圣人之言，特别是孔夫子的话、包括我们本章所举的君子有三畏，肆意诋毁、痛加挞伐。小人不知天命而不畏也，狎大人，侮圣人之言。他们的所作所为，针锋相对"三不畏"。

从土改运动到"文化大革命"，又是"大破四旧"，这种暴烈的号称"破除迷信"的疯狂行径遍及全国。几十年下来，不仅文物古建被毁坏殆尽，国人数千年敬奉的人文初祖、历代前贤塑像被捣毁，国人数千年尊崇的道德也遭到了极大摧毁。

好在这样的疯狂破坏终于停止。轻侮圣人、一点不要听圣人的话，服膺当代迷信的疯狂梦呓，早已破产。无视自然大道，鼓吹"人定胜天"，也早已破产。

无政府主义，是对极权统治的一种反动。领袖崇拜、当代迷信破产之后，民众变得对什么都不再相信。这时，简单抱怨民众，是没有道理的。

重建中华文明，重新匡正世风，重新审视理解孔夫子的这段文字，重建人们心目中应有的敬畏，艰巨的使命摆在我们面前。

"生而知之"有之乎

【原文】

孔子曰:"生而知之者上也,学而知之者次也;困而学之,又其次也;困而不学,民斯为下矣。"

——季氏篇·第九章

《论语·季氏》篇第九章,孔子曰:"生而知之者上也,学而知之者次也;困而学之,又其次也;困而不学,民斯为下矣。"

这段《论语》,杨伯峻先生的译注本翻译如下——孔子说:"生来就知道的是上等,学习然后知道的是次一等;实践中遇见困难,再去学它,又是再次一等;遇见困难而不学,老百姓就是这种最下等的了。"

原文所列举的最后一种情况,困而不学,民斯为下矣。我感觉杨先生的翻译,不尽妥当。

这儿的"民",如果定解为老百姓,那么他们的困而不学,就不应该列举在此、加以贬抑。下等的老百姓,生活困顿,求温饱而不得,哪有机会条件求学?孔子在前面曾经讲过,对民众应当富而教之的话。民众不富,没有条件读书求学,如何可以责备他们"困而不学"呢?

我认为,困而不学,是相对于前面一种情况困而学之来说的。这儿的"困"字,讲得应该是同等情况。应该都是指"实践中遇见困难",或者"困于学术之不明"。无论是有条件的读书人、还是条件受限的老百姓,困而学之,总是好一些。困而不学,无论是什么人,一定都说不过去,都是最下等的了。

如此一来,最后一种情况,民斯为下矣,这个"民"字或也应有别解。民者氓也,氓者盲也。实践中遇到困难、学习中有所不明,困而不学,只能是不进步,停留在群氓、文盲的低水准。这样解释,也许更加接近孔子的原意。他说的本来是正常读书人学习求知的几种情况,何必拿没有机会读书的老百姓来奚落垫底呢?

而这段语录,最让人困惑的是第一句。

生而知之者上也。

生活中,人群中,果然有生而知之的人吗?

《论语·述而》篇第二十章,子曰:"我非生而知之者,好古,敏以求之也。"孔子坦承,自己不是生来就有知识的人。而是喜好古代文化,勤奋敏捷去求得来的人。

我们品读孔子的话语,领略其语义,孔子并不否认"生而知之"。生而知之者,这样的情况一定是有的,而且被孔子推崇为最上等。

那么,孔子所说的这样的人,就是所谓天才吗?

即便人群中真的有天才式的人物,他们记忆力惊人、智商超常,包括天性趋于仁义良善多些,这样的说法,我们都可以接受。但是,断然肯定有人"生而知之",这样的情况,多半超出了一般人的生活阅历范围。至少,笔者一生,不曾见到过这样的人。

也许,对于"生而知之",应该有更加合乎孔子本意的理解。

这儿的"知",可以是知识,也可以是智慧;当然更应该包括诗书礼仪。老百姓口语所说的"知书识礼"是也。那么,孔子所言"生而知之",这个"生"字指的可能是一个人与生俱来的先天环境。

假定一个人,生在诗礼之家,自幼有机会接触书籍典章,又有礼仪规矩的日常熏陶,这是完全可能的。那么,及至其成人,到了走向社会、出现在公众场合的时候,他已经什么都懂得了、知晓了。在这样的意义上,就可以说这个人是一位生而知之者。

当然,孔子循循善诱,在这段语录中强调的,分明不是让人巴望、希冀"生而知之";夫子一再倡导的,是学而再学。

《论语·卫灵公》篇第三十一章,子曰:"吾尝终日不食,终夜不寝,以思,无益,不如学也。"孔子现身说法,以他那样的圣贤,废寝忘食去思考,都未尝得益,都不如努力学习。

孔夫子强调学习,身体力行学而时习之,劝导我们学习再学习,此诚《劝学篇》之先声宏论也。

"其斯之谓"说景公

【原文】

齐景公有马千驷，死之日，民无德而称焉。伯夷叔齐饿于首阳之下，民到于今称之。其斯之谓与？

——季氏篇·第十二章

上文为《论语·季氏》篇第十二章的一段文字，大意是"齐景公有马四千匹，死的时候，老百姓谁都没有觉得他有什么德行值得称许。伯夷、叔齐饿死在首阳山下，老百姓直到现在都称颂。那就是这个意思吧？"

这一章文字载于《论语》，口气也是孔子的话。但前面没有"子曰"、"孔子曰"的字样，末尾的其斯之谓与一句话也上无所承。后来的译注家们多有猜测。有人比如朱熹认为："此章文势或有断续，或有阙文，或非一章，皆不可考。"有人比如程颐则认为，《论语·颜渊》篇第十章所引《诗经》中的诚不以富，亦只以异，这两句引文可能属于错简。放在该章，非常难解。这两句引文，应该放置于《论语·季氏》篇第十二章，摆在其斯之谓与之上。

按照程颐的说法，将错简重作调整，则文意相当贯通。——伯夷、叔齐饿死在首阳山下，老百姓直到现在都称颂。《诗经》里说的"真的不是因为什么富足，只是因为品德卓异"，那就是这个意思吧？

程颐的猜想，可谓有过严密谨慎的思考。可惜没有其他证据，再严谨的猜想也只能还是猜想。

《论语·季氏》篇的此章文字或有阙文，甚或不是孔子所说的，但丝毫不影响它的文义指向，不影响我们的阅读体味。

伯夷、叔齐，做了点什么呢？他们有什么惊天动地的功业呢？他们为了心目中的更高原则，为了道德追求，竟至饿死。千百年来他们却被人称颂，成为志士仁人守死善道的辉煌榜样。齐景公一朝诸侯，地位曾经何等煊赫。民众对前者，至今称赞；对后者，对不起，没什么称许的。

齐景公如果有心当君子，哪怕仅仅奉行**君子有三畏**：敬畏天命，敬畏道德学人，敬畏古代圣贤的教诲，那他将会为政以德、依礼治国；老百姓怎么会不称许他？

不幸的是他像所有的独裁者、权势者一样，无所敬畏。单单作为一个诸侯国君，就要疯狂聚敛财富，仅骏马就有四千匹。只相信权力、武力、势力。我掌刀，我就要吃肉，我甚至要随便杀人，谁奈我何？

诚然，民众百姓，包括文人士子，处在无权的地位，对暴君暴政往往是无可奈何。

但对于各种人物，民众老百姓会有自己的评价，士子文人会书之竹帛。

历史无情。

历史是由后来者叙述的。

防民之口甚于防川；民众的口碑比任何碑碣更强固。

孔子著《春秋》，乱臣贼子惧；笔比刀更永恒。

"问一得三"何足喜

【原文】

陈亢问于伯鱼曰:"子亦有异闻乎?"

对曰:"未也。尝独立,鲤趋而过庭。曰:'学诗乎?'对曰:'未也。''不学诗,无以言。'鲤退而学诗。他日,又独立,鲤趋而过庭。曰:'学礼乎?'对曰:'未也。''不学礼,无以立。'鲤退而学礼。闻斯二者。"

陈亢退而喜曰:"问一得三,闻诗,闻礼,又闻君子之远其子也。"

——季氏篇·第十三章

《论语·季氏》篇第十三章,记录了陈亢和孔子的儿子孔鲤的一段对话。

陈亢问于伯鱼曰:"子亦有异闻乎?"

对曰:"未也。尝独立,鲤趋而过庭。曰:'学诗乎?'对曰:'未也。''不学诗,无以言。'鲤退而学诗。他日,又独立,鲤趋而过庭。曰:'学礼乎?'对曰:'未也。''不学礼,无以立。'鲤退而学礼。闻斯二者。"

陈亢退而喜曰:"问一得三,闻诗,闻礼,又闻君子之远其子也。"

翻译成白话,全文如下——

陈亢询问伯鱼说:"你从你父亲那里听到过与众不同的讲授吗?"

伯鱼回答说:"没有。他曾经独自站在庭中,我恭敬地快走而过。他问我道:'学过《诗经》了吗?'我回答说:'没有。'他说道:'不学《诗经》,没法讲话。'我退下来就学习《诗经》。另一天,他又独自立在庭中,我还是恭敬地快走而过。他问道:'学过礼仪了吗?'我回答说:'没有。'他说道:

'不学礼仪，没法立身。'我退下来就学习礼仪。我就听到这么两点。"

陈亢回去高兴地说："我问一件事，得知了三件事。得知读《诗经》很重要，得知学礼仪很重要，还得知君子严格教育自己的儿子（并无偏私）的态度。"

陈亢，字子禽。对陈亢其人，历来有说是孔门弟子的，有说不是的。

早在《论语·学而》篇第十章，陈亢就曾经出现过。子禽问于子贡曰："夫子至于是邦也，必闻其政，求之与？抑与之与？"

这个陈亢，陈子禽，在这儿尊称孔子为"夫子"。他非常可能是孔子的弟子。但从他所问的问题能够看出：即便他是孔子的弟子，也不曾亲随孔子周游列国；至少，他不是特别接近孔子的人，他对孔子的了解，并不全面。

到了后面《论语》十九篇，即《论语·子张》篇的第二十五章，记载了陈亢与子贡的一段对话。对话的开头，陈子禽谓子贡曰："子为恭也，仲尼岂贤于子乎？"陈亢对子贡这样说："你是刻意谦恭的吧？仲尼难道真的比你强吗？"

在这儿，陈亢直呼孔子为"仲尼"，其口吻则又不像是孔子的弟子。而且，他怀疑孔子是否贤于子贡。我们至少可以判定：对于孔子和孔子的学说，陈亢属于一位怀疑论者。当然，这也可能是他看到子贡的贤名大著，他的发问是对子贡的一种试探，来一点旁敲侧击，搞一番带有乖戾性质的品格考验。

有人根据《史记·仲尼弟子列传》不载子禽的事实，特别是上面这句话中透露出的口吻用意，定论子禽不是孔门弟子。

下面，我们回到《论语·季氏》篇第十三章。

陈子禽向伯鱼发问：子亦有异闻乎？

这样的发问，带有一种刺探他人隐私之嫌。而且基于深深的怀疑：怀疑孔子和孔鲤父子之间，有什么秘密传授；怀疑学道求仁，可以通过私相授受，得到什么私密锁钥。足见子禽其人，见识颇低。

孔夫子教育弟子，可能藏私吗？他开坛讲学、弘扬仁道，会私藏什么家传秘方、独门技术和可以立至千金的把戏吗？

学道求仁之难，又岂在私相授受。即或是书法等小道，哪个书法家能够保证教会自家子弟成为书法家？能够私相传授的，只能是工匠技法，而不可能是人间大道。

　　事实证明，夫子教导儿子孔鲤的，无异于教导弟子们的。依然不过是学诗学礼。事实上，连孔子自己都认为：孔鲤并不贤于颜渊。

　　经过询问，子禽相信了孔子教学不藏私，确实没有什么特别的秘诀私下传给孔鲤。

　　这个陈亢陈子禽方才退而喜。

　　对于传道，夫子不会藏私；对于学道，私相授受也没用。这是孔门弟子应有的识见。

　　子禽识见不及此，其所以喜者，适足悲夫悲哉。

　　或曰，这也正可证明：陈亢其人非夫子入室弟子也。

子如不言,小子何述

【原文】

子曰:"予欲无言。"子贡曰:"子如不言,则小子何述焉?"子曰:"天何言哉?四时行焉,百物生焉,天何言哉?"

——阳货篇·第十九章

《论语·阳货》第十九章,子曰:"予欲无言。"子贡曰:"子如不言,则小子何述焉?"子曰:"天何言哉?四时行焉,百物生焉,天何言哉?"孔子说:"我不想说话了。"子贡说:"老师如果不说话,那么弟子们传述什么呢?"孔子说:"上天说了什么呢?四季照样运行,众物照样生长,上天说了什么呢?"

孔子声称,自已不想说活了。一则,孔子奉行的教育方法,向来重视身教;仁道更强调践行,而不是言辞滔滔、辩才无碍。二则,其间透露出了孔子对语言功能的深刻认识;言以载道,但语言并不是万能的。

听到老师如此声称,孔子的得意高足子贡,反应强烈。夫子你要是不说话,你的博大思想、精深思考,我们何从而得之、又怎样传述呢?子贡当然是希望孔子继续言说,以便弟子们口口相传、包括书之竹帛,以利传播大道。子贡们的这点希望、这点祈求,发生作用了吗?

当初更为具体的情形,我们不得而知。也许,子贡等有心的弟子,就是从那个时候开始,确实已经在注意记录夫子的若干话语。《论语》,已经初步具备了它的雏形。

《论语·季氏》篇,透露出了若干个中信息。

这篇文字,凡孔子说活,都是"孔子曰",而不是惯常的"子曰"。而且,该篇许多章节所记录的孔子的话,不像是日常会话;多半具有格言的性质,仿佛有过精心的思考与归纳。

《论语·季氏》篇第四章,总结归纳出了益者三友,损者三友;

第五章,则汇总出了益者三乐,损者三乐;

第六章,讲到侍于君子有三愆;

第七章,讲到君子有三戒;

下面第十章,讲到君子有九思。

到《论语·阳货》篇第六章,子张问仁于孔子,孔子归纳出了恭、宽、信、敏、惠五条,告诉子张说能行五者于天下为仁矣。

到《论语·阳货》篇第八章,孔子甚至是主动向学生子路介绍自己归纳出的"六言六蔽"。

我们阅读上述章节,与其他章节进行比照,应该承认它们确实都是格言式的。有过精心的思考与归纳,不大像是夫子日常话语,也不大像是随口应答。

它们非常像是夫子闲居,自己归纳总结出来的多方面的体会。甚至不排除夫子曾经将其亲自录于书简。至少,它们极像是夫子口述,身边侍者做了准确的笔录。

也许,夫子年迈,身边弟子尤为感到夫子教导的珍贵,采取了这样的犹如记载帝王日常言行的"起居注"的办法,终于记录下来孔子这位圣贤的许多宝贵言说。

我们感谢我们的伟大民族,在所谓轴心期时代,诞生了孔子这样的伟大圣贤。

我们也应该感谢孔子的许多入室弟子与再传弟子,他们记录下了孔子的许多言论,最终编纂出了伟大的经典——《论语》。

是啊,子如不言,小子何述焉?我们这些后学者,又哪里能够读到这样的经典呢?

上智下愚不移

【原文】

子曰:"唯上知与下愚不移。"

——阳货篇·第三章

《论语·阳货》篇第三章,子曰:"唯上知与下愚不移。"孔子说:"只有上等的智者和下等的愚人是改变不了的。"

对于这句简短而又易生歧义的论语,惯常的翻译大略如上。杨伯峻先生和张燕婴先生的翻译则完全一样,一字不差。

杨伯峻先生在注释中,举了若干关于"上知"、"下愚"的古今异说。说法之一,"可与为善,不可与为恶,是谓上智;可与为恶,不可与为善,是谓下愚。"是以人的品质言。说法之二,"上知谓生而知之,下愚谓困而不学。"则是兼以其知识与品质而言。

惯常的翻译,包括杨先生举出的古今异说,首先将"上知"圈定为智者,或曰仁而智者。其实,"上知"和"下愚"并不一定专指人,也可以解释为"上等的智慧"和"下等的愚昧"。

还有"不移",解释成"改变不了"、"不可更移"。除了上知不移、下愚不移,还可以生发出进一步的含义:上知与下愚,两者之间的高低比照关系,也是无可更移的。

好在,惯常而平易的翻译无伤本旨。普通读者,结合翻译,结合自身的人生体验,能够理解孔子这句话的本意。上等的智慧,生而知之,为仁为善;下等的愚人,困而不学,为恶不仁;这样的情况是改变不了的,两者上与下这样的比照关系也是无可更移的。

但过来人当是记忆犹新，孔子的这句话，曾经遭到批孔家们疯狂的口诛笔伐。

批孔家们秉承上意，猖獗批孔，貌似气势汹汹，实质是色厉内荏；其把戏极其拙陋浅陋，偏要作出一副真理在手的丑恶嘴脸。他们的把戏，择其要者，一是有罪推定，二是拉大旗作虎皮。

既然他们的批孔是秉持上意，首先对孔子作了有罪推定。把孔子定性为反动文人，是反动腐朽文化的代言人，是为贵族奴隶主服务的。而他们自己，早已站定了革命立场，坚定地拥护运动发起者的伟大革命路线；然后肆意诋毁攻击不在场的孔子，无所不用其极，而能不受任何反驳，永远立于不败之地。

其次，最拿手的把戏就是拉大旗作虎皮。他们往往会祭起一件法宝，拿出某些领袖伟人的某句话，即所谓的"最高指示"来压服人、吓唬人。

他们批判孔子所说**唯上知与下愚不移**这条语录，最为得意沾沾的就是当场举出毛泽东所说的一句话：卑贱者最聪明，高贵者最愚蠢。是为所谓毛主席语录一条，最高指示一则是也。

批孔家手捧尚方宝剑，即刻开始批判。义形于色，一副与孔夫子不共戴天的模样。

——毛主席教导我们说：卑贱者最聪明，高贵者最愚蠢。万恶的孔老二丧心病狂，竟然鼓吹"唯上知与下愚不移"；无耻吹捧罪恶的奴隶主，是什么"上知"；肆意贬低污蔑伟大的劳动人民、贫下中农，属于什么"下愚"。其用心何其毒也，是可忍孰不可忍？

诸如此类、如是云云，高举毛泽东语录小本本所谓"红宝书"挥舞一回，念过最高指示，就已经宣告胜利、得胜还朝。

让我们抛开那些批孔家、马屁家，心平气和来研讨。毛泽东说的"卑贱者最聪明，高贵者最愚蠢"，有没有一些道理？在一定的情况下，当然有其道理。但它决不是什么真理，并不能像御用文人所鼓吹的，能够放之四海而皆准。

回到孔子的语录**唯上知与下愚不移**,我们可以在此小作发挥。

仁,仁道,这是中华文明的核心价值。相信仁道,相信仁者无敌,就是上知。

相信暴力,实行暴政,以暴易暴,以力胜人,在孔子、老子、墨子等先哲的心目中,就是下愚。

中国的整部历史证明:封建帝王从来没有真正采信实行过孔子的思想。士君子文化和帝王文化之间的紧张关系,从来没有改变过。

唯上知与下愚不移。

诚哉斯言;信哉斯言。

"割鸡焉用牛刀"之戏

【原文】

子之武城,闻弦歌之声。夫子莞尔而笑,曰:"割鸡焉用牛刀?"

子游对曰:"昔者偃也闻诸夫子曰:'君子学道则爱人,小人学道则易使也。'"

子曰:"二三子!偃之言是也。前言戏之耳。"

——阳货篇·第四章

《论语·阳货》篇第四章,是一段对话,又像一段小故事。甚至其中还有一点戏剧性。

子之武城,闻弦歌之声。夫子莞尔而笑,曰:"割鸡焉用牛刀?"

子游对曰:"昔者偃也闻诸夫子曰:'君子学道则爱人,小人学道则易使也。'"

子曰:"二三子!偃之言是也。前言戏之耳。"

孔子到了武城,听见弹琴瑟唱诗歌的声音。孔子微微一笑,说道:"杀鸡何必用宰牛的刀呢?"

子游答道:"以前我听老师说过:'君子学了礼乐之道会懂得爱人,小人学了礼乐之道就容易指使。'"

孔子说:"弟子们!言偃的话是对的。我刚才那句话不过是跟他开玩笑罢了。"

言偃即子游,曾经在武城地面任职,当过地方长官。按杨伯峻先生注释说成是县长,当然也满可以。孔子来到这里,听到了弹奏琴瑟、吟唱诗歌的声音。

第八十篇 | 225

尽管是县城，小地方，学生子游在此施行礼乐教化，并且看样子干得还不错。孔夫子却冒了一句：割鸡焉用牛刀？

杨先生在他的译文中加注说，孔子这句话有"治理这个小地方，用得着教育吗"的意思。

如果我们认同这样的翻译，孔子这回说话，确实是有点随便、有些率性，属于未经思虑脱口而出了。

于是，子游即刻进行申辩。申辩的道理是充分的，站得住脚的。既然老师说过：**君子学道则爱人，小人学道则易使也**。传道，施行教化，难道还应该分对象之优劣、分地域之大小吗？此刻的子游，正气堂堂，可谓当仁、不让于师。

于是，才有夫子的当场及时改错之言。这里当然可以看出夫子和弟子之间的良好关系，可以看出孔子身体力行倡导的优良学风。孔子坦诚地说：学生们啊，言偃说得对！我前面的话，不过是开了个玩笑罢了。

这样分析下来，我们可以认为：《论语》的编辑者，堪称直笔。即便是夫子有错，也决不粉饰避讳。

当然，过而不改，是谓过矣。孔子有错，当场当众认错并且改正，这也同时证明了孔子的伟大。《论语·子张》篇第二十一章，子贡曰："君子之过也，如日月之食焉：过也，人皆见之；更也，人皆仰之。"子贡说："君子的过错好像日食、月食那样：犯了过错，人人都能看到；改了过错，人人都会敬仰。"

这话用在这儿说孔子，简直就是恰如其分啊。

——不过，对这段文字，我看还可以有别样的理解。

杨伯峻先生的翻译，我感觉有臆测的成分。割鸡焉用牛刀有"治理这个小地方，用得着教育吗"的意思，是根据后文的文意，反推出来的解释。而这样的解释，恐怕不尽准确。设问，孔夫子重视教化，奉行有教无类，甚至曾经准备到九夷那样的边鄙之地去行道，他怎么会认为武城属于小地方、所以用不着礼仪教化呢？

以下，笔者试着来作一番别解。

孔子来到武城，听到弦歌之声，对这样的状况是满意的，对他的得意高足子游是满意的。子游在这里当地方长官，对这里的民众"富而教之"，施行礼乐教化，干得相当不错嘛！所以，夫子才会莞尔而笑。

至于割鸡焉用牛刀，夫子也许是说：子游这样的人才，斩蛟杀虎都绰绰有余，却只是治理一个小小的县城，在干一点杀鸭割鸡的小事情，这实在是大材小用啦！

听了老师的话，子游能怎么说呢？能承认武城这样的小地方委屈了自己、确实是大材小用了吗？他只能说：地方虽小，人众水平是差；但施行教化的工作总归是要做的。

听到弟子这样表态，孔子更加满意。施行教化，本是大道；才大才小，都要尽力而为；都会小城，都要诗礼教化。弟子们，你们都看见了，言偃说得对、说得好啊！你们给我听好了：刚刚我讲的"大材小用"的话，就算是一句戏言好啦！

孔子武城之行，如果看做一段小故事，孔子和子游师徒二人的对话，是为话中有话。心理活动在表面会话中，时隐时现。说是有点戏剧性，谅不为过。

——况且，说不定夫子在一开始，对武城的状况早已有所预闻，对子游治理此地、施行礼乐教化，原本就是满意的。特别开个玩笑，正话反说，要引出子游的话来。而子游不负所望，治理一地，兢兢业业；论及自身，深自谦抑。夫子带领二三子前来视察，结果非常圆满。

如此说来，这就更是夫子临场编导的一段戏文啦。

子欲往何必之之

【原文】

公山弗扰以费畔，召，子欲往。

子路不说，曰："末之也，已，何必公山氏之之也？"

子曰："夫召我者，而岂徒哉？如有用我者，吾其为东周乎？"

——阳货篇·第五章

佛肸召，子欲往。

子路曰："昔者由也闻诸夫子曰：'亲于其身为不善者，君子不入也。'佛肸以中牟畔，子之往也，如之何？"

子曰："然，有是言也。不曰坚乎，磨而不磷；不曰白乎，涅而不缁。吾岂匏瓜也哉？焉能系而不食？"

——阳货篇·第七章

《论语·阳货》篇，两番记录了孔子要应召去叛乱之地的情形。

我们先看第五章。

公山弗扰以费畔，召，子欲往。

子路不说，曰："末之也，已，何必公山氏之之也？"

子曰："夫召我者，而岂徒哉？如有用我者，吾其为东周乎？"

公山弗扰在费邑反叛季氏，召孔子前往，孔子准备去。

子路不高兴，说道："没有地方去也就算了，何必非要去公山氏那里呢？"

孔子说："那个召我去的人，难道是平白无故的吗？假如有人能任用我，我将在东方复兴周的世道！"

参看杨伯峻先生在这段《论语》译文后所加的注释，古人历来对这段文字多有争议。有说《论语》所记叙的事情,在《左传》中不见记载,所以疑心这段文字不可信。也有说不该偏信《左传》而怀疑《论语》的。上述种种,我们只能存疑。

我认为,我们不妨就文字来谈文字。在文字记录的层面,公山弗扰是叛变造反了;其人召孔子,而孔子"欲往";孔子准备应召而往,有过这样的动议。

当然,就历史的真实,就整部《论语》提供的信息,事实上孔子并没有前往费邑,没有真个去投奔公山氏。那么,这章文字,只剩下孔子与子路的会话是有意义的。

孔子说想去公山氏那里,也许只是说说而已。那儿召我去,请我出山,是否可以试试看呢?但子路认真而性急。你老人家这般身份名头,没有地方去也就罢了,何必要去那样一个小地方?而且是一处叛乱之地?

于是,学生子路的不高兴,他的不赞同,引出了夫子下面的话来。一个地方,召我去,真正任用我,放手让我去治理,我一定会施展抱负;将那里治理成文武周公时代一样的道德之邦!

再看第七章。

佛肸召,子欲往。

子路曰:"昔者由也闻诸夫子曰:'亲于其身为不善者,君子不入也。'佛肸以中牟畔,子之往也,如之何?"

子曰:"然,有是言也。不曰坚乎,磨而不磷;不曰白乎,涅而不缁。吾岂匏瓜也哉?焉能系而不食?"

这一章的情况和第五章差不多。佛肸盘踞中牟对抗赵简子,来召孔子前去,孔子打算应召。按照子路的认识,佛肸作为范中行的家臣,占据中牟抵抗赵简子,也算是以下犯上的一种反叛。老师你曾经教导我们说,亲自干坏事的人那里,君子是不去的。现在你却要去那里,怎么能说得过去呢?

孔子说道:"是的,我是说过这话。但是,你不知道吗?坚硬的东西,磨也磨不薄;白质的东西,染也染不黑。我难道是一只匏瓜吗?怎么能只是悬挂在那里不给人食用呢？"

孔子的这段话，我认为和上面第五章孔子的话一样，都大有深意在。

第一点：孔子譬喻而言，坚固之物，磨不薄；洁白之品，染不黑。说的是君子的品格。好比孔夫子当初说欲居九夷，君子居之、何陋之有。我们无论去什么地方，外在环境难道能够改变我们的道德行为准则吗？

第二点：孔子还是运用比喻来讲说道理。难道我是一只匏瓜，光是吊起来供人看，丢弃了它的食用功能吗？我们不禁会想起前面学过的《论语·子路》篇第十章，子曰："苟有用我者，期月而已可也，三年有成。"空怀治国安邦的志向本领，却没有诸侯国来请孔子执掌政事，孔子的治国理念竟然始终没有得到实际施展的机会。对此，我们的夫子是耿耿于怀啊！

第三点：尽管孔子讲过危邦不入、乱邦不居的话，当费邑和中牟这两个所谓叛乱之地有人召请孔子的时候，孔子并没有拒绝前往。一方面，如有用我者，吾其为东周乎！孔子有着那样的自信，能将危邦、乱邦，治理成为周道复兴的礼仪之邦。另一方面，孔子并不拘泥于所谓正统秩序，简单地贬斥公山弗扰和佛肸。既然季氏已经篡夺了鲁国的政权，季氏的家臣公山弗扰进而叛变了季氏，这又何足为奇。孔子看到了天下大乱的局面，准备勇敢地出面担当。哪里能够复兴仁道仁政，就勇于到哪里去！

出于我们无法探知的原因，事实上，孔子没有去公山氏那里，也没有去佛肸那里。

孔子周游列国，直到他的晚年，也没有得到参与治理任何一个诸侯国的机会。这是遗憾的。

但孔子的积极态度，关注时局、随时准备介入当前政治的入世情怀，却跃然纸上。正是子欲往，何必之之？

他没有亲自前往某些地方，没有展示才能的机会，但丝毫无损于他的入世取向和伟大的担当精神。

后学者，宜于深思：我们读书习礼，到底为着什么？

对此，孔子始终是清醒的、现实的、入世的。他的道，关乎现实，关注天下，从来就不是封锁在书斋里的高头讲章。

把孔子和孔子的道,书斋化、宗教化、形而上化,就是远离了夫子之道。

子欲往,何必真的之之?

而子欲之者,恰是我等后学者宜于之之也。

守孝三年的错位讨论

【原文】

宰我问:"三年之丧,期已久矣。君子三年不为礼,礼必坏;三年不为乐,乐必崩。旧谷既没,新谷既升,钻燧改火,期可已矣。"

子曰:"食夫稻,衣夫锦,于女安乎?"

曰:"安。"

"女安,则为之!夫君子之居丧,食旨不甘,闻乐不乐,居处不安,故不为也。今女安,则为之!"

宰我出。子曰:"予之不仁也!子生三年,然后免于父母之怀。夫三年之丧,天下之通丧也,予也有三年之爱于其父母乎?"

——阳货篇·第二十一章

《论语·阳货》篇第二十一章,记录的是宰我和孔子的对话。师生之间谈论到了"三年之丧"的话题。

宰我,是孔子门下极有个性的一名学生。和子路的直率慷爽有一比,樊迟有时难免钻牛角,宰我则总是会思索一些另类问题。

《论语》第五篇即《论语·公冶长》篇第十章,记录过**宰予昼寝**的事件。这位公然在大白天睡觉的学生,到《论语》第六篇即《论语·雍也》篇第二十六章,又和孔子探讨过井有仁焉的问题。那个问题,多少超越了语言的表层语义,指向了某种程度的抽象思辨意味。应该承认,宰我的思维确乎有些与众不同。

且看这一章。宰我问:"三年之丧,期已久矣。君子三年不为礼,礼必坏;三年不为乐,乐必崩。旧谷既没,新谷既升,钻燧改火,期可已矣。"

子曰:"食夫稻,衣夫锦,于女安乎?"

曰:"安。"

"女安,则为之!夫君子之居丧,食旨不甘,闻乐不乐,居处不安,故不为也。今女安,则为之!"

宰我出。子曰:"予之不仁也!子生三年,然后免于父母之怀。夫三年之丧,天下之通丧也,予也有三年之爱于其父母乎?"

三年之丧,由来已久。孔子认为,乃是天下之通丧。我们前面研讨过的《论语·宪问》篇第四十章,高宗谅阴,三年不言,是《尚书》上的记载。孔子则进一步声明:何必高宗,古之人皆然。

看来在孔子所处的时代,三年之丧,已经成为社会风习,载于礼仪典章制度。

两千余年之下,华夏国人对"守孝三年"至少是耳熟能详。

但从古至今,人们对于这个话题以及相关话题的争议始终没有消失过。人死了,是厚葬、还是薄葬?丧礼,是从简、还是由繁?包括守孝,三年是不是太长?守孝,如果坚持三年的时段不改,守孝期间的吃住言行如果礼仪太繁,对活人的生活和事业造成过大的影响是必然的。

而且,凡事必有两面。过分推崇孝道,过分强调形式上的守孝,一定会有"过犹不及"的问题出现。众所周知的汉代童谣民谚"举秀才,不知书;举孝廉,父别居",挖苦讽刺的就是这类现象。

宰我或者已经看到了若干守孝三年带来的问题,或者见微知著已经预见了未来的种种可能。所以,他向师尊提出这个问题。希望有所改变,至少可以就此问题进行讨论。三年之丧,时间太长了,守丧一年,是不是就可以了?

但我们阅读《论语》至此,感觉宰我提出问题其立论欠缺严谨。

他提出问题的依据理由,还停留在考虑礼乐的层面。君子三年不为礼,礼必坏;三年不为乐,乐必崩。如果三年之丧本身就是礼制规定的礼仪,人们居丧,就是尽礼,而并非"不为礼"。恰恰是不执行三年之丧,已经是在违礼。

再者，宰予这儿说的"君子"是单指居上位者吗？不然何必担心其人守孝三年，就会导致礼崩乐坏那样严重的后果呢？况且，前面的例子所举，即便是贵为天子的高宗，居丧三年、三年不言，有冢宰负责管理百官。国家朝廷礼乐尚在，不会崩毁。

如果宰我说的是普通士子、寻常百姓的守孝，更不会造成那样严重的后果。国人不可能在同一时段遭遇"三年之丧"。即便某人奉守三年之丧，顶多是个别人"不为礼、不为乐"，怎么会造成整个社会的礼崩乐坏呢？

所以，我们可以这样认为：宰我提出问题，哪怕是关乎礼仪制度的重大问题，提出问题加以讨论，并没有错。其欠缺是立论不够严谨，论据并不充分。

下面是孔子的回答。从文本的字面上来看，孔子没有正面回答宰我提出的问题。孔子认为，三年之丧，是天下之通丧。对此，是不可怀疑、不能进行讨论的。作为人子，觉得三年之丧时间太长，本身就是不仁不孝。当然，在宰我退出后，孔子讲明了自己认可三年之丧的道理。每个人，出生之后的最初三年，父母的呵护爱养，是最为辛苦的。发乎人的天性本能，那是最无私的人间至爱。为父母守孝三年，以多少表达我们的还报之情，这也完全应该属于我们的道德本能，应该上升到孝道人伦的层面。

然而，孔子没有正面回答宰我的问题，而是归结到宰我的个人取舍上来说话。不要三年之丧，吃细粮、穿绸缎，你心里对父母觉着过得去，你就随便好啦！君子居丧，食不甘味、居不安寝，听到音乐不快乐；你既然吃得香甜、睡得安稳、闻乐而喜，你就那么办好啦！

平心而论，宰我说的三年之丧这一话题，原本不是宰我自己个人的问题；而是就这种社会现象、礼仪制度，发出一点个人的疑问，试图进行一点学术研讨。然而话赶话，孔夫子直接批评宰我，宰我也干脆就赌气自承。"三年之丧"，时间是否太长？原本可能是关乎礼仪制度、社会问题的讨论，变成了宰我的个人行为与道德取向。宰我为之受到了孔子的严厉批评。

师徒之间对某一问题的讨论，从一开始就发生了莫名的错位。

因学术研讨而挨批，宰我未免有些冤枉啊。

然而，在孔子的立场，"三年之丧"作为自古皆然的天下通丧，是不可怀疑而讨论的。在孔子看来，如果宰我本人没有这一背离孝道的念头，就不会提出这有违礼制的话题。所以，话语的锋芒直指宰我的本心。

宰我之挨批，却又并不冤枉。

女子小人谁难养

【原文】

子曰：唯女子与小人为难养也，近之则不逊，远之则怨。

——阳货篇·第二十五章

《论语·阳货》篇第二十五章，子曰：唯女子与小人为难养也，近之则不逊，远之则怨。孔子说："只有女子和小人是难以养用的。亲近了，就不会恭顺；疏远了，就会生怨恨。"

这段文字，成为最受后人诟病的一章文字。

唯女子与小人为难养，成了男权为中心的传统社会一句经常引用的名言。近一百多年来，则被批孔家指斥为孔夫子鄙视妇女和劳动人民的证据。据说，连海外尊崇孔子的汉学家也百口莫辩，只好说：孔夫子只有这句话"说错了"。

出于维护孔子，替老夫子打圆场的好心，有不少专家学者以及教授们，对这句话尽量去作各种利于孔子的解读。

比方，对于孔子的这句名言，北师大女教授于丹曾这样解释：孔子在这儿所说的"小人"，是指小孩子；这句话的意思是说，女人就跟小孩子一样，过于宠溺，她会恃宠而骄；不予理睬，她又会心生怨气。作为和君子对应的小人，是一个宽泛概念，但也有着基本的能指所指、外延与内涵。把小人解释成小孩子，堪称一绝。说是信口开河，也不为过。

把女人比成小孩子，不再比成传统意义上的小人，对女人就尊重了吗？这样的解读，照顾了"女权主义者"的情绪，就不考虑《未成年人保护法》了吗？

还有更加离谱的解读。说"女子",特指女儿;"与小人",这儿是讲嫁与小人。我们的女儿,嫁给小人的话,那是最难相处的了。近之则不逊,远之则怨。

并不一味因循前人的解读,打开思路,别出心裁,未尝不可。但信马由缰,把解读经典搞到没边没沿的程度,也就太不严肃了。

其实,对孔子的这段论述,惯常的翻译解释并没有什么错。只是我们解读的过程,阅读应该由表及里一点,理解需要稍许深入一点。

孔子的言语往往是面对具体情况的特定话语。他从来都没有把自己的话语当成"放之四海而皆准"的真理。唯女子与小人为难养也,是一句针对特定情况的话语。这句话当中有一个关键词语是"难养"。或者干脆就是那个"养"字。

在《论语·子路》篇第二十五章,孔子说过君子易事而难说也、小人难事而易说也。这里说的是人际关系,强调的是居于下位的人,面对居上位的服事对象的不同情况。如果小人居于上位,我们不幸服事的是这样的顶头上司,结果就是"难事而易说"。

唯女子与小人为难养,说的也是人际关系,强调的则是居于上位的人,"养用"他人时的情况。身份低下者,自己还在打工,尚且需要别人养用自己,当然就不会有养用他人的问题。所以,孔子这句话,确实就是一句面对具体情景的特定话语。

钱穆在他的《论语新解》中,有过很好的解读——"先生说:只有家里的妾侍和仆人最难养。你若和他们近了,他将不知有逊让。你若和他们远了,他便会怨恨你。"

一般人,穷书生,谁能养得起妾仆呢?只有那些有地位的士族人家,才有这样的排场。也才会有养用妾仆所遇到的种种问题。

那么,孔子的这句话对现今的普通人就没有指导意义了吗?《论语》所载的这句名言,就只剩下被人诟病问难的命运了吗?

却又不然。修身齐家,对于现代人而言,依然是个需要终生面对的话题。

在当代社会,妇女解放、男女平等。女性只要自强自立,不甘为人之妾仆被人养用,谁还能把她们硬性当做妾仆呢?孔夫子说的本来不是女权主义者,女权主义者大可不必和孔子纠缠不休。

孔子无法超越时代。孔子的原话放置于当今,必然会脱离开当时的语境,孔子对此无可奈何。

老先生的这句话,容易被一般读者误读,包括被后人而复后人继续诟病,这恐怕将会是一个长久不易消除的阅读现象。

凤不与鸟兽同群

【原文】

楚狂接舆歌而过孔子曰:"凤兮凤兮!何德之衰?往者不可谏,来者犹可追。已而已而!今之从政者殆而!"

孔子下,欲与之言。趋而避之,不得与之言。

——微子篇·第五章

长沮、桀溺耦而耕,孔子过之,使子路问津焉。

长沮曰:"夫执舆者为谁?"

子路曰:"为孔丘。"

曰:"是鲁孔丘与?"

曰:"是也。"

曰:"是知津矣。"

问于桀溺。

桀溺曰:"子为谁?"

曰:"为仲由。"

曰:"是鲁孔丘之徒与?"

对曰:"然。"

曰:"滔滔者天下皆是也,而谁以易之?且而与其从辟人之士也,岂若从辟世之士哉?"耰而不辍。

子路行以告。

夫子怃然曰:"鸟兽不可与同群,吾非斯人之徒与而谁与?天下有道,丘不与易也。"

——微子篇·第六章

《论语·微子》篇第五章，楚狂接舆歌而过孔子曰："凤兮凤兮！何德之衰？往者不可谏，来者犹可追。已而已而！今之从政者殆而！"

孔子下，欲与之言。趋而避之，不得与之言。

这段《论语》，杨伯峻先生的译文如下：

楚国的狂人接舆一边走过孔子的车子，一边唱着歌，道："凤凰呀，凤凰呀！为什么这么倒霉？过去的不能再挽回，未来的还可不再着迷。算了吧，算了吧！现在的执政诸公危乎其危！"

孔子下车，想同他谈谈。他却赶快避开，孔子没法同他谈。

杨先生在译文之后，另外加了注释。注释介绍称，《论语》所记隐士皆以其事名之。门者谓之"晨门"，杖者谓之"丈人"，津者谓之"沮、溺"。同样，接孔子之舆者谓之"接舆"。

这位接舆，随口而歌。歌子的水平相当高。是孔子周游列国途中遇到过的一位隐者，属于世外高人。对当今时局、天下状况，看得很清。现在整个天下，危乎其殆，已经无可救药。所以，**往者不可谏，来者犹可追**，不是说世道还有希望、还可以加以救治；而是劝导孔子说，你为了救世已经干过的就算过去了，往后不要再干这类傻事了。杨伯峻先生的译文，尽量依从了原歌的韵律。

接舆歌子中的"凤兮"，或有双关。指代理想的世道，指代胸怀天下的贤哲，都讲得通。

下面第六章，孔子使子路问津于一块耕田的长沮和桀溺。长沮和桀溺，也是避世的隐者。这章文字，记叙比较详尽。先是记录了两人和子路的对话。在对话的后半部分，桀溺所说的一番话比较关键。

当桀溺问明白子路是孔子的弟子后，说道：滔滔者天下皆是也，而谁以易之？且而与其从辟人之士也，岂若从辟世之士哉？整个天下到处都是动乱不安的样子，跟谁能改变得了它呢？况且，你与其跟随（孔丘这样的）避开恶人的志士，难道能比得上跟随干脆就避开乱世的隐士吗？

桀溺对子路所说的这段话，可以看做是隐士们的避世宣言，其间透露出了对孔子所作所为的不以为然。孔子离开鲁国,离开齐国,所谓"孔子行",不过是避人罢了;周游列国,以为天下尚有明主贤君;其实,普天下都是洪水滔滔,整个世道已经坏了。与其避人,何如干脆避世?这话是在说子路,毋宁认为也是在说孔子。

听了子路的转述,孔子怃然曰:"鸟兽不可与同群,吾非斯人之徒与而谁与?天下有道,丘不与易也。"

这是孔子极其重要的一段语录。说它重要,一者,听了子路转述之后,尽管孔子没有直接面对隐者,这却是孔子对于隐者宣言的一种正面回应;二者,对于孔子的这段语录,后来的历代解经家众说纷纭,却多数解释错误,大大背离了孔子的原意。

鸟兽不可与同群,几乎自古以来的注释都高度统一。都把隐者长沮、桀溺比作了鸟兽。这首先与孔子尊重隐士的一贯态度不合。这是对孔子话语的极大误读。

按照这样的解释,孔子以及他的追随者们,所以仅仅避人、而不避世,就是拒绝与避世的隐士长沮、桀溺等为伍。孔子自比为"人",是不能和隐士即"鸟兽之辈"同群的。

退开一步,孔子在这儿并非将隐士比作鸟兽,隐士们隐逸山林,也不过是尽日与鸟兽同群。但注释家接下来的解释,依然殊为不通。

鸟兽不可与同群,吾非斯人之徒与而谁与?"斯人之徒",历代注释家都解为"天下人"。他们将整句话这样来解释:既然不能与鸟兽同群,那么我们不和天下人打交道,和谁打交道呢?

这是注释家们对自己的误会错解,硬性自圆其说。文理不通,文意涩滞。孔子在现场,在当时现实的语境,和子路所说的"斯人",就是"此人"、"这些人",说的正是长沮、桀溺这类隐者。天下人此刻在哪里?何以"斯"之?

这段话,是孔子的真诚而坦率的表白。天下无道,多是暴君昏君,这才是孔子口中的鸟兽。"夫子行",就是避开这些东西。就辟人而言,不能与暴君昏君那些独裁的鸟兽同群,孔子与"斯人"即隐者本来就是同道。在

第八十四篇 | 241

辟人的立场取向方面，大家是高度一致的。吾非斯人之徒与而谁与？我不和这些隐者同道，还和什么人同道呢？

至于避世，孔子与隐者们的志向却大有不同。因为天下无道，隐者因而避世；而正因为天下无道，孔子所以才要努力入世，争取去改变它。如果天下有道，孔子何必要去改变它呢？

天下无道，并不隐居山林、洁身自好；而是积极入世，希望通过自己的努力去改变这种状况，这正是孔子所以为圣人的根本所在。

对于孔子的追求，知不可为而为之，世人多不理解。"夫子怃然"者，是自己的行为不能被隐者高士理解的一点遗憾吧。

——《论语·微子》篇第六章，鸟兽不可与同群，林鹏先生的《蒙斋读书记》当中有专章文字论及。林先生说得极好。笔者深受启发，多次研读，领而悟之，自以为林先生的思想已经化作了自己的思想。于是，拙作《论语片解》也写出如上一章文字，以呼应林先生的大作，俾能纠正对本章《论语》自古而然的错解。

"遇丈人"的批评与反批评

【原文】

子路从而后,遇丈人,以杖荷蓧。

子路问曰:"子见夫子乎?"

丈人曰:"四体不勤,五谷不分。孰为夫子?"植其杖而芸。

子路拱而立。

止子路宿,杀鸡为黍而食之,见其二子焉。

明日,子路行以告。

子曰:"隐者也。"使子路反见之。至,则行矣。

子路曰:"不仕无义。长幼之节,不可废也;君臣之义,如之何其废之?欲洁其身,而乱大伦。君子之仕也,行其义也。道之不行,已知之矣。"

——微子篇·第七章

《论语·微子》篇第七章,记载了子路遇见荷蓧丈人的一段故事。

子路从而后,遇丈人,以杖荷蓧。

子路问曰:"子见夫子乎?"

丈人曰:"四体不勤,五谷不分。孰为夫子?"植其杖而芸。

子路拱而立。

止子路宿,杀鸡为黍而食之,见其二子焉。

明日,子路行以告。

子曰:"隐者也。"使子路反见之。至,则行矣。

子路曰:"不仕无义。长幼之节,不可废也;君臣之义,如之何其废之?

欲洁其身，而乱大伦。君子之仕也，行其义也。道之不行，已知之矣。"

这章文字，详细记载了子路随孔子出行、落在后面遇见一位老者的前后过程。有动作、有会话，画面历历在目。

丈人，由于老者拿着一根拐杖，或者是肩扛一根担杖，故尔名之曰"丈人"。这也是一位隐者。面对子路，对孔子提出了率直的批评。原文并不特别难解，杨伯峻先生以及张燕婴先生的译注本，翻译大同小异，都比较详尽。笔者就不再抄录译文，只是对译文有不同见解之处，提出自己的一点看法。

以杖荷蓧，这儿的"杖"，多家译注本都翻译成拐杖。丈人既然是以杖荷蓧，那么这个"杖"分明就不是当拐杖来用的。非常可能是农夫常用的挑东西的担杖。锄草之后，担了杂草回去做燃料或者喂牲畜，也未可知。"荷"，则是负荷之荷。陶渊明诗中有"戴月荷锄归"的句子。山西方言，老百姓口语中依然在使用这个"荷"字。

植其杖而芸，杨伯峻先生翻译成"扶着拐杖去锄草"。这样的翻译令人相当困惑。哪个农民能够这样干活呢？怀疑翻译家没有田间劳作的经验，属于"四体不勤，五谷不分"了。植，有栽种之义。分明是丈人将手杖拐杖或担杖，插在地头，然后开始用"蓧"来锄草。这样讲符合田间劳作的常识，画面感也极强。

四体不勤，五谷不分。孰为夫子？在"文化大革命"年代批孔家经常借用这个现成词儿来贬抑孔子。显得劳动人民对孔子多么反感鄙夷似的。

杨伯峻先生的注译本，包括许多前人注译，都把这八个字加到子路头上。说这个话是丈人用来批评子路的。"你这个人，四体不勤，五谷不分，谁晓得你的老师是什么人？"子路问的是夫子，丈人答的也是夫子。问话者并无失礼，丈人何来对子路的莫名批评。

还有少数注译，竟然说这个话是丈人自述。不知是回护还是尊重圣人，乃至这样断章取义、信口而出。丈人分明在田间劳作，描述自己"四体不勤、五谷不分"，岂不是太矫情了吗？

吾少也贱，故多能鄙事。孔子并不一定是四体不勤、五谷不分。但孔子办学授徒、乘车周游,没有像这位丈人一般亲自种田,也是事实。没有亲自种田,也无可非议吧!大学教授被强迫劳改,种地间苗、喂猪牧牛,那只是"文革"浩劫罢了。

但丈人就是这样批评孔子了。**四体不勤,五谷不分**,妄称什么先生?其中,有不屑,不满,不以为然。

而子路拱而立,执礼愈恭。

那丈人原也知礼。对子路留宿用饭,还叫出两个儿子来相见。

所以,孔子断定这是一位隐者。还要子路返回去拜见。

让子路返回去拜见,孔子的意图何在?仅仅是礼节性回访吗?我们已经很难揣测。

但丈人分明料到了孔子的这步棋子,竟然提前躲开了。

在继续周游列国、不懈传道的程途上,没有同路人。只有夫子毅然行进的孤独背影。

本章文字的末尾,记载了子路的一段言说。作为孔门弟子,可以说义正词严,对丈人这样的隐者提出了尖锐的反批评:

大道不行,我们早就知道。但君子所以入世、所以仕任,就是要争取济世行义。身为君子,只为着个人高洁,避世而居,不出来做事,不合乎道义。

而我们应该注意到,在整部《论语》中,孔子从来没有对隐者表达过任何不满。多次遇到隐者,屡屡受到非议批评,孔子始终保持了对隐者的尊重,包括对其辟人、避世的处世态度的尊重。

孔子从来没有把自己的入世主张强加于人。有的却是对隐者的尊重和理解。

隐者不能理解孔子,孔子却能理解对方。圣人情怀,尽在不言。

"无可无不可"的夫子

【原文】

逸民:伯夷、叔齐、虞仲、夷逸、朱张、柳下惠、少连。子曰:"不降其志,不辱其身,伯夷、叔齐与!"谓:"柳下惠、少连,降志辱身矣,言中伦,行中虑,其斯而已矣。"谓:"虞仲、夷逸,隐居放言,身中清,废中权。我则异于是,无可无不可。"

——微子篇·第八章

《论语·微子》篇第八章,列举了若干"逸民"的名字。然后孔子对这些逸民分别作出了简捷率直的评价。

逸民:伯夷、叔齐、虞仲、夷逸、朱张、柳下惠、少连。子曰:"不降其志,不辱其身,伯夷、叔齐与!"谓:"柳下惠、少连,降志辱身矣,言中伦,行中虑,其斯而已矣。"谓:"虞仲、夷逸,隐居放言,身中清,废中权。我则异于是,无可无不可。"

"逸民",杨伯峻先生的译本译成"被遗落的人才",张燕婴先生的译本译成"遗落在民间的贤者"。感觉都不很贴切。比方,伯夷、叔齐先前放弃王位,后来自己宁肯饿死也不食周粟,很难说他们是"被遗落"的。比方,本篇第二章,专章讲述柳下惠的事迹,他是曾经出来当官做事的,并且"三黜而不去",也不好说他"遗落在民间"。

我认为,"逸民"如果译成"隐逸者",虽意会的成分大一点,却较为合适。

对这几位隐逸者,孔子分门别类给出了自己的直率评价。

伯夷、叔齐的事迹人所共知。孔子对之评价相当高:不降其志,不辱其身。不降低自己的志向,也不屈辱自己的身份。那是非常高洁的形象。

柳下惠和少连，参考前面有关柳下惠的事迹，可见柳下惠是出来做官做事的，曾经三黜而不去。在孔子看来，属于降低了自己的志向，有所屈辱自身。但能够"言语合于法度，行为经过思虑"，也就如此罢了。可以看出，孔子并不十分赞赏，但也认为还算说得过去。

至于虞仲、夷逸，逃世隐居、放肆直言，立身而能持守清廉，废而不作也是做到了合乎权变。

列举过上述各位隐逸者，并且分头有所评价之后，孔子说：我则异于是，无可无不可。

孔子并不贬低、也不鄙视这些隐逸者。他们高尚其志，洁身自好；有所放言，抨击时弊，正说明还在关注现实；即便降志辱身，也没有什么卑俗的动机。

但他们不能成为孔子的榜样。

孔子用自己独特的行为，树立起了一个光耀千古的形象。

他不当隐逸者，他没有避世隐居。

他投身当世，知不可为而为之。

但他又决不降志辱身，始终保有着自己的人格尊严和精神自由。

因为极度难能，故尔十分可贵。

《论语·里仁》篇第十章，子曰："君子之于天下也，无适也，无莫也，义之与比。"君子对于天下，没有必须怎样的定见，也没有必不能怎样的固执，一切都按照道义行事，唯义是从。

《论语·雍也》篇第二十九章，子曰："中庸之为德也，其至矣乎！民鲜久矣。"中庸这种道德，该是最高尚的了。人们缺少它已经太久了。

无可无不可，或正是孔子入世有为所崇尚的中庸之道吧。

三仁三黜孔子行

【原文】

微子去之,箕子为之奴,比干谏而死。孔子曰:"殷有三仁焉。"

——微子篇·第一章

柳下惠为士师,三黜。人曰:"子未可以去乎?"曰:"直道而事人,焉往而不三黜?枉道而事人,何必去父母之邦?"

——微子篇·第二章

齐景公待孔子曰:"若季氏,则吾不能;以季、孟之间待之。"曰:"吾老矣,不能用也。"孔子行。

——微子篇·第三章

齐人归女乐,季桓子受之,三日不朝,孔子行。

——微子篇·第四章

《论语·微子》篇全部十一章文字,谈论的几乎都是有关避世隐者话题。各个章节的内在统一性尤为突出,读者于此更能体会到:语录式的片段呈现的《论语》,确乎是一个有机的整体。

第一章。微子去之,箕子为之奴,比干谏而死。孔子曰:"殷有三仁焉。"商纣王无道,微子离开他出走,箕子成了他的奴隶,比干因为进谏而死。孔子说:"殷商有三位仁人。"

孔子在这儿所说的"殷有三仁"之"殷",当然是特指殷商末年纣王时代。箕子,箕,就是棋、萁、蜝、碁、围棋。围棋,黑白两色;与八卦的阴阳符号该是同宗同源。箕子,或者是殷商末年主持卜筮筹策的人。后来箕子封于古朝鲜,成为朝鲜的人文初祖。韩国将太极和天地水火四种卦象标于国旗之上，应该说其来有自。

殷有三仁，作为王室宗族的仁人，对于暴君暴政却是无可奈何。

到春秋时期，儒学兴起，士子精神的觉醒，成为必然。他们以天下为己任，具备了高度的觉悟。从此，士文化，成为与王权文化相对抗的文化，与帝王独裁斗争、对集权乃至极权形成某种制约，这种情形一直延续了两千多年。

第二章。柳下惠为士师，三黜，也就是多次被罢黜。但柳下惠坚持直道，不离开父母之邦。作为从政的士子，柳下惠的做法，也应该是一种可供选择的榜样。而接下来的第三章、第四章，连续记录了两番孔子行。

齐景公声言不能真正重用孔子，孔子行，即刻离开齐国。鲁国执政的季桓子接受了齐国送来的歌姬舞女，多天不问政事，孔子行，毅然离开了父母之邦鲁国。这几章文字，顺序编排。非常显然，孔子的所作所为特立独行，与别人不同。

比干谏诤而死。对于商纣，比干的身份亲则诸父、官则少师，忠报之心，在于宗庙社稷。以死而谏，故其宜矣。但孔子有过"比干不通"的评价。贵戚重臣，对屡谏不听的昏君，有"易位"的权责。可以考虑换一个人来当君上。一味谏诤，乃至被剖心而死。是为不通。

或者，纣王不仅暴虐，其权力垄断也到了不受制约的地步。那么，此时谏诤还有用吗？微子箕子的选择，尽管不得已，但也不妨说有保全自身、存留文明的意义。

至于柳下惠，身为士子，与君王并无骨肉之亲，已被三黜而不去。也许他并不是恋栈官位俸禄，倒是希望坚持直道事人。但孔子在后面第八章中对其有直率的评价，柳下惠所为，属于**降志辱身**。

孔子行，相比上述例证，孔夫子选择的、以身示范的做法是"合则留、不合则去"。上志于道，天下已任；既不避世隐居，又不降志辱身；孔夫子保持了士人高度的清醒与伟大的尊严。

廉者不食嗟来之食。宁可饿死，其尊严不辱。

用之则行，舍之则藏。取舍进退，其自由无价。

文武之道，未坠于地

【原文】

卫公孙朝问于子贡曰："仲尼焉学？"子贡曰："文武之道，未坠于地，在人。贤者识其大者，不贤者识其小者。莫不有文武之道焉。夫子焉不学？而亦何常师之有？"

——子张篇·第二十二章

《论语·子张》篇第二十二章，卫公孙朝问于子贡曰："仲尼焉学？"子贡曰："文武之道，未坠于地，在人。贤者识其大者，不贤者识其小者。莫不有文武之道焉。夫子焉不学？而亦何常师之有？"

卫国大夫公孙朝询问子贡道："仲尼的学问是从哪儿学来的？"子贡答道："周文王、周武王之道，并没有失传，散落在民间。贤能者了解大的要旨，不贤能者也知道些细小末节。到处都有文武之道的存在。夫子何处不学，为什么一定得有专门的教师传授呢？"

孔子自认为是文武之道的承担者。事实上在文武周公之后，孔子也确乎是中国古代文明的集大成者。

孔子删《诗》《书》，正《礼》《乐》，著《春秋》，晚年读《易》、韦编三绝。如果说，将重新整合上古文明典籍的功劳全部归于孔子，后人尚有争议，那么孔子在其中做过大量有益的奠基性工作，该是我们的共识。孔子兴办私学，开千古风气，将文明典籍的学习传承，从官府扩大到整个民间社会士君子团体，使得传习六艺不再是少数贵族私有的专利，孔子功莫大焉。

《论语·子张》篇第二十二章所说的文武之道的传承，当然首先离不开典籍的传承。但从本章文字的文意理解，公孙朝所问与子贡所答的仲尼焉学，问答双方所言，并不在典籍的整理传承。如果孔子有心并且有机会搜集到古代典籍加以整理删定，那么其他有心人同样能够获得同等的机会。典籍散佚而重新予以撷拾整合者，必然不会仅仅只是孔子一人。那样的话，文明的传承就成了一件寄望于偶然的事件。

首先，从子贡对公孙朝的回答，我们可以看出，**文武之道、未坠于地**，是孔子所处时代的一种客观存在。**贤者识其大、不贤者识其小**，是一种历史的真实。由此可知，**文武之道**所代表的上古文明，从来就不是束之高阁的高头讲章，而是教化于人的活的传承，所谓"在人"。

其次，公孙朝所问的**仲尼焉学**，指的就是**文武之道**。孔子是怎样把握了**文武之道**的？通过子贡的回答，我们能够得知，正因为**文武之道**的大小碎片"在人"，孔子才得到了学习的机会。在礼崩乐坏的时代，天降大任于斯人，**文王既殁，文不在兹乎**，孔子服膺天命，毅然肩起了重新整合与传承中华上古文明的重任。

纵观历史，古代的秦始皇"偶语诗书者弃市，以古非今者族"，丧心病狂，焚书坑儒，但中国的古代典籍"六经"，并没有完全散佚；传承经典的儒学士子，并没有被杀绝。鲁迅曾经有言，秦始皇没有焚烧的书，倒是没有留传下来。仿佛颇为不解，甚或还有一点遗憾。因为鲁迅便是主张"少读乃至不读"中国古书的。又仿佛是认为，秦始皇的焚书坑儒，反倒起了使经典得以留传的好作用。鲁迅看不到，或者不愿意看到，中国的古代经典为什么焚而不绝、毁而不亡。是千万士君子的坚守传承，亿万民众的喜好崇仰，使任何狂悖疯癫的暴君的倒行逆施最终破产。

结合当今，一百年来中华民族的不肖子孙、混迹华夏族群的假洋鬼子，疯狂诋毁颠覆中华道统；以"文化大革命"为代表的政治运动对传统文明的摧残，堪称空前，实乃千百年来未有之大变，此诚危急存亡之秋也。

但读了《论语·子张》篇第二十二章，笔者生出了巨大的信心。

笔者在为本书《论语片解》所写的后记中，说过如下一些话，引用在此，作为本篇文字之结。**文武之道，未坠于地，在人**。这个，给了孔夫子和他的学生以信心，同样给了我们整个民族以信心——

　　普察社会，儒家倡言的仁义道德，不啻成为了绝大多数中国人遵循的道德律令。儒学教化浸润，润物细无声。

　　……迷信暴力暴政，迷信焚书坑儒，事实证明没有用。历史证明，焚不尽古来经书、坑不绝天下士子。更其无奈何有教无类、教书育人的孔子。

　　孔子尚仁；仁者无敌。

　　何况，文武之道，未坠于地。华夏文明，道统不灭。即或是文明的碎片吧，碎片中富含着文明传承的所有 DNA。

　　何况，仁者二人也。仁，肇端乎夫妇。只要社会还由家庭构成，那就是仁得以生发的土壤。

　　何况，仁者人也。仁，是我们的赤子之心。仁学仁道连同血脉，流淌在我们的血液中。我们和孔老夫子的心相通，我们和孔子与仁永生。

《被误读的〈论语〉》摭拾补遗

笔者在反复阅读《论语》当中，渐渐生出若干心得。

诚如笔者在本书的后记中所总结过的：

> 些小心得，首先是片断的。对原文或有一点个人体悟，对注释或有若干不同见解，对孔老夫子或有自认为渐渐清晰的整体印象，片片段段，形成了一些并不连贯的文字。
>
> 我的文字，我的看法，我的心得，我的观点，除了是片断的，还非常可能是片面的。一孔之见，或者竟能发他人所未发，不敢专美；或者竟是错解和偏解，偏激而片面，也概无掩藏之必要。
>
> 片断的，甚而是片面的若干心得，是为片解。

这大体上也就是笔者将这些片断心得编辑成册，名之曰《被误读的〈论语〉》的根由。

《论语片解》，依循《论语》原本编排顺序，以上共写出个人的心得体会八十八条。

回头整理以上写毕的心得，再次通读《论语》，结果发现对某些篇章、某些篇章中的若干字句，还颇多不解之处和会心之处，以及个人识见与众家注释有所龃龉之处。于是，便又有了若干片断的文字。这些文字，是为《论语片解》的摭拾补遗。

既是摭拾补遗，在编辑体例上就不曾与前边已经写就的篇章混编，而是顺次排列于后。

"诸"解

【原文】
夫子之求之也,其诸异乎人之求之与?

——学而篇·第十章

孔子对曰:举直错诸枉,则民服;举枉错诸直,则民不服。

——为政篇·第十九章

子贡曰:我不欲人之加诸我也,吾亦欲无加诸人。

——公冶长篇·第十二章

何事于仁!必也圣乎!尧舜其犹病诸!

——雍也篇·第三十章

闻斯行诸?

——先进篇·第二十二章

《论语·学而》篇第十章,结尾一句有:夫子之求之也,其诸异乎人之求之与?《论语·为政》篇第十九章,回答哀公问,孔子对曰:举直错诸枉,则民服;举枉错诸直,则民不服。《论语·公冶长》篇第十二章,子贡曰:我不欲人之加诸我也,吾亦欲无加诸人。《论语·雍也》篇第三十章,孔子答子贡问话中有:何事于仁!必也圣乎!尧舜其犹病诸!《论语·先进》篇第二十二章,子路请教孔子的问话中有:闻斯行诸?

大略如上,恕不一一。整部《论语》中,多处出现过例举中的"诸"字。

这个"诸"字,在肯定语气行文中,可以当"之于"来解。比方子贡的话:我不欲人之加诸我也,可以当做"我不欲人之加之于我也"。

而在疑问语气行文中,则可以当做"之乎"来解。比如子路发问:闻斯行诸？可以当做"闻斯行之乎"？

无论这个"诸"字，当"之于"还是"之乎"来讲，成为大家认可的通解。但是，对于《论语·学而》篇第十章，即上列第一个例句中出现的"其诸"，古来的解经家却特别判定"是齐鲁间语"。

这样的判定，难免让人顿生疑窦。

《论语·述而》篇第十八章，**子所雅言，**《诗》《书》**执礼，皆雅言也。**孔子解读《诗》《书》，主持礼仪的正规场合，都用普通话，而不是使用方言。那么，孔子的弟子们整理编纂《论语》，就可以随便使用方言土语吗？这是讲不通的。

夫子之求之也，其诸异乎人之求之与？这同样是一个疑问句式，"其诸"在这儿同样表示的是不肯定的语气。"其诸"，依然当做"其之乎"来讲，也可以讲得通。

——文字的诞生，一定是在人们的语言之后。语言的发展定型，在发音上有一个演变的过程。当代人们使用的语言，依然可以看出那一过程的若干蛛丝马迹。

就说孔子的"孔"，作为"孔洞"来讲，也可以说成"窟窿"；而后者"窟窿"的急读、省读或曰反切，恰是前者"孔"。

"什么"，急读为"啥"；"怎么"，急读为"咋"。象声词"嘶喽"，急读为"嗖"；会意词"囫囵"，急读为"圈"。这样的例子，在老百姓日常口语中多不胜举。

同样的道理，"之于"和"之乎"，急读便是"诸"。作为官话雅言，特别是作为文字记录，将"之于"、"之乎"省读标记为"诸"，这是太正常了。

语言本身发展，从口头语言到文字记录，有着将两个字急读为一个字、最终记录为一个字的大量例证。这不妨说是语言文字学中的一个小规律。

如上所举，《论语》中若干"诸"字的出现，我们发现同样验证了这一规律。在阅读经典中，有这样一点小小发现，不亦乐乎？

"攻乎异端",止于"也已"

【原文】

子曰:"攻乎异端,斯害也已。"

——为政篇·第十六章

《论语·为政》篇第十六章,子曰:"攻乎异端,斯害也已。"

这段语录,相当精短。然而历来的注释,却大相径庭。

杨伯峻先生的译注本这样翻译——孔子说:"批判那些不正确的言论,祸害就可以消灭了。"

张燕婴先生的翻译则是这样——孔子说:"攻治两极的学说,这是一种祸害啊!"

这段《论语》的原文,出现了两个关键词。一个是"攻",一个是"异端"。

我们先来谈论"异端"。后来虽有"异端邪说"的成语,但据考证,汉以前的古书没有以"邪说"为"异端"的记载。孔子之时,尚没有诸子百家,"异端",不宜译作"不同的学说"、"相异的学说"。

杨先生认为,当时与孔子相异的主张,未必没有;所以将"异端"译作"不正确的议论"。

张先生认为,"异端"应该相当于《论语·子罕》篇第八章所说的我叩其两端而竭焉;这"两端"也就是"过犹不及"中的"过"与"不及"。所以,他将"异端"译作"两极的学说"。

两位先生的翻译,虽有区别,但取向其实是一致的。"异端",总之是与孔子的学说相异的主张。

而"攻"字,可以取"攻治"之意,也可以取"攻击"之意。

对于异端,有人竟然去攻读、攻治,这当然是有害的;有人对之进行批判、攻击,异端的祸害就可以消灭了。

结果,两种翻译都能够自圆其说,都讲得通。

孔子的一段语录,一句话,仅仅八个字,竟然出现大相径庭的文意完全相左的两种翻译,而两种翻译竟然都通达,这样的情况让读者极为困惑。所谓首鼠两端,无所适从。

对此,我有一点小小的想法。当"依文解经"不能达于对经典的准确理解把握,我们就不得不借助自身的体悟来解读经典。但这样的体悟,不能过分随意,不能变成无所依傍的天马行空。我们到底还应该尽量做到"有章可循"。

如果,**攻乎异端**之中的"攻"和"异端"两个关键词,都不能让我们解惑;或者,我们只有从斯害也已中的"也已"这个虚词来着手。

《论语·泰伯》篇第一章,子曰:"泰伯,其可谓至德也已矣!"

《论语·颜渊》篇第六章,有这样的句式:可谓明也已矣,可谓远也已矣。

《论语·卫灵公》篇第十六章,也有这样的句式:吾末如之何也已矣。

上面所举的例子,"也已"都是用在肯定句式中,而且都是当强调语气的虚词来使用的。

但在整部《论语》中,还有"也已"连用中的"已"字当动词使用的情况。

《论语·阳货》篇第五章,子路的话中有末之也已;

第二十六章,子曰:"年四十而见恶焉,其终也已。"

在以上两例中,"也已"连用中的"已"字,是当动词"结束"来使用的。可以解作"算了、完了、止了、结束了"等。

这样,我们就发现了其间的区别。"也已矣",三字连用,其中的"也已"是当作强调意味的语气词使用的。仅是"也已"两字连用,那么"已"字便是当做动词来使用。

通过以上两种例证的对比,我们可以作出一点小小的结论。

斯害也已,类比于末之也已、其终也已,"也已"连用,这儿的"已"字,应该做动词用。那么，我们最终可以判定，杨伯峻先生的译文，是合于整部《论语》的编辑体例的，因而也是一种相对严谨的翻译。

攻乎异端，斯害也已。叩其两端而竭焉，那么，这段《论语》翻译阅读中的困惑也就可以消除了。

"不足征也",何能言之

【原文】

子曰:"夏礼,吾能言之,杞不足征也;殷礼,吾能言之,宋不足征也。文献不足故也。足,则吾能征之矣。"

——八佾篇·第九章

子张问:"十世可知也?"子曰:"殷因于夏礼,所损益,可知也;周因于殷礼,所损益,可知也。其或继周者,虽百世,可知也。"

——为政篇·第二十三章

《论语·八佾》篇第九章,子曰:"夏礼,吾能言之,杞不足征也;殷礼,吾能言之,宋不足征也。文献不足故也。足,则吾能征之矣。"孔子说:"夏代的礼,我能说得出,它的后代杞国不足以为证;殷代的礼,我能说得出,它的后代宋国不足以为证。这是因为两国的文籍和贤才不够的缘故。如果足够,那么我就能引以为证了。"

这段《论语》,原文并不难解;一般译注本的译文,也文通字顺。这段《论语》带给读者的困惑,是文意方面的。

前三代夏、商、周,华夏文明是一脉相承的。正如孔子在《论语·子张》第二十三章中说的,殷因于夏礼、周因于殷礼。但同时孔子也指出,这样的传承因袭,必然会有所损益。所损益,可知也。孔子生活在周代,周代之礼,结合所损益的部分,往前推到殷代,孔子也就知道了殷礼。殷代之礼,再结合所损益的部分,也就知道了夏礼。

我们知道,兴灭国、继绝世是华夏文明的一项伟大传统。夏朝灭亡之后,夏禹的后代尽管屡经迁移，一直到周朝，历经数百年，依然保有封国杞国。而商汤的后代，则保有封国宋国。我们单以杞国为例来分析，按照我们的普通理解，杞国比之于别国，它保存夏礼应该是相对完备的。但孔子说到夏礼，却特别点明：杞不足征也。原因讲得也非常明白，就是文献不足的缘故。文，典籍也；献，贤也。文籍和贤者都短缺，杞国来征证夏礼，便显得不足了。

于是，我们难免就产生出这样的困惑疑问：夏禹的后代封国杞国，理应是保全夏礼最全面最丰富的国度，由于年代更替等种种原因，文籍已然短缺、懂礼的贤人也不多了，就连杞国都无法征证原始的夏礼是什么样子了。那么，孔子前面所说的"夏礼，吾能言之"是怎么回事？既然典籍和贤才都短缺，杞国无法征证夏礼，孔子是怎样掌握了夏礼的？述而不作、学问严谨的孔夫子，难道仅仅是对夏礼一知半解，就敢大言不惭地说"夏礼，吾能言之"吗？

换一个角度来讲话，孔子能言夏礼，他是怎样获得了关于夏礼的全部知识的？

杞不足征、宋不足征，是孔子告诉我们的实际客观情况。而孔子如何掌握了夏礼以及殷礼，本段文字语焉不详。也许，我们还得回到《论语·为政》篇第二十三章，进行连带思考。子张问："十世可知也？"子曰："殷因于夏礼，所损益，可知也；周因于殷礼，所损益，可知也。其或继周者，虽百世，可知也。"正因为殷因于夏礼、周因于殷礼，即便其间有所损益，礼仪文明的传承是有章可循的。而且，孔子一定是在杞国之外，获得了关于夏礼相对充足的文籍、拜识了相对足够的贤者。于是，孔子全面掌握了夏礼；于是，这才放言说"夏礼，吾能言之"。孔子是在能言夏礼的前提下，回头指出了杞不足征。

当然，杞不足征夏礼、宋不足征殷礼，也许还给我们透露出了文明传承的一些教训。从悲观的意义上说，文明的传承总会有遗落、减损和衰变；从乐观的意义上说，文明的传承也总会有捡拾、增益和发展。而一脉相承、滔滔不绝是我们华夏文明最伟大的生命力所在。

禘之不知指其掌

【原文】

子曰:"禘自既灌而往者,吾不欲观之矣。"

——八佾篇·第十章

或问禘之说。子曰:"不知也;知其说者之于天下也,其如示诸斯乎!"指其掌。

——八佾篇·第十一章

《论语·八佾》篇第十一章,或问禘之说。子曰:"不知也;知其说者之于天下也,其如示诸斯乎!"指其掌。

这章文字,杨伯峻先生的翻译如下——有人向孔子请教关于禘祭的理论。孔子说:"我不知道。知道的人,对于治理天下,会好像把东西摆在这里一样容易罢!"一面说,一面指着手掌。

之于天下,如何就能翻译成"对于治理天下"?"治理"二字从何而来?令人困惑。禘祭是一种祭礼,即便是天子才有资格举行的重大祭礼,知道、懂得这样的祭礼,怎么就能治理天下易如反掌?这样翻译,确乎有些随意了。或者说,对原文缺乏一种更好的体悟。

这段文字,本来是非常生动的一段文字。有场面的描写,或曰简直就是一个人体动作的特写镜头。我认为,正确的翻译应该是这样的——有人向孔子请教关于禘祭的理论。孔子说:"我不知道。知道的人,对于天下人(来介绍这一理论),简直是了如指掌吧!"一边说,一边指着自己的手掌。

孔子这样熟知三代之礼的人物,怎么会真个不知道禘祭呢?他只是不愿意说,不想说,或者不方便说。虽然孔子自己不想说,却又现身说法、外带比划，告诉问话者：禘祭的事儿需要说吗？它不是明摆着的吗？那么，这段文字就有了一点言外之意。孔子为什么会这样表现呢？

此前《论语·八佾》第十章，子曰："禘自既灌而往者，吾不欲观之矣。"孔子说："禘祭之礼，从第一次献酒之后，我就不想看了。"

对于禘祭这样重要的大祭之礼，孔子不想看，并且不想说，这当然是有缘故的。历代注释家都介绍说，禘祭是只有天子才能举行的一种祭祀"其祖所自出"的隆重祭礼。周公旦对周朝有过莫大的功勋，所以周成王特许周公举行禘祭。但在周公之后，他的子嗣封于鲁国，鲁国之君一直沿此惯例而举行禘祭这种天子之礼，便成了一种僭越行为。很显然，对于这样的僭礼行为，孔子是不赞成的。所以，孔子自承对禘祭不知也，首先曲折传达出的是自己的不满。

这段文字，或者还能引发我们的一点深思。儒学正气堂堂，孔子正道直行，对于鲁君僭礼，孔子既然不赞成，为什么不直接指出、痛加鞭挞？为什么偏偏要采用那样一种隐晦的、甚至有些弯弯绕的办法来暗指呢？

后代解经家和孔子的追随者，都有一种高推圣境的倾向。在大家的心目中，孔子大仁大义、大忠大勇，简直是无往而不胜。大家近乎本能地不愿意看到一个更加真实的孔子。质言之，孔子真实的生活处境，不仅是艰难的，有时甚至是充满凶险的。结合我们的生活经验，统治者、独裁者，何尝对自由的人格、独立的精神放弃过禁锢和屠戮？

国家最高统治者在僭礼，事情很严重。这是政治，而且是卑鄙肮脏的政治！对于这样明目张胆的卑劣，与其认为孔子"不想说"、"不想看"，其实不妨认为孔子和我们这些普通人一样，他没有"圣人豁免权"，他也是敢怒而不敢言。他只能像打暗号一样，仿佛向求教者比比划划打哑语，借以传达自己的不满与愤懑。

这是在一个历史的瞬间，被《论语》的编纂者捕捉到的特写镜头。通过这个镜头，我们看到了孔子存在的真实一瞬。

"不知所以裁之"的无头案

【原文】

子曰:"不得中行而与之,必也狂狷乎!狂者进取,狷者有所不为也。"

——子路篇·第二十一章

子在陈,曰:"归与!归与!吾党之小子狂简,斐然成章,不知所以裁之。"

——公冶长篇·第二十二章

上文有《论语·公冶长》篇第二十二章中的一段文字。

这段文字,按说并不难解,但对于结末一句不知所以裁之的翻译,却大有相左者。

杨伯峻先生译为——孔子在陈国,说:"回去吧!回去吧!我们那里的学生们志向高大得很,文采又都斐然可观,我不知道怎样去指导他们。"裁,取剪裁之意。布要剪裁才能成衣,人要教育才能成才,所以译为"指导"。末尾一句,说的是孔子不知道如何指导那些学生。

张燕婴先生的翻译,结末一句是这样——可是还不懂得怎样来约束自身。裁,取节制之意。学生们志向高大、文采斐然,但还不懂得自我约束。

不知所以裁之,这句话省略了主语。到底是省略了孔子、还是省略了吾党小子?两种翻译,在意思上都能说得通,这就容易让当代读者无所适从。孔子的原话,省略的主语一定是唯一的。这句话尽管省略了主语,孔子在讲话的当初,听者一定是听得懂的;《论语》编纂者在记录夫子言语的当初,认为读者也一定是读得明白的。一句话没有主语,"无头",不应该成为一件

"无头案"。

下面，让我们试着来破解这件无头案。

《论语·子路》篇第二十一章，子曰："不得中行而与之，必也狂狷乎！狂者进取，狷者有所不为也。"孔子说："得不到言行合乎中庸的人与之交往，非要交往的话，就是狂者和狷者了吧！狂者激进，一意向前；狷者狷介，洁身自好。"

吾党之小子狂简，这儿的"狂"，应是狂狷之狂。说的是小子们狂傲进取、志向高大。孔子原话的原意，截至这儿，谅无疑义。

那么，学生们狂傲激进、志向高大，并且文采勃发，到底是他们自己不懂约束、裁取，还是孔子不知道如何加以裁量指导？我们仅仅简单地"依文解经"，已经束手无策；只能尽量领悟原文的含义，体察当时孔子讲话的语境，庶几近之。

孔子讲这句话的背景，原文说得分明。孔子周游列国，到了准备回到鲁国的时候。孔子回鲁国，准备干什么？将要删定《诗》、《书》，修正《礼》、《乐》，当然还要集中精力，投身教育。就在这句话当中，孔子所说的"归与"，更有特定的动因，便是**吾党之小子狂简**。孔子周游列国，在鲁国地面，孔子的学生们尽管老师不在跟前，依然在努力学习，积极进取。孔子决心回国，甚至是几分欣喜、几分急迫地要回国，显然有尽快见到学生们、对之加以教育辅导的意思。

作为一名伟大的教育家，孔子能不知道如何教育、辅导学生吗？他是"不知道如何去指导学生"，才积极要回国的吗？这样翻译、这样理解，显然说不通。

所以，我以为，孔子这句**不知所以裁之**，说的是学生们。这句话省略的主语，正是**吾党之小子**。学生们志向高大、文采斐然，但确实还没有自我约束的觉悟修养、缺乏自我裁量的能力。他们确乎需要一位师尊来约束教诲、剪裁斧正啊！

下面《论语·公冶长》篇第二十七章，子曰："已矣乎，吾未见能见其过而内自讼者也。"孔子说："得了吧，我没有见过那些能够看到自己的错误而作自我批评的人哩！"

　　自讼，自我责备，自我批评，是一种人格素养。这样的素养，不仅仅需要自觉的态度和愿望，尤其需要一种自省的能力。狂简小子，能够自见其过吗？能够自见其过并且自我修正吗？恐怕未必。

　　对自身的缺点不足，特别是狂傲激进的毛病，不知所以裁之者，恰恰正是"吾党之小子"也已矣！

人之生存靠正直乎

【原文】

子曰:"人之生也直,罔之生也幸而免。"

——雍也篇·第十九章

《论语·雍也》篇第十九章,子曰:"人之生也直,罔之生也幸而免。"

这章文字,一般的翻译都是这样的——孔子说:"人的生存由于(依靠)正直,不正直的人也能生存,是由于他侥幸免于祸害。"

本章文字,首先令人困惑的是句读。人之生也,与罔之生也对举,感觉不伦。直与罔,是相对的概念;那么"人之生也直",如果对举的话,应该是"人之生也罔"。

其次,惯常的翻译,在文意方面也值得商榷。人之生也直,为什么就能译为"人的生存由于(依靠)正直"?人之生,就是说人的生存吗?"由于、依靠"之意,从何而来?

再者,从我们的生活经验推论,人的禀性正直,足可称道;而活得正直,则往往不易。倒是性格圆曲、罔而不直者,活得更容易一些。孔子主张人格正大,但也并不排斥人的通达权变。把人之生也直断然解为"人的生存由于正直",正直成为人生存的必须条件,属于擅自作解;将孔子的原话,变成了浅薄的道德说教,则难免有些"高推圣境"之嫌了。

仔细体悟本章文字,或许我们还有别样的解读。

首先,让我们尝试重新句读。"人之生也,直、罔之生也,幸而免。"这样句读,不一定好,但至少是句读的一种可能。人的生存,不外直与罔两种方式。直者,那是幸运的;罔者,也能够免于祸殃。

其次，即便我们按照惯常的句读，在文意的翻译上也可以有所别解。所谓人之初，性本善，人之生也直，人们与生俱来的天性是趋于正直的。但迫于客观生存环境，人们多半只能罔曲圆滑来生存，只是以图侥幸免于祸害罢了。

在孔子生存的年代，乃至通古观今社会环境有那样美好吗？人们所在的是格外利于正直的人生存的君子国吗？这样的国度反而是特别不利于不正直的人生存的吗？强权统治，利益集团窃国专权，绝大多数无权的弱势者苟全性命，不敢言而敢怒，人们是由于正直才得以生存的吗？大家活得委屈、憋屈，没有尊严，罔而不直，这当然不是我们的错。可我们只能这样，方才侥幸免于祸害。生活的真实难道不是这样的吗？

《论语·公冶长》篇第二十一章，子曰："宁武子，邦有道，则知；邦无道，则愚。其知可及也，其愚不可及也。"孔子说："宁武子在国家政治清明的时候就聪明，在国家政治昏暗的时候就装傻。他的聪明是我们可以达到的，他的装傻我们做不到啊。"

黄钟毁弃、瓦釜雷鸣，滔滔者天下皆是。孔子正道直行，而他不得不离邦去国。正直的人，其人生何尝容易过。

人之生也直，解作"人的生存是由于（依靠）正直"，属于错解。

人之生也直，有志者，只是宁愿艰难也要正直地生存罢了。

"人而不仁",不可疾之耶?

【原文】

子曰:"好勇疾贫,乱也。人而不仁,疾之已甚,乱也。"

——泰伯篇·第十章

《论语·泰伯》篇第十章,子曰:"好勇疾贫,乱也。人而不仁,疾之已甚,乱也。"

这章文字,杨伯峻先生的翻译是这样的——孔子说:"以勇敢自喜却厌恶贫困,是一种祸害;对于不仁的人,痛恨太甚,也是一种祸害。"

张燕婴先生的翻译,遣词略有区分,大意并无相左。就这样的译文来理解孔子的本段语录,难免会生出一点疑问。

先说**好勇疾贫**。勇而无礼,那肯定不好。一般而言,勇敢是一种好的品格。喜好勇敢,有何不可呢?至于疾贫,从主观感受的意义上讲,恐怕是多数人的正常心理。一般老百姓,谁喜欢贫穷贫困呢?能够忧道不忧贫的,从来都只是有着极高修养的君子。对于广大民众,孔子倡导的是"富而教之",并没有许诺人民以什么空想的乌托邦天堂,也没有放言什么"越穷越光荣"。

我们打开思路,孔子说的是社会风气呢?还是指个人修为?如果从对待客观的意义上讲,贫富不均,往往首先会造成贫苦大众的"仇富"心理。那么,是谁才可能"疾贫"呢?是谁在骨子里看不起穷人、厌恶和鄙视贫寒呢?倒是窃国者侯的所谓贵族、富埒王侯的新贵才会疾贫的吧。

如果说,禀性好勇斗狠,又痛恨自己的贫困状况,或有铤而走险的趋势;在这样的意义上讲,**好勇疾贫**,才可能造成祸乱。

与**好勇疾贫**、乱也并列,第二句话说人而不仁、疾之已甚、乱也。我们熟知的箴言有"从善如流，嫉恶如仇"，对于不仁，为什么不可以疾之已甚？孔子在《论语·季氏》篇第十一章，还有过见**善如不及**、见**不善如探汤**的教诲。见到不善、不仁，好比用手接触到滚油沸水一般，飞速躲开，这难道不是**疾之已甚**吗？

有人说，对于不仁的人，也要给予出路；不然，没有其容身退步的地方，**疾之已甚**，这些人也会作乱。这样的道理是不错，可惜彼一道理并不能帮助我们解决此一疑惑。人之不仁，不仁到什么程度，是可以容忍的？**疾之已甚**，"疾之"在什么分寸上，才是合适的？

以上的翻译解经，只会让人们放松对"不仁"的警觉和战斗，适足姑息养奸而已。《论语·先进》篇第十七章，冉求所为不仁，引起夫子的震怒，号召学生们对冉求**鸣鼓而攻之**。孔子对不仁，岂不正是**疾之已甚**？造成什么祸乱了吗？

综上所述，惯常的依文解经，不能帮助我们解惑，倒是增添了我们的困惑。

以下，笔者试作一点自己的解释。

这章文字中的"疾"字，我以为可以当"疾于、病于"来讲。**好勇疾贫**，好勇斗狠之人，如果病于贫困，非常可能起而作乱。与之并列的情况，**人之不仁**、**疾之已甚**，不仁的人，如果其人病于不仁的情况到了极其严重的程度，是会造成祸乱的。两句话虽然并列，但原话语气推进的重点在后者。

本章文字，在《论语·泰伯》篇。这一篇文字，前举泰伯、中说周公，最后说的是尧、舜、禹三王。那么，本章说的是什么人呢？显然，孔子说的还是居上位者。居上位的统治者，甚至就是君临天下的人主帝王，他们的种种毛病，好勇、疾贫，尤其是为君不仁、为政不仁，这才是天下祸乱的根本原因。

许多暴君，总是疾之已甚。怙恶不悛，病入膏肓，暴虐昏乱，祸国殃民。即便按惯常的翻译注释，我们对这样的暴君，难道不可以**疾之已甚**吗？疾之又疾之，已甚复已甚，有何不可？

"空空如也"知乎哉

【原文】

子曰:"吾有知乎哉? 无知也。有鄙夫问于我,空空如也。我叩其两端而竭焉。"

——子罕篇·第八章

《论语·子罕》篇第八章,子曰:"吾有知乎哉? 无知也。有鄙夫问于我,空空如也。我叩其两端而竭焉。"孔子说:"我有知识吗? 没有哩。有一个庄稼汉问我,我本是一点也不知道的。我从他那个问题的首尾两头去盘问,(才得到很多意思)然后尽量地告诉他。"

以上杨伯峻先生的译文,应属差强人意。

《论语》中多处出现的"知"字,有时当动词"知道"讲,有时当名词"知识"讲,还有相当多的情况下当"智慧、智识"来讲。领会本章文字的文意,"知"在这儿应该作"知识"来讲。

孔子说:"我有知识吗? 没有啊。"首先是孔子的谦冲。堂堂孔夫子,在他的时代,比他知识更多的人恐怕没有几个。但孔子的知识愈广博,修养就愈高深。孔子平生,学而不厌、诲人不倦,怎么会没有知识? 要是翻译成"我没有智慧",就更说不过去。

其次,坦诚的孔子说的是一种真实情况。谁敢说自己是无所不知的"大百科全书"呢? 樊迟学稼,孔子就坦言自己不如老农。

于是,当一个鄙夫,一个憨实的粗人,提出某一问题的时候,孔子非常可能真的是空空如也,对那问题一无所知。空空如也,有的译注家认为"空空"通"悾悾",形容诚恳的样子,形容的是那个"鄙夫"。仿佛也说得通,但不太切合题旨。空空如也，具体印证上面孔子自承的"无知"，较为切题。

往下，面对鄙夫提出的问题，孔子承认自己不知道，但并没有束手无策。老夫子捧出了自己解答应对的一点重要心得，就是**叩其两端而竭**。杨伯峻先生把"竭"字解为"尽量告诉他"，恐怕不很准确。叩其两端，是一种剖析思辨的方法，这一方法应该有穷尽事理的功能。穷尽，就是竭。这种方法的使用，多半也合于我们的生活经验。

比方《论语·雍也》篇第十八章，子曰："**质胜文则野，文胜质则史。文质彬彬，然后君子。**"关于质与文的问题，一端是"质胜文"，另一端便是"文胜质"。叩其两端之后，取其中，便是文质彬彬。

还有"狂狷"问题，也是这样。狂者进取，狷者有所不为；不狂不狷，便是言行合乎中庸了。

正因为空空如也，所以才能不存定见。才能倾听别人的问题，弄清事情之原委、问题之端由；然后叩其两端而竭，最终可能穷尽事理；窥见事物之本质，觅得解决问题之关窍。

《论语》，实在不仅有仁学的世界观，抑且有儒家的方法论，不可不察也。

由是观之，孔子有知（智）乎？其智之多，取之不尽、用之不竭焉。

"恶夫佞者"佞者谁

【原文】

子路使子羔为费宰。子曰:"贼夫人之子。"

子路曰:"有民人焉,有社稷焉。何必读书,然后为学?"

子曰:"是故恶夫佞者。"

——先进篇·第二十五章

《论语·先进》篇第二十五章,子路使子羔为费宰。子曰:"贼夫人之子。"

子路曰:"有民人焉,有社稷焉。何必读书,然后为学?"

子曰:"是故恶夫佞者。"

子路让子羔去当费邑的长官。孔子说:"这是坑害别人的儿子。"

子路说:"有老百姓在那里,有土谷神在那里。为什么一定要读书,然后才算是学习了呢?"

孔子说:"因为这我才讨厌那些能言善辩的人。"

贼夫人之子。"贼",除了作"戕害"来解,当然还可以有别样的翻译。可以直接当做"贼人、贼子、混账"等骂人词语。那么孔夫子就是在直接骂人了:混账东西你们这些小崽子! 而"贼夫"说成"偷汉子",这已经不能称为翻译,是恶作剧。

无论哪种翻译,只有程度区分、没有意思相左,总之是夫子对"子路让子羔去当费邑的长官"这件事相当不满。而结合上下文的文意来看,还是前解比较贴切。孔子的不满,相当口语化,也更加生活化:你这不是坑害人家孩子嘛!

下面是子路的辩解。通过子路的辩解,可以看出:子羔的学业造就没有达到可以从政的水准。这一点，子路也不否认。但子路认为：从政，治理一地，不一定非要通过读书完全提前学好了，才去实践；先干起来，在实践中学习，不也应该算做一种更好的学习吗？

我们今人看来，子路的说法未必没有一些道理。但古人强调先学而后仕，才好治民事神，在仕任中行其所学。那么，子路的辩解就有强辩、狡辩之嫌。所以，夫子没有反击他的强辩之辞，而是直接批评他的这种辩解行为。原文的翻译应该明之于此：

我讨厌的就是你这种强嘴利舌！

这儿所说的"佞者"，不是泛指，说的就是当事人子路。

整部《论语》，记录孔子当面批评学生的篇章不少。从中我们能够确实地领略到夫子践行诲人不倦的风采。

比如《论语·宪问》篇第二十九章，子贡方人。子曰"赐也贤乎哉？夫我则不暇。"方者，一解谤也。子贡讥评别人，反而遭到了夫子的讥评。孔子说："端木赐你就那么好吗？像我，可是没有这样的闲功夫。"

相比而言，孔夫子批评子路的次数是最多的，批评也往往是比较严厉的。而子路忠于夫子、尊敬夫子，追随跟从，矢志不渝。孔子的诲人不倦，与子路的知错能改；孔子的切责之严，与子路的聆教之恭；让我们看到了那样犹如父子般的师生关系。

读书至此，我们眼前或就浮现出了一幅幅温馨感人的画面：

夫子可敬，子路可爱。

噫，微斯人吾谁与归！

原宪问耻耻为何

【原文】
宪问耻。子曰:"邦有道,谷;邦无道,谷,耻也。"
"克、伐、怨、欲不行焉,可以为仁矣?"子曰:"可以为难矣,仁则吾不知也。"

——宪问篇·第一章

《论语·宪问》篇第一章,原宪提问,共有两问。其中第一问的翻译注释,历来颇为相左。

宪问耻。子曰:"邦有道,谷;邦无道,谷,耻也。"

现今的译注本都是这样来翻译——原宪问什么是耻辱。孔子说:"国家政治清明,可以做官得俸禄;如果国家政治昏乱,做官得俸禄,就是耻辱。"

这样翻译,文意完全讲得通。国家政治清明,做官得俸禄,有何不可呢?但在语法句式上,有所不通。如果原文是这样:"邦有道,谷,可也;邦无道,谷,耻也。"自然前面的翻译就毫无问题。但原文的邦有道、谷与邦无道、谷是并举的,最后才落脚于"耻"字。所以,古来另有注释家这样来翻译——邦有道,做官得俸禄(不能有为);邦无道,做官得俸禄(不能独善);(有道无道一概只知食禄)都是可耻的。

这样翻译,似乎更接近孔子的原意。但又必须添加许多另外的说明成分。

孔子逝世后,原宪亡在草泽。史书上有子贡拜访原宪的一段著名记载,原宪的耿直狷介跃然纸上。以原宪的耿介,邦无道而做官得俸禄之可耻,他是知道的。在邦有道的情况下,只顾做官得俸禄,也是可耻的,这是孔夫子特别要向这位学生强调提醒的。

邦有道、邦无道，由谁来判断呢？非常巨大的可能是：当人们感觉邦国无道的情况下，有些人却会借口邦国有道而欣欣然出仕做官，美滋滋安享官俸。这样的读书士子，成为规规焉的小人儒，苍蝇蛆虫一般麇集在权势周围，以托臀捧屁为能事，以维护能带给其利益的极权统治为己任。这般景象，何尝少见！这样的所谓"邦有道，谷"岂不更加可耻！

由是观之，孔夫子的这段语录，对追求仕进者提出的要求，与其说是苛刻的，毋宁说是极其珍贵的。

极权统治，惯用软硬两手。或则就是屠杀镇压，焚书坑儒；或则就是高官厚禄，引诱收买。引诱收买一法，往往更加奏效。独裁者因之窃喜暗笑：天下英才，尽入吾彀矣！

好在，我们的煌煌经典，没有被彻底焚毁。四书五经在那里，《论语》在那里。闵子骞必在汶上，颜渊贫居陋巷，原宪亡在草泽；贫贱不能移、富贵不能淫、威武不能屈。古代圣贤的榜样在焉，圣贤们的教诲在焉。

教导原宪的孔子，在教导我们；

我们追寻夫子的身形，夫子正瞠视着我们的背影。

为有为亡何所之

【原文】

子张曰:"执德不弘,信道不笃,焉能为有?焉能为亡?"

——子张篇·第二章

《论语·子张》篇,是二十篇《论语》的第十九篇。该篇文字,记载了子张、子夏、子游、曾子、子贡等孔门高足的若干语录。

《论语·子张》篇第二章,子张曰:"执德不弘,信道不笃,焉能为有?焉能为亡?"

这段语录,在翻译上再次出现了大相径庭的状况。

张燕婴先生这样翻译——子张说:"执守道德不能发扬光大,信仰道义不能坚定不移,这种人怎么能算是有道德?又怎么能算是没有道德?"译文将"为有"译为"有道德","为亡"译为"没有道德",不知有何依据。而且在文意上也令人困惑。译文中所说的"这种人",究竟是有道德还是没有道德?我怀疑,译者本人恐怕也没有弄明白。

杨伯峻先生则这样翻译——子张说:"对于道德,行为不坚强,信仰不忠实,(这种人)有他不为多,没他不为少。"杨先生另外添加注释两条。一条释"弘"字,即是今之"强"字。一条释"焉能为有,焉能为亡",疑是当日成语。其义为"言无所轻重"。所以译文也用今天的俗语来表达。为了准确地翻译原文,杨先生可谓殚精竭虑。但读者看了译文,或能有所意会,但终究难免隔膜之感。

杨伯峻先生和张燕婴先生,皆是今日译注《论语》之大家,在某些章节的具体翻译中,难免意见相左。这当然极为正常。但这样的现象之存在,也足以客观证明了古典译注的难处。

执德不弘，**信道不笃**，这种状况一定是有的，这样的人也一定是有的。后面两句**焉能为有**、**焉能为亡**，自然是针对前面而言的。那么，后两句话是针对这种状况而批评的呢，还是针对这样的人来指责的呢？

如果是针对这样的人而言，那么**焉能为有**、**焉能为亡**，说的应该是：这样的人，他们不能正确对待"有"，也不能正确对待"亡"。处有处亡，都不能得体。

如果是针对状况而言，那么**焉能为有**、**焉能为亡**，在这儿提醒的倒是我们这些客观评判者。执德"不弘"，信道"不笃"，这样当然不好，我们怎么能予以肯定？但"执德"、"信道"，这总是好的，毕竟可取，我们又怎么可以一概否定呢？

笔者倾向于第一种解释。子张这段语录，面对的该是莘莘学子，而非不相干的人。身为士子，为学求道，执德而不能坚决，信道而不能诚笃，怎么可以呢？这样的人，不能"处有"，少有所得，得意忘形者是也；他们更不能"处亡"，学业无成，得不到承认，即刻灰心失意、怨天尤人。

《论语》，是那样微言大义。记录经典的文言，是那样富有魔力。对于阅读和翻译而言，是那样引人入胜，又是那样具备挑战性。通过以上《论语·子张》篇第二章，我们能够对此有所真切的具体感受。

阅读《论语》，需要对于文字的尽量准确的把握，更需要用我们的整个心智去体悟。仅仅就阅读领悟的层面而言，**执德不弘**，信道不笃，也是绝对行不通的。坚执而笃信，应该成为每一个为学求道者秉持的圭臬。

《论语》，成书两千年，作为儒家的原始经典，曾经在绝大多数时间内受到无以复加的推崇和极为广泛的传诵。经历磨难，遭到焚毁批判，主要是两次。一次，是古代秦始皇的焚书坑儒。一次，是近现代一百年来的反孔批孔，其中尤以"文革"中的批孔运动，最为疯狂。

对于儒学，对于《论语》，对于伟大的孔子，在事实上也遇到了如何"处有"、"处亡"的问题。

从以胡适、鲁迅为代表的革命知识分子，倡言"打倒孔家店"，到"文化大革命"中发动"批孔"，搞成举国上下全党全军全国人民参与批判的政治运动，不在场的孔子和儒学经典《论语》经受了百年考验。这是一场并不公平的大较量。所有全部任何先进的、革命的思想，无所顾忌、无所不用其极，放肆豪迈地、胜任愉快地，任意批判孔子和儒学。冲驰决荡，摧毁践踏，如入无人之境。我们生活在这样一个历史时段，较量的结果可谓有目共睹。儒学没有消亡；《论语》没有被抛弃；孔子依然矗立在东方。

这是人类思想史上无法规避的重大事件；这是人类思想史上无法视而不见的真实；这是人类思想史上的无以伦比的伟大收获。

孔子无敌；《论语》无敌；仁者无敌。

仁者仁学，宠辱不惊，可以处有，可以处亡；仁，仁者，从来没有仗恃暴政、暴力去禁锢思想、诛灭异己；仁者，并非战无不胜，而是根本就没有敌人。

后记

文武之道，未坠于地

幸乎不幸，我生长于国人狂獗批孔的上个世纪。

上世纪 50 年代初，学龄前，在乡间，偶然读到过一本早年农家子弟开蒙的《三字经》。"论语者，二十篇；群弟子，记善言"，那十二个字，成为我对《论语》的全部了解。

公元 1954 年，我开始读小学，语文课都是简单的白话。我和同龄人一样，在往后的小学中学课堂上，几乎没有任何机会系统接触传统经典。到 1966 年高中毕业，适逢"文革"爆发，更被剥夺了继续升学读书的权利。那样的年月，除了读毛泽东的语录本所谓红宝书，不允许也读不到任何其他书，遑论《论语》。"文化大革命"，全国内乱整整十年，运动当中套着运动，其间特别有一个全党全军全民"批林批孔"的运动。孔子和《论语》，被粗暴地肆意诋毁、侮辱、批判、审判。

可以这样说：20 世纪自前半个世纪某些学人如鲁迅带头，到后半个世纪当局政令倡导发起运动，那是一场旷日持久的、极其彻底的"全民批孔"。

源自欧洲的殖民主义仗恃炮舰东来，要征服东方，必然要在同时践踏摧毁东方文明。中国在兵戎相见中无疑是失败了，推而及之在政治体制上落伍了，经济发展方面也滞后了；那么，我们的文化、我们的文明，也一定就是一无可取了吗？中国人、中国的文化精英们，面对变局，进退失据。

始而不能接受中央帝国的失败,继而迁怒于自身的传统文明。不惟数典忘祖,乃至为虎作伥,甘为殖民主义之前驱,诋毁自己的文明、糟践自己的圣贤。堡垒最容易从内部攻破,有人开门揖盗,欧洲中心主义获此异军突起无私襄助,其喜洋洋者矣!

殖民主义的炮舰侵略武力征服一时横行,有如成吉思汗的铁骑横扫欧亚大陆,并不能证明当时欧亚文明的落后。清兵入关,嘉定三屠、扬州十日,明朝所代表的中国亡国,究竟关孔夫子何事?后封建时代的中国,乍然面对新兴的资本主义欧洲列强,这是一场不在同一等级水平的较量。失败的结局是必然的。满清的腐败,传统体制的落伍,社会发展形态的滞后,失败的原因是多方面的,简单归罪于孔子和他的儒学,没有什么说服力。文不对题,药不对症。

辛亥革命,满清被推翻、帝制已取消,中国走上师学西方建立民主制度的艰难转型期。其时中国文化精英们对自身传统文明进行反省批判的着力点,值得反省。科举久已废除,新式学校不再读经,义形于色、仇恨满腔的批孔因而显得是那样滑稽。他们身穿西服以及和服,痛打不会反抗的所谓落水狗,仿佛有万夫不当之勇。那样一副舍我其谁的嘴脸,除了"假洋鬼子"这一名堂,无可名状。即或不必认定他们心怀叵测,对祖宗掘墓鞭尸是为了服膺西方教主;他们只是属于"无知者无畏",其动机还是为着国族的弃旧图新;那么,其暴民式的狂獗批孔也丝毫于事无补,恰恰是适得其反为害尤烈。面对失败,恐惧亡国灭种,起而反思自身文明的缺失,这原本不错;包括对孔子和儒学的重新认知批判扬弃,概无不可。但过犹不及,认定我们的传统文明一无可取,对自己的祖先掘墓鞭尸,过头比不及更具破坏性。

切阑尾,没切净,尚有可为;肠子五脏统统切掉,要不得。烤饼子,不太熟,加火可也;烤焦了,变成炭,何以堪?

当初,我不可能提出上述疑问。抛弃我们的古来经典,攻乎异端,早已变成了强大而真实的存在;贬斥古代贤哲,早已变成公然而流行的时髦。

生于处于那样一种既定的氛围中，你随波逐流而不自知。犹如我们时时呼吸于污染的大气中习以为常。焚书坑儒，的确是取得了预期效果。

到"文革"结束，中国终于摆放下平静的书桌，允许读书，我的两个孩子读书到底读到北大比较文学的博士、博士后。但据我所知，北大中文系的本科生、硕士生乃至博士生，至今并没有通读四书五经的课程安排。这就让人有些惊诧。我们古来的煌煌经典，被不肖子孙弃之如敝屣。

这样的状况，已是令人不能不对之进行思索。

上个世纪初，激进分子们号召"打倒孔家店"，我还远未出生，不曾躬逢其盛。"文化大革命"中，标榜为革命的"批孔"，则搞成了举国上下的政治运动，"打倒孔老二"的口号甚嚣尘上。在我的目击和记忆里，所谓的批判，属于类似司法审判。首先对儒学、对《论语》作了"有罪推定"，然后对两千多年前的孔子进行"缺席判决"。一边倒的万众声讨，则是人云亦云，犹如群犬吠声。绝大多数人并没有读过原典，断然就坐定了革命派的交椅，义形于色，和四书五经不共戴天起来。

除了专门的研究家，中国究竟有多少人读过《论语》？如果作一统计，那一定是一个令人心寒的数字。读书种子多乎哉？不多也。少数研究《论语》的专门家，在高压统治下，被迫违心作咬牙切齿咒骂孔夫子的模样，那情状更其令人心寒。

孔子到底是个什么样的人？他的存在究竟碍了谁的事？

《论语》到底是一本什么样的书？它究竟是不是那样罪大恶极？

对于两千多年前的一个人、一本书，不惜发起"运动"，全党共诛之、全民共讨之，这中间的意味值得深思。

如果说，当今时代，尽管中国的大学中文系并不大张旗鼓倡导读经，那么，事实上也没有什么部门严令不许读经。于是，年过六旬，我第一次通读了《论语》。所谓朝闻道，夕死可矣。

我先看过中国书店出版的《四书五经》中的朱熹所注《论语章句集注》，然后看了一本中华书局出版的由张燕婴先生译注的《论语》。开始记录一点读后感一类文字，我本的是中华书局出版发行的杨伯峻先生的《论语译注》简体字本。出版译注，是一件功德事。简体字本，更考虑到广大普通读者的需求。这一版本印数有十万册，对我们这样一个大国而言，着实不能算多，但到底也是聊胜于无了。

所以读简体字本，是我愿意从最普通的读者角度来获得阅读体验。当今的广大普通读者，借助这样的译注本，了解古来经典是否可能？

欧洲人读他们的古典，那要经过几重语言翻译；中国当代人读古典，则相对要容易得多。汉字"书同文"，认字首先没有太大障碍。从古至今，汉字包括"形、音、义"三个方面，"从音求义"，读音基本恒定。把握了单个汉字的音义，语法方面只要入门，汉语古文经典，所谓文言，也不是太难解。今人可以直接读几千年之前的经典，这真是中国人的幸运，读书种子的福音。

诗三百篇，开头是"关关雎鸠，在河之洲"；道德经，开篇文字"道可道，非常道"；几乎用不着翻译。著名的论语，开宗明义"学而时习之，不亦说乎"，著名的"三乎"之第一乎，简直明白如话。

事实证明，只要我们愿意读，《论语》并不特别难读难懂。阅读的过程，可能带来某种愉悦，甚至能够有所会心。

笔者在读书当中，竟渐渐生出若干心得。

些小心得，首先是片断的。对原文或有一点个人体悟，对注释或有若干不同见解，对孔老夫子或有自认为渐渐清晰的整体印象，片片段段，形成了一些并不连贯的文字。

我的文字，我的看法，我的心得，我的观点，除了是片断的，还非常可能是片面的。一孔之见，或者竟能发他人所未发，不敢专美；或者竟是错解和偏解，偏激而片面，也概无掩藏之必要。

片断的，甚而是片面的若干心得，是为"片解"。

当然，《论语》属于语录体。编辑《论语》的孔门弟子，从来没有像林彪吹捧毛主席语录一样，将之鼓吹到"句句是真理"、"一句顶一万句"的神话高度。语录体的《论语》，是一个整体，是一个系统。其中每一条语录，即便有微言大义的品格，读者也都应该将之放置于整个系统中来研读领会。

笔者的《被误读的〈论语〉》，依循《论语》原本编排顺序，写出个人的心得体会近一百条。希望每一条，也尽量是一种放置于系统中的理解。

逐条写出，愿就教于方家。这点心情，恰如孔子讲过的：愿"无友不如己者，过则勿惮改"。言吾过者是吾师也。

基于自身经历，我的读《论语》，阅读之先有一个预设期待。批孔家对儒学的诋毁，极而言之是说：孔子和他的儒学是历代统治者的帮凶；儒生是为帝王统治出谋献策的。究竟是不是这样呢？我可以不读《论语》，就追随了批孔家的言论人云亦云吗？

反复读过《论语》，我的结论正好相反。《论语》相当多的篇章，一以贯之的重心之一，是对居上位者、对诸侯国君提出了严格要求。要他们修身齐家，施行仁政，建立道德社会。即便百般搜求罗织，除非颠倒黑白，我没有看到孔子有任何帮凶的罪证。

中国农耕文明数千载，朝代更替如走马灯，某些朝代、某些年头，相对的仁政是有的；但帝王们尽管可谓良莠不齐，他们中则几乎没有什么仁君。这不该怪罪到孔子的头上。孔子"祖述尧舜、宪章文武"，中国却再也没有回到尧舜禅让的上古时代、没有建立起类乎西方的民主政体。这同样不能苛求孔子。

对于历史上的所谓农民起义，对于秦朝二世而亡，对于巴黎公社失败，对于东欧变局，我们都喜欢用"历史的局限"、"伟大实验允许失败"来开脱；对于孔子，对于儒学理论，为什么不能有起码的公允评价和客观评判？对前者，曲意开脱与呵护，对后者，刻意诋毁与抨击，形成极其鲜明的对照。

焚书坑儒，血腥残酷，最终却是破产了。儒学仁道，顺天应人，毕竟成为强大的、强韧的、持久的存在。

纵观历史，士君子所奉行的文化，和帝王文化势不两立。无论察举、推举还是科举，读经的士君子进入仕途；这样的强大存在，形成了对帝王独裁的制衡。可以说，中国几千年就是这样走过来的。

中国的士文化，是我们值得珍视的一份传统，是我们一笔宝贵的遗产。士子精神，与当代知识分子尊奉的"社会良心"并无过分扞格，乃至可以顺利耦合。推进一步说，孔夫子所希望建立的道德社会，并不排斥民主。

孔子被后世尊为素王，不是偶然的。统治者的尊奉，并不能一定证明就是和民众的服膺背道而驰。事情也许倒是恰恰相反：广大民众的信奉坚守，谁都无法视而不见。

孔子尚仁；仁者无敌。

何况，文武之道，未坠于地。华夏文明，道统不灭。即或是文明的碎片吧，碎片中富含着文明传承的所有DNA。

何况，仁者二人也。仁，肇端乎夫妇。只要社会还由家庭构成，那就是仁得以生发的土壤。

何况，仁者人也。仁，是我们的赤子之心。仁学仁道连同血脉，流淌在我们的血液中。我们和孔老夫子的心相通，我们和孔子与仁永生。

在本篇后记的末尾，关于《论语片解》的几点说明，笔者觉得有必要列举如下。

其一，通读《论语》，写出将近一百条阅读体会，自认为这些体会是相对个性化的。是个人发自内心的若干阅读体认，不曾遵命写作，也没有什么先验的设定。在我一生的写作经验中，《论语片解》我写得极其认真，乃至十分吃力。

开始，我对自己的写作状态非常诧异，因为这是从来没有过的。后来，渐渐有些明白——或许，我找到的只是托词而已——我在努力跨越数十年"批孔"造成的断裂带。绠短汲深，想要和古仁人的思想真髓有所接续，追索攀援的难度毋庸讳言。认真而吃力，正其宜也。

其二，仅从这篇后记来看，我对那些批孔家，用语非常不客气，似乎是在为遭受到太多不公正待遇的孔子和儒学打抱不平。一针见血、直击要害、痛加挞伐，多一些；平心静气、温柔敦厚、苦口婆心，少一些。

自己静静想一想，就这样也好。以直报怨，以其人之道还治其人之身，算是对批孔家、马屁家粗暴回敬一把。

其三,仁者人也;仁者二人也;仁者无敌;等等思想观念,出现在我的文章中,应该说所来有自。对孔子和儒学的重新评价与认知,前辈大家筚路蓝缕,接火传灯,功莫大焉。比如,从台湾学者南怀瑾先生的著述中,从曾仕强先生的电视讲座中,我都得益匪浅。

特别要说明的,从思想大家林鹏先生的著作中,我获益最多。林先生的大作《蒙斋读书记》和《平旦札》,成了我的案头书。拜读林先生的大作,成为启示我决心通读《论语》的最初动因。从阅读的意义上,我从此打开了一架先秦诸子经典的书柜,自觉读经,乐此不疲。从思想传承的意义上,林先生无疑是遥遥前行的一名拓荒者和开路人。

德不孤,必有邻。由衷感喟,尽在不言。

夏历辛卯孟春
公元 2011 年 4 月中旬草定